马克思遇见孔夫子

从哲学视角探源马克思主义与中华优秀传统文化相通性

杨家毅 著

北京出版集团
北京人民出版社

图书在版编目（CIP）数据

马克思遇见孔夫子：从哲学视角探源马克思主义与中华优秀传统文化相通性／杨家毅著.— 北京：北京人民出版社，2024.4（2025.4重印）
ISBN 978-7-5300-0626-9

Ⅰ.①马… Ⅱ.①杨… Ⅲ.①马克思主义—发展—研究—中国②中华文化—研究 Ⅳ.①D61②K203

中国国家版本馆CIP数据核字(2024)第076449号

马克思遇见孔夫子
从哲学视角探源马克思主义与中华优秀传统文化相通性
MAKESI YUJIAN KONGFUZI
杨家毅 著

*

北 京 出 版 集 团 出版
北 京 人 民 出 版 社
(北京北三环中路6号)
邮政编码：100120

网　　址：www.bph.com.cn
北 京 出 版 集 团 总 发 行
新 华 书 店 经 销
北京建宏印刷有限公司印刷

*

880毫米×1230毫米　32开本　13印张　226千字
2024年4月第1版　2025年4月第3次印刷
ISBN 978-7-5300-0626-9
定价：58.00元
如有印装质量问题，由本社负责调换
质量监督电话：010-58572393

序

杨家毅同志马上要出一本新书,请我作序。我一看书名《马克思遇见孔夫子:从哲学视角探源马克思主义与中华优秀传统文化相通性》,就觉得很有意思。我在2019年出版的《马克思恩格斯怎样看中国》一书里,曾经作了一次穿越,"请马克思恩格斯到中国来旅游"。其中也说到了孔子。马克思与孔子相遇,会擦出怎样的火花呢?

《马克思遇见孔夫子:从哲学视角探源马克思主义与中华优秀传统文化相通性》提出并试图回答这个问题。众所周知,孔夫子是中国传统文化的代表。但马克思是哪种文化的代表呢?这个问题还真不好简单回答。马克思本来是犹太人,出生在普鲁士,但后来一直流亡在英国,而且终其一生,都没有国籍。他是普鲁士或德国文化的代表?是英国文化的代表?是欧洲文化的代表?抑或是整个西方文化的代表?似乎可以说,但实际又很难说。如果说他是西方文化的代表,恐怕西方人不大会认。在他们看来,马克思的学说尽管是西方文化的流派之一,但说其是代表甚至唯一的最重要的代表，恐怕就不会认了。至于中国人，那就更不会认了，因为在今日中国，"西方"是一个特定的概念，岂能让马克思与"西方"搅在一起？那马克思是全世界文化的代表？我们中国人或许能认，但他祖居的欧洲认不认？不好说。所以，马克思到底是何方文化的代表？存疑吧。

当然，无论它们的地位、归属、代表如何，马克思、恩格斯的学说毕竟是一种影响了世界和中国的思想。而孔夫子的思想，虽然命运多变甚至多舛，但还是应该认为是中国传统文化的最重要代表，至少是最重要的代表之一。所以，从近代以来，尤其是在中国共产党的历史演化过程中，两者是时常要碰面的，因而就必然有一个两者怎么相处的问题。

习近平总书记在庆祝中国共产党成立100周年大会上正式提出"两个结合"的重大论断。"坚持把马克思主义基本原理同中国具体实际相结合"，就包含了两者怎么相处的问题。"同中华优秀传统文化相结合"，更是一个两者怎么直接相处的问题。"两个结合"是当代中国马克思主义理论的重大创新。尤其是"第二个结合"，是又一次的思想解放。"两个结合"特别是"第二个结合"犹如一条红线贯穿于习近平文化思想，其"明体达用、体用贯通"，强调理论与实践的辩证统一。

马克思主义传入中国后，不仅迅速得到传播，而且深刻地改变了中国。马克思主义传入中国之初，正值新文化运动期间，学习传播新思想成为潮流。除了马克思主义，还有自由主义、改良主义、无政府主义、空想社会主义、基尔特社会主义等。一批先进知识分子认为，只有马克思主义才能为中华民族的解放指出了方向，提供了切实可行的方案。所以，中国共产党接受了马克思主义，又把它作为指导思想，历经百年长途跋涉，终于从根本上改变了中国。

诚如杨家毅之书所问，为什么产生于西方的马克思主义，在西欧、北美没有取得成功，反而在一个儒家思想占主导地位的古老中国迅速得到传播？这个问题很大，也很艰深，回答起来很复杂、不容易。但至少有一点是可以肯定的，即马克思主义与中国文化包括传统文化有契合之处。国内外越来越多的学者已经逐渐认识到，马克思主义与中华优秀传统文化之间确实有不少相契合的地方，这是中国人民选择马克思主义的一个重要原因。

杨家毅同志的新著《马克思遇见孔夫子：从哲学视角探源马克思主义与中华优秀传统文化相通性》，在系统梳理前人有关论述的基础上，从哲学的视角，对两大思想体系的相通性进行了系统论述，提出了不少见解，值得我们一读。

浏览书稿，我感觉本书有以下特点。

第一，具有鲜明的政治性，服务现实。2023年10月7日至8日，全国宣传思想文化工作会议在北京召开。会议最重要的成果就是首次提出了习近平文化思想。学习宣传贯彻习近平文化思想是当前和今后相当长一个时期的重要课题。2023年6月2日，习近平总书记在文化传承发展座谈会上强调要深刻把握中华文明的突出特性。他指出，在五千多年中华文明深厚基础上开辟和发展中国特色社会主义，把马克思主义基本原理同中国具体实际、同中华优秀传统文化相结合是必由之路。这种"结合"的前提是彼此契合，"结合"的结果是互相成就，"结合"筑牢了道路根基，"结合"打开了创新空间，"结合"巩固了文化主体性。

那么，两大思想体系有哪些相通之处呢？习近平总书记指出，中华文明具有突出的连续性、创新性、统一性、包容性、和平性。其中，"天下为公、讲信修睦的社会追求与共产主义、社会主义的理想信念相通，民为邦本、为政以德的治理思想与人民至上的政治观念相融，革故鼎新、自强不息的担当与共产党人的革命精神相合。马克思主义从社会关系的角度把握人的本质，中华文化也把人安放在家国天下之中，都反对把人看作孤立的个体"。习近平总书记的这些指示，为研究马克思与孔夫子的相通性问题指明了方向。

"第二个结合"是又一次的思想解放，使我们能够在更广阔的文化空间中，充分运用中华优秀传统文化的宝贵资源，探索面向未来的理论和制度创新。

《马克思遇见孔夫子：从哲学视角探源马克思主义与中华优秀传统文化相通性》讨论的主题就是马克思主义与中华优秀传统文化相通性问题，是"第二个结合"的前提性问题，也是学习宣传贯彻习近平文化思想要弄明白的重要课题。马克思主义同我国传承了几千年的优秀历史文化和广大人民日用而不觉的价值观念是融通的。所以，本书以马克思主义和中华优秀传统文化"相通性"研究为切入点，为深刻领会"第二个结合"的精神实质，深入学习宣传贯彻习近平文化思想，提供了一个新的视角，进行了一次有益尝试。

第二，具有较强的学理性，深入系统。本书坚持马克思主义立场观点方法，综合马克思主义理论、历史学（主要是思想史）、考古学、古文字学、海外中国学等学科，通过运用多学科知识、理论、方法，使得本书论述有根基，很扎实。

马克思主义和中华优秀传统文化，说到底是两种哲学思想。谈到二者的相通性，只有从哲学的层面上研究，才能解决根本问题。作者以哲学的视角，从"唯物论""辩证法""认识论""革命观""人性论""历史创造论""人类的未来"7个方面,对两大思想体系的相通性进行阐释,应该说抓住了问题的要害。这7个方面都是哲学领域的重要问题,通过对比研究,从学理上就两大思想体系相通性做了比较系统的梳理。

本书的论证尽量从原著原典中去找答案,也就是要搞清楚马克思、恩格斯到底是怎样说的,孔夫子等先哲们到底是怎样说的。所以本书的引文都来自马克思、恩格斯著作和中华优秀传统文化经典。用原典对比研究,而不是引用第二手材料,从而纠正了一些认识误区,例如马克思关于共产主义的学说,过去主要从经济学、社会学角度阐释,而从哲学视角的理解和阐释不够。又例如儒家思想中蕴含的革命精神,过去也重视不够。本书尽量弥补了这些不足。

除了马克思、恩格斯全集和中国古代原典,本书还从李大钊、毛泽东等早期马克思主义者的论著中寻找线索,看他们是如何用中国传统思维、中国语言去论述马克思主义的。例如,他们都不约而同地用大同社会去指代共产主义理想社会形态,从而说明思想相通在马克思主义传播过程中的独特作用。

作者还广泛参考了侯外庐、任继愈、张岱年、张岂之等著名思想史学者运用马克思主义唯物史观对中国古代思想史的研究成果,还吸收了李约瑟、窦宗仪等海外学者的研究成果。在论述先秦时期的哲学思想时,还用了一些考古学、古文字学等方面的资料。这些方面的工作和特点增强了论著的学术性和学理性。

第三，具有较强的启发性，引人思考。通过深入探究马克思主义与儒家文化的相通性，可以更好地理解马克思主义在中国传播和发展的历史脉络，从而推动马克思主义中国化的进程。这有助于使马克思主义更加贴近中国实际，更好地指导中国革命、建设和改革实践。而儒家文化作为中国传统文化的重要组成部分，具有悠久的历史和深厚的底蕴。将其与马克思主义进行哲学层面的比较和对话，我们可以深化对儒家文化的理解，挖掘其内在的价值和意义，促进儒家文化的传承和发展。

一本书的价值不仅在于告诉读者以知识，还在于促进人们去思考。作者以哲学的视野，丰富的史料，从7个方面对马克思主义和中华优秀传统文化的相通性进行比较分析，这就不免让人思考：马克思主义与中华优秀传统文化的相通性，是偶然的还是存在一定必然性？我在《马克思恩格斯怎样看中国》一书中，系统梳理了马克思、恩格斯对中国的论述。毫无疑问，马克思和恩格斯对中国文化是比较了解的。马克思阅读了不少关于中国的图书，而且留下了笔记。因此，马克思本人的思想是受到过中国哲学思想影响的。进一步深化，在梳理了"相通性"的基础上，我们还可以思考，马克思主义是如何受到中华优秀传统文化的影响的？这个影响中哪些是间接的影响？哪些是直接的影响？影响程度是怎样的？这些问题都值得学界进一步探讨。我也希望作者在这方面继续进行深入研究。

本书之所以能呈现以上特点，与作者的专业背景和工作经历是分不开的。杨家毅同志曾在西北大学接受过系统的考古学专业本科教育，后来先后攻读了中国人民大学哲学院美学专业硕士学位、西北大学中国思想文化研究所中国古代思想史专业博士学位。作者在工作期间，坚持学术研究，并出版了系列学术专著。在通州工作期间，潜心研究通州历史文化，出版了《汉水运河》《北京市通州区文化产业研究》《中仓》《通州文脉》《通州大变局（1860—1949）》等学术专著。近几年，曾在北京市文物局工作，对习近平总书记关于考古文博工作、革命文物保护利用等方面的论述，有系统学习和深入感悟。自2021年年初开始，作者在中国共产党早期北京革命活动纪念馆（北大红楼、蒙藏学校旧址）工作，担任领导职务，与党史界专家学者有了频繁接触，对中国共产党的早期历史、马克思主义在中国的早期传播有了深入学习研究。作者在学术上和工作上的积累，为马克思主义与中华优秀传统文化相通性研究奠定了扎实的基础。

积沙成塔，积水成渊。深入学习宣传贯彻习近平文化思想，尤其是深刻理解"两个结合"的重大论断，需要每个人久久为功，不懈努力。作为全国党史纪念馆战线的一分子，作为新时代北大红楼人，作者用实际行动担当使命，为进一步学习宣传贯彻习近平文化思想贡献了自己的智慧和力量，值得肯定。

以上就是我读这本书稿的一些感想，是为序！

中共党史学会副会长、原中央党史研究室副主任
李忠杰
2024年3月28日

目 录

第一章 百余年来，学界对两大思想体系相通性的探究 …001
  一、零星传播阶段：社会主义即大同社会 …………002
  二、从马克思主义系统传播到新中国成立：
      从推测猜想到学理研究…………………………015
  三、新中国成立后到改革开放前：
      受到海外学者关注…………………………………031
  四、改革开放后：中国学者深入研究 ……………045
  五、新时代：持续升温的相通性研究 ……………057

第二章 马克思主义唯物论与中国古代唯物思想 …………068
  一、马克思主义唯物论 ………………………………068
  二、中国古代哲学思想中的唯物论传统 ……………077

第三章 唯物辩证法与中国古代辩证思维 …………………105
  一、对立的相互渗透的规律及其在中国古代
      思想中的体现…………………………………111

二、量转化为质和质转化为量的规律及其在中国
　　古代思想中的体现 122
三、否定的否定的规律及其在中国古代思想中
　　的体现 132

**第四章　马克思"认识和实践相统一"理论与
　　　　　中国传统知行观** 146
一、感性认识和理性认识的统一与内外交
　　相成之道 147
二、马克思科学实践观与儒家"重行"传统 154
三、"认识与实践相统一"与"知行合一" 163

第五章　马克思主义革命观与儒家革命精神 177
一、关于"革命"释义的相通性 178
二、儒家革命思想的历史演进 195
三、两种"革命观"的有机结合——以毛泽东的
　　革命观为例 221

第六章　马克思论人的本质与儒家人性论 238
一、高度重视对人的本质和人性的探究 239
二、人的本质是社会属性 252

第七章　马克思主义人民观与儒家民本思想……276
　一、关于历史创造主体……277
　二、历史是怎样被创造出来的……289
　三、马克思主义人民观与儒家民本思想的早期
　　　结合——以李大钊"平民主义"形成为例……299

**第八章　关于对人类理想社会的构想：共产主义思想与
　　　　大同社会理想**……322
　一、马克思、恩格斯的共产主义思想……323
　二、中国古代具有共产主义色彩的思想……329
　三、大同社会思想与马克思共产主义的内在相通性…346
　四、科学共产主义与大同理想有机结合的理论
　　　创新和实践探索……363

后　记……382

第一章 百余年来，
学界对两大思想体系相通性的探究

1919年9月、11月，李大钊先生在《新青年》6卷5号、6号上分两期发表了《我的马克思主义观》，对马克思主义做了比较全面、系统的介绍。该文的发表，不但表明李大钊完成从民主主义者向马克思主义者的转变，而且标志着马克思主义在中国进入比较系统的传播阶段。[①]虽然马克思及其学说来自异国他乡，在系统传入中国之时，被认为只是纷繁复杂的新思想中的一种。[②]然而事实上，马克思主义自传入中国后，受到越来越多人的欢迎，并且成为中国共产党的指导思想，成为彻底改变中国的思想。从传入中国

[①] 中共中央宣传部：《中国共产党宣传工作简史》（上卷），人民出版社2022年版，第10页。
[②] 在当时传入中国的新思想有很多，大部分新思想只是昙花一现。马克思主义传入之初，当时的思想界有很多人认为马克思主义并不适合中国，其中最有名的就是以胡适为代表的改良主义者，以梁启超、张东荪为代表的基尔特社会主义者和以黄凌霜为代表的无政府主义者。除此以外，一些国际知名学者也呼应国内的反马克思主义者的论调，如杜威断言"马克思主义在儒学之邦的中国没有根基"，罗素也预言："俄国不久就会转回到资本主义。"

之初，一些有识之士就敏锐地发现马克思主义与中国传统文化有天然的亲和力，马克思主义与中国本土文化有内在的融通性。

一、零星传播阶段：社会主义即大同社会

19世纪中期，马克思主义在欧洲产生了巨大影响，并逐渐在世界范围内得到广泛传播。关于马克思的学说何时传入中国，学术界通常认为1899年马克思及其学说首次出现在中国[①]。但是著名学者王宪明找到确凿证据，认为至迟在1871年，马克思的名字就已经出现在英国人在上海出版的英文《字林西报》的附属周刊《北华捷报》上。1871年3月18日，巴黎工人举行武装起义，建立了世界上第一个无产阶级政权——巴黎公社。5月30日，即巴黎公社失败后第三天，马克思在《法兰西内战》中高度评价了巴黎

---

① 关于马克思及其学说第一次出现在中国的时间，目前较为常见的说法是，1899年2月至5月，《万国公报》连载李提摩太节译《大同学》，文中提到："试稽近世学派，有讲求安民新学之一派，为德国之马客偲，主于资本者也。"文中的"马客偲"即马克思，"安民新学"即欧洲的社会主义学说，而"主于资本者"即指马克思有关"资本"方面的研究，此即马克思及其学说第一次出现在中国。持此种说法的，如1979年，夏良才在《近代史研究》发表《也谈早期中文刊物中有关〈资本论〉和马克思译名的记载》，就指出这是中文刊物上第一次提到《资本论》的名字。又如陆祥琛在《社会主义思想在中国的早期传播》(《党史研究与教学》1998年第5期）中也持此说。

公社的历史功绩，并总结了其历史教训。同年10月18日，《北华捷报》的《消息综述》栏目发布一则关于马克思的消息："据报道，卡尔·马克思，'国际'的主要组织者和书记，已死。"①此后，《北华捷报》又多次提到马克思。②尤其是1886年11月3日，该报刊发《英国的社会主义》一文，对马克思的《资本论》进行了介绍。文章称："英国最为活跃的社会主义团体是社会民主联盟，几个月它所举行的会议、组织的游行示威及所举旗帜使得西伦敦陷入一片恐慌。它所寻求的是一个新世界，在这个新世界里，'工业形式是合作共产主义，政治形式是国际共和主义，宗教形式是美的人道主义'。这样，它就向现代生活中最强大的势力宣战。铁路、银行、土地一律没收，显然没有任何补偿。"③这篇文章不仅提到了马克思，而且对其著作《资本论》给予

---

① 原文为：Karl Marx, the Chief Organiser and Secretary of the "International", is reported dead. 详见 Summaries of News, The North-China Herald and Supreme Court and Consular Gazette, Oct. 18, 1871.

② 根据王宪明教授考证，《北华捷报》在1879年6月10日（发表《德国社会主义在美国》一文）、1880年4月24日（发表文章介绍了《中国的虚无主义》）、1886年11月3日（刊发《英国的社会主义》一文）、1887年4月13日（评论孟森所著《罗马帝国各省史》一书）、1889年11月15日（介绍了李提摩太在《教务杂志》上所撰《一个人如何可以向百万人布道》一文）、1894年7月13日（书刊介绍栏重点介绍了英国传教士李思所写文章的内容）的有关文章中都提到了马克思及其学说主张。

③ Socialism in England, The North-China Herald and Supreme Court and Consular Gazette, Nov. 3, 1886.

了正面介绍。从19世纪70年代末开始，马克思主义零星地传入中国。最早是外国人在中国提及马克思及其学说，其本意并不是传播马克思及其社会主义思想，关注的人也很少，因此在中国没有产生什么影响。

到20世纪初，梁启超、孙中山等人从日本了解到马克思主义，结合自己的理解和革命的需要，将其作为一种新思想，在国内进一步介绍马克思主义。他们都是有深厚中国传统文化底蕴的思想家、实干家，自然而然，他们都会站在传统文化的立场上去审视马克思主义，都认为马克思主义与中国传统文化中某些因素具有相通性。虽然这种带有推测性的判断，很大程度上是靠一种直觉得出的，并没有深入地研究，但由于梁启超等人都是传统文化根基很深厚的大学者，也是对西方文化有很深入研究的开拓者，他们这种看似带有推测性质的结论，值得重视，应作为重要参考。

1. 梁启超：社会主义"吾中国固夙有之"

梁启超是维新变法代表人物，也是著名学者、思想家，是最早关注马克思及其学说的中国人之一。在1899年10月25日出版的《清议报》中，梁启超发表了《论强权》一文，用阶级斗争的观点重新解释了康有为的"三世说"。[①]他清楚地看到,由于资本家和劳动者的对立,社会主义革命不可避免。该文虽未直接提到《共产党宣言》,但从字里行间可以看到梁启超受到马克思及其学说的影响。这是中国人所办刊物中,最早用《共产党宣言》之语言及阶级斗争观点解释社会历史及社会发展方向的文章。[②]

戊戌变法失败后,梁启超流亡日本,接触到马克思主义的著作。当时的日本,随着资本主义的发展,工人运动开始兴起,西方的社会主义思潮也开始传播。1898年,片山潜、幸德秋水、村井知至等人在日本成立了社会主义研究会。翌年,村井知至的《社会主义》和福进准造的《近世社会主义》相继出版。1903年,幸德秋水所著的《社会主义神髓》出版,在日本产生较大影响。这时中国留日学生创办了一个译书汇编社,专门翻译欧、美、日有关政治、经济、社会论著。他们还相继创办了《译书汇编》《游学译编》《浙江潮》《湖北学生界》《江苏》等一批报刊,都曾发

[①] 康有为的《大同书》以经学的公羊三世说和《礼记·礼运》中的大同思想为根据,吸取了欧洲空想社会主义、资产阶级民主主义和达尔文进化论的思想,指出当时中国处于"据乱世",必须向已进入"升平世"的欧美资本主义国家看齐,然后才能进入"太平世",即大同世界。具体描写了"大同之世,天下为公,无有阶级,一切平等"的人类社会远景。揭露了人间由于不平等而产生的种种苦难,提出"去九界"以达人类"大同"。
[②] 董方奎:《梁启超社会主义观再认识》,《华中师范大学学报(人文社会科学版)》1996年第5期。

表过一些介绍社会主义的文章。①

作为维新变法的代表人物,梁启超很关注当时日本的马克思主义思潮,在他主编的报刊上,多次出现"社会主义"这个名词。②1902年10月,梁启超在《新民丛报》第18号上发表了《进化论革命者颉德之学说》,对进化论、唯物主义及马克思给予高度评价。他指出,达尔文、斯宾塞等人的进化论,都只说明人类的过去和现在,"而其于人类将来之进化,当由何途,当以何为归宿,竟不能确实指明,而世界第一大问题,竟虚悬而无薄",故"社会主义之泰斗"麦喀士(马克思)的学说应运而生。在该文中,梁启超多次提到马克思,并称赞马克思,相信人类社会必然进入社会主义及万国大同。③

在早期,梁启超对社会主义充满信心,甚至认为这是人类社会发展的最高境界。1903年11月2日至12月4日,梁启超在《新民丛报》第40—43号发表了《二十世纪之巨灵托辣斯》,称"麦喀士(社会主义之鼻祖,德国人,著书

---

① 陆祥琛:《社会主义思想在中国的早期传播》,《党史研究与教学》,1998年第5期。
② 社会主义传入中国之时,有很多流派,如空想社会主义、基尔特社会主义等,本文根据语境判断,文中所言社会主义为马克思的学说,即科学社会主义。
③ 梁启超:《进化论革命者颉德之学说》,《梁启超全集》(第四集),中国人民大学出版社2018年版,第1页。

甚多）之学理，实为变私财以作共财之一阶梯"①。在《杂答某报》一文中，他预言社会主义是"将来世界最高尚最美妙之主义"。②1904年2月，梁启超在《新民丛报》第46—48号发表了《中国之社会主义》一文。他将社会主义概括为"不过曰土地归公，资本归公，专以劳力为百物价值之原泉"。并引用了马克思的话："现今之经济社会，实少数人掠夺多数人之土地而组成之者也。"梁启超在文中认为，此等社会主义，"吾中国固夙有之"，"中国古代井田制度，正与近世之社会主义同一立脚点，近人多能言之矣，此不缕缕"③。

第一次世界大战结束后，在对欧洲进行实地考察后，梁启超进一步了解了社会主义。他认为社会主义既是一种方法，也是一种精神，"精神和方法不可并为一谈"④。在精神上，梁启超认为社会主义的精神是中国所固有的。在1920年出版的《欧游心影录》中，他指出："讲到国民生计上，社会主义自然是现代最有价值的学说……（社会主义）精

---

① 梁启超：《二十世纪之巨灵托辣斯》，《梁启超全集》（第四集），中国人民大学出版社2018年版，第261页。
② 梁启超：《杂答某报》，《梁启超全集》（第六集），中国人民大学出版社2018年版，第92页。
③ 梁启超：《自由书·中国之社会主义》，《梁启超全集》（第二集），中国人民大学出版社2018年版，第169页。
④ 梁启超：《欧游心影录》，《梁启超全集》（第十集），中国人民大学出版社2018年版，第80页。

神是绝对要采用的,这种精神不是外来,原是我所固有。"并认为:"孔子讲的'均无贫,和无寡',孟子讲的'恒产恒心',就是这主义(社会主义)最精要的论据。"[1]

关于社会主义具体实行方法,梁启超认为社会主义具体有许多派别,每个国家的国情不同,所处的社会发展阶段不同,所采用的方法自然不同。对马克思的科学社会主义,梁启超认为中国的国情有自己的特殊性,当时的中国没有资产阶级,马克思主义的唯物史观、阶级斗争和社会主义理论是完全不适用的。他认为在没有工业的中国,既要注重生产问题,也要注重分配问题,社会主义主张工人阶级团结起来对抗资产阶级,"煽动工人去和办工厂的作对,我认为等于自杀";主张"全力奖励生产",建设工业,发挥"资本和劳动的互助精神",防止分配过分不均,以求免掉"社会革命的险关"。[2]他明确说:"马克思一派倡的生产机关国有论,在欧美岂非救时良药,若要搬到中国……我头一个就反对。"[3]

可见,梁启超只是关注到了马克思主义阶级的理论,

---

[1] 梁启超:《欧游心影录》,《梁启超全集》(第十集),中国人民大学出版社2018年版,第80页。
[2] 梁启超:《欧游心影录》,《梁启超全集》(第十集),中国人民大学出版社2018年版,第81页。
[3] 梁启超:《欧游心影录》,《梁启超全集》(第十集),中国人民大学出版社2018年版,第81页。

从而认为马克思只关心财富的分配，而不重视生产。这当然是对马克思主义的误解，因为唯物主义历史观的基本原理是"生产以及随生产而来的产品交换是一切社会制度的基础；在每个历史地出现的社会中，产品分配以及和它相伴随的社会之划分为阶级或等级，是由生产什么、怎样生产以及怎样交换产品来决定的"①。这也体现了梁启超的矛盾心理。在精神上、道义上赞同社会主义，但是在实际行动上，又明确反对科学社会主义，而主张基尔特社会主义，也就是行会社会主义。中国早期的马克思主义者和共产党人李大钊、陈独秀、李达等对他进行了坚决的批驳，推动了马克思主义在中国的传播。

梁启超关于社会主义与中国儒家大同理想相通性的观点，是建立在他对中西文化深入研究基础上的论断，虽然并没有系统论述，存在一定的缺陷和不足。但是，在当时的历史背景下，梁启超提出这样的观点，是难能可贵的。

2.孙中山："民生主义就是社会主义，即是大同主义"

几乎与梁启超同时接触并开始传播马克思主义的，还有孙中山等资产阶级民主革命者。孙中山是中国民主革命的伟大先驱，留下了丰厚的思想遗产。毛泽东曾说："从孔夫子

---

① 恩格斯：《反杜林论》，《马克思恩格斯全集》（第二十卷），人民出版社1971年版，第292页。

到孙中山，我们应当给以总结，承继这一份珍贵的遗产。"[1]

孙中山先生有长期在美、英、日等国学习、流亡的经历，对欧洲工人运动和马克思主义有较深入了解。他曾于1896年至1897年考察英国社会状况，对欧洲工人运动和社会革命有直观感受。1903年，他曾与日本社会主义运动活动家幸德秋水讨论过社会主义问题。1905年春，在比利时布鲁塞尔拜会第二国际社会党执行局主要负责人时，他表示："中国社会主义者要采用欧洲的生产方式，使用机器，但要避免其种种弊端。他们要在将来建立一个没有任何过渡的新社会……而工人不必经受被资本家剥削的痛苦。"[2]

孙中山三民主义纲领之一的"民生主义"也被他解释为社会主义。那为什么他不直接用社会主义，而用民生主义代替社会主义呢？孙中山认为，社会主义在欧洲已经发生几十年历史了，可以说是众说纷纭，但是并没有找到一个切实的解决办法。在中国也一样，大家重在宣传、研究，但是也没找到合适的方法。而且当时在中国有人把社会主义同社会学两个名词混为一谈，容易引起混乱。他指出："当初详细研究，反覆思维，总是觉得用'民生'这两个字来包括社会问题，较之用'社会'或'共产'等名词为适

---

[1] 毛泽东：《中国共产党在民族战争中的地位》，《毛泽东选集》（第二卷），人民出版社1991年版，第534页。
[2] 陈锡祺：《孙中山年谱长编》（上册），中华书局1991年版，第335页。

当，切实而且明了，故采用之。"①也就是说，孙中山用民生主义而不用社会主义，是因为社会主义流派众多，并没有一个理想的方案，也为了避免与社会学相混。在孙中山那里，民生主义与社会主义的实质内容并没有什么不同。

孙中山对马克思及其学说给予高度评价。在《民生主义》讲演中，他指出："在马克思的学说没有发表以前，世界上讲社会主义的，都是一种陈义甚高的理论，离事实太远。而马克思专从事实与历史方面用功，原原本本把社会问题的经济变迁，阐发无遗。"马克思用经济学原理来阐发社会主义，"这种解决社会问题的原理，可以说是全凭事实，不尚理想。至于马克思所著的书和所发明的学说，可说是集几千年来人类思想的大成"②。孙中山不仅赞同马克思主义，还称："马克思所求出解决社会问题的方法，就是科学的社会主义。""马克思派是科学派。"③

孙中山明确说："民生主义就是社会主义，又名共产主义，即是大同主义。"④在他的认识中，社会主义就是中国传

---

① 孙中山：《民生主义（第一讲）》，《孙中山全集》（第一卷），人民出版社2015年版，第482页。
② 孙中山：《民生主义（第一讲）》，《孙中山全集》（第一卷），人民出版社2015年版，第478—479页。
③ 孙中山：《民生主义（第一讲）》，《孙中山全集》（第一卷），人民出版社2015年版，第480—481页。
④ 孙中山：《民生主义（第一讲）》，《孙中山全集》（第一卷），人民出版社2015年版，第474页。

统儒家追求的大同社会。孙中山所谓的大同主义中"大同"二字出自儒家经典《礼记·礼运》。出自同一篇章的"天下为公",是孙中山先生的座右铭,也是其一生追求的理想。他在《对驻广州湘军的演说》中指出:"提倡人民的权利,便是公天下的道理。公天下和家天下的道理是相反的。天下为公,人人的权利都是很平的。"①

孙中山所讲的社会主义是否就是科学社会主义,我们另当别论。但是可以肯定,他的思想不仅受到了马克思主义的影响,而且他认为马克思主义与中国儒家思想所推崇的"大同"理想是一致的,这是显而易见的。

3. 刘仁航②:《东方大同学案》

伴随马克思主义传入中国,还有各种各样的社会主义思潮。正如胡绳在其主编的《中国共产党的七十年》一书中所言,"开始时,人们对社会主义还只是一种朦胧的向

---

① 孙中山:《对驻广州湘军的演说》(1924年2月23日),《孙中山全集》(第七卷),人民出版社2015年版,第568页。
② 江苏邳州人,出生于清末,早年从事教育活动,支持学生反帝反军阀,遭到张勋缉捕,逃亡日本。在日本研究日本文化和历史,后回国担任江苏省视学,南京国民政府成立后,无心于政事,开始学佛,抗战爆发后,卖掉家产,救济穷苦百姓,后从事抗日救亡活动,遭到日军轰炸遇难。有《印度游记》《东方大同学案》《天下太平书》《比翼集》《佛教理论学丛书》《孔教辩惑》《乐天妙味》《自然学课余谈》《身心强健法》等30多部著作行世。《东方大同学案》由《申报》连载,当时读者争相传阅。

往","人们一时还分不清科学社会主义与其他社会主义流派的界限。无政府主义、新村主义、合作主义、泛劳动主义、基尔特社会主义、社会民主主义等观点在各种刊物上纷然杂陈。中国的先进分子经过反复的比较、推求,才选择了马克思主义的科学社会主义"。[1]刘仁航在其著作《东方大同学案》中,认为马克思学说与中国古代"大同"理想共通。

《东方大同学案》初稿完成于1919年冬,此时已进入马克思主义在中国系统传播的阶段,他在《本书编订意趣纲领》中,称"其动机乃遗老沈子培前辈,当俄赤军占海参威时,劝余著《佛教社会主义》一书,比下笔三星期,成孔老墨耶佛五卷"。[2]关于社会主义与中国古代大同理想的相通性,他在书中反复强调。在《〈东方大同学案〉总序》中,他开门见山:"俄国与我西北东三面毗连,已完全成为'共产政府',成立苏维埃宪法废钱币者数年矣。""'社会主义'非理想而历史事实也。大同世界非欧化而亚化固有也。均平制产非扰乱者之捏造,而圣贤经世之宪典也。"[3]他进一步将大同社会概括为十字经"男女老终壮用幼长疾养",并

---

[1] 胡绳(主编):《中国共产党的七十年》,中共党史出版社1991年版,第13页。
[2] 刘仁航:《东方大同学案》,上海书店(据中华书局1926年版)1991年12月影印,第3页。
[3] 刘仁航:《东方大同学案》,上海书店(据中华书局1926年版)1991年12月影印,第1页。

指出："讬尔士太（今译为托尔斯泰）、克鲁巴土斤（今译为克鲁泡特金）、马克司（今译为马克思）亦发挥此十字而已，列宁行此十字而已。皆孔子良友也。"[1]可见，刘仁航不仅倡导新村社会主义，也是国粹派，在他眼中，孔子思想是最先进的，其他无论是宗教，还是新思想中的社会主义思想，都超不过孔子的大同思想。

他将《俄罗斯苏维埃社会主义联邦共和国宪法》有关内容与中国古代的井田制度相对照，认为新宪法第三条第一节、第二节的规定，"与孟子述王道土地归公山泽共有若合符节，毫不是为奇异"[2]。他甚至认为，列宁的这些政策受到了中国古代井田制度的影响。在该书中，他说，"民国八年，日本报载俄列宁 Lenin 询问东方中国古代孔孟井田制度云，列宁曾居瑞士图书馆数年，曾留心东方文化"。[3]由此可见，刘仁航认为社会主义与中国古代大同思想相一致，甚至认为苏维埃俄国的一些公有制的做法也受到中国古代井田制度的影响。

在马克思主义系统传入中国之前，以梁启超为代表的

---

[1] 刘仁航：《东方大同学案》，上海书店（据中华书局1926年版）1991年12月影印，第2页。
[2] 刘仁航：《东方大同学案》，上海书店（据中华书局1926年版）1991年12月影印，第63—64页。
[3] 刘仁航：《东方大同学案》，上海书店（据中华书局1926年版）1991年12月影印，第64页。

资产阶级改良派、以孙中山为代表的资产阶级革命派、以刘仁航为代表的空想社会主义者等都关注到马克思主义，并且进行了一定程度的研究和介绍。他们都具有深厚的传统文化底蕴，但是对马克思主义的了解大多源于从日本翻译的"二手材料"，所以只是简单地将马克思主义与中国古代儒家思想中的大同社会相等同。由于他们论述的重点不在于将二者进行比较，结论显得简单粗浅，值得指出的是他们的见解对于研究马克思主义与中国传统文化的相通性具有重要参考价值。

二、从马克思主义系统传播到新中国成立：从推测猜想到学理研究

1919年下半年，李大钊先生发表的《我的马克思主义观》标志着马克思主义在中国进入比较系统的传播阶段。马克思主义在中国由此前的涓涓细流渐渐成为一种潮流。①

---

① 季水河先生在《新文化运动史料丛编·马克思主义传播卷》"编后记"中，认为此时马克思主义传播群体有4个：一是无政府主义者，代表人物有刘师培、黄凌霜、李石曾、吴稚晖等人；二是中国国民党人，代表人物有朱执信、胡汉民、戴季陶等人；三是民主主义知识分子，代表人物有陈溥贤、成舍我、费觉天等人；四是马克思主义者，代表人物有李大钊、陈独秀、李达等人。与其他群体所不同的是，李大钊等人不仅是马克思主义的传播者，是马克思主义的信仰者，还是马克思主义的实践者。见《新文化运动史料丛编·马克思主义传播卷》，人民文学出版社2019年版，第581—582页。

尽管在1927年蒋介石发动了"四一二"反革命政变,国共合作破裂,大革命陷入低潮,但是在思想领域,经过多次论战,马克思主义反而形成了"风靡全国"之势。[①]马克思主义在中国的传播出现了前所未有的高潮,不仅出现了以

[①] 大的论战集中在两个时间段,共有6次。第一个时间段是五四新文化运动期间,从1919年至1922年,爆发了三次论争:第一次是以胡适为代表的改良主义和以李大钊为代表的马克思主义之间的"问题与主义之争",论战的实质是中国要不要传播马克思主义的问题;第二次是关于社会主义的论战,以陈独秀、李大钊、李达为代表的早期马克思主义者,坚决驳斥了梁启超、张东荪等鼓吹的"基尔特社会主义",其实质是中国要不要走社会主义道路的问题;第三次是马克思主义与无政府主义之间的论战,论战的焦点是要不要在中国实行无产阶级专政和建立无产阶级政党的问题。首先由黄凌霜、区声白等无政府主义者明确反对马克思主义关于无产阶级专政的思想,陈独秀等马克思主义者进行了有力回击。经过这三次论战,马克思主义在中国得到进一步传播。关于这个阶段的三次论战,参见彭明:《五四运动史》(修订本)第十五章、第十八章、第十九章,人民出版社2019年版。
　　第二个时间段,20世纪20年代末到30年代中期,中国思想文化界发生了围绕马克思主义的3次论战。第一次论战始于20年代末,主要是关于中国社会性质的讨论,此次讨论起源于共产国际在中国大革命失败前后关于中国社会性质的争辩,中国的马克思主义者以唯物史观为指导,深入分析了中国社会的经济基础、生产关系、阶级状况,坚持了党的"六大"关于中国社会"半封建半殖民地"的定性,从而对一系列中国的思想认识问题进行了澄清。第二次论战是30年代关于中国社会史的辩论,这次辩论是前一次论战的继续。20年代末,陶希圣、戴季陶、陈果夫、陈布雷等国民党理论家发表文章,散布"马克思主义不适合中国的国情"的言论,以郭沫若、吕振羽、嵇文甫、杜国庠等为代表的马克思主义史学家,撰写了大量史学论著,进行了有力回击。这表明自30年代起,马克思主义已经开始渗入学术思想界。第三次论战是关于唯物辩证法的讨论。这场论战表面上是"纯哲学"论战,实际上是中国社会矛盾、阶级斗争在意识形态领域中的反映。这几次论战促进了马克思主义在中国的传播,仅从1928年至1930年,翻译出版的马克思恩格斯的著作就将近40种,第二次国内革命战争时期,仅在白色恐怖笼罩着的上海,翻译出版的马恩原著单行本就有50多种。关于这个阶段的三次论战,参见张允熠:《中国文化与马克思主义》,山西教育出版社1999年版,第244—251页。

郭沫若、范文澜、翦伯赞、吕振羽、侯外庐为代表的马克思主义史学家，还出现了以李达、艾思奇、胡绳、陈唯实等为代表的马克思主义理论家，促进了马克思主义的深入传播。1937年5月，李达的《社会学大纲》出版，是马克思主义在中国系统传播的集大成之作，是马克思主义在中国系统传播的一个总结。[①]与此同时，以毛泽东为代表的中国共产党人，将马克思主义基本原理与中国革命斗争实际相结合，领导中国人民进行反帝反封建的革命实践，取得了抗日战争和解放战争的胜利，建立了新中国。在此期间，郭沫若、艾思奇、陈唯实、朱谦之等人，对马克思主义与中国传统文化的相通性，提出了自己的见解。郭沫若形象地将这种现象称为"马克思进文庙"，表明二者不仅在思想层面具有相通性，而且还在实践层面相互融通。

1.蔡元培："我们中国本有一种社会主义的学说"

蔡元培是著名教育家，在任北京大学校长期间，提倡"思想自由，兼容并包"，推行了系列改革，使北京大学成为当时中国人才最为聚集、思想最为活跃的地方。北京大

---

① 《社会学大纲》是一部体系完整、规模宏大、思想深刻的马克思主义学术专著。毛泽东同志称其为"中国人自己写的第一本马列主义哲学教科书"，数读此书，并写下了12000多字的批注，后被收入《毛泽东哲学批注集》。参见《毛泽东哲学批注集》，中央文献出版社1988年版。

学也因此成为新文化运动的中心、五四运动的策源地、马克思主义在中国传播的主阵地和中国共产党的主要孕育地之一。

蔡元培对各种思想采取兼容并包的态度，为李大钊等人在北京大学传播马克思主义创造了条件。在他的支持下，北京大学图书馆购进了大量宣传十月革命和马克思主义的图书。1920年3月，在李大钊的指导下，北京大学马克思学说研究会成立。为支持研究会的发展，蔡元培在北大西斋提供了两间屋子，一间当办公室，一间当图书室（即"亢慕义斋"）。

五四运动期间，北京大学英文教师李季深受震撼，提出："我们要讨论一种学说，对于他必先具一种有统系的知识，才能够判断他的好歹，决定他是否可以实行。社会主义运动在欧、澳、美各洲非常发达，而派别亦复甚多；我们对于这种运动要想具一种有统系的知识，须先从历史下手。"[①]由此，他将英国社会主义者克卡朴（Thomas Kirkup，今译作托马斯·柯卡普）《社会主义史》翻译了出来。蔡元培欣然作序，并给予高度评价："我友李君懋猷取英国辟司所增订的克卡朴《社会主义史》用白话译出，可以算是最

---

① 李季：《〈社会主义史〉译序》，《社会主义史》，新青年社1920年版，第1页。

适用的书了。"[1]

蔡元培在序中，开门见山，第一句话就说"我们中国本有一种社会主义的学说"，并从儒家经典中找到论据，"如《论语》记孔子说：'有国有家者，不患寡而患不均，不患贫而患不安。盖均无贫，和无寡，安无倾。远人不服，则修文德以来之。既来之，则安之。'就是对内主均贫富，对外不取黩武主义与殖民政策。《礼运》记孔子说：'人不独亲其亲，不独子其子。使老有所终，壮有所用，幼有所长，矜寡孤独废疾者皆有所养。男有分，女有归。货恶其弃于地也，不必藏于己；力恶其不出于身也，不必为己。'就是'各尽所能，各取所需'的意义，且含有男女平等主义。《孟子》记许行说：'贤者与民并耕而食，饔飧而治。'就是'泛劳动'主义"[2]。

蔡元培进一步认为，中国古代不仅有社会主义思想，而且在历史上还推行了一种政策，就是这种学说指导下的社会政策。"虽是偏着农业一方面，但不能不认为社会政策的一种。"他还举例说："《周礼》：'小司徒经土地而井牧其田野。''遂人辨其野之土，上地、中地、下地，以颁田

---

[1] 蔡元培：《〈社会主义史〉序》，《新文化运动史料丛编·马克思主义传播卷》，人民文学出版社2019年版，第174页。
[2] 蔡元培：《〈社会主义史〉序》，《新文化运动史料丛编·马克思主义传播卷》，人民文学出版社2019年版，第173页。

里。'《孟子》说：'乡田同井，出入相友，守望相助，疾病相扶持。''设为庠序学校以教之。'《汉书·食货志》：'民年二十受田，六十归田。七十以上，上所养也。十岁以下，上所长也。十一以上，上所强也。''女修蚕织。''春令民毕出在野；冬则毕入于邑……入者必持薪樵，轻重相分，斑白不提挈。冬民既入，妇人同巷相从，夜绩女工……必相从者，所以省费燎火，同巧拙而合习俗也。'"①

从蔡元培的论述可知，他关于社会主义的认识，尤其是关于社会主义与中国传统文化的关系的认识，并无新意，与梁启超、孙中山等人的论述如出一辙，但时间在李大钊《我的马克思主义观》之后，所以将其放在这一阶段论述。

2. 郭沫若：《马克思进文庙》

郭沫若是一个百科全书式的学者，在文学（小说、诗歌、戏剧）、艺术（书法、篆刻）、史学、考古学（甲骨学、金石学等）、翻译等方面硕果累累，是名副其实的大家。他不仅对马克思主义有深入的理论研究，并且运用马克思主义研究中国历史，是马克思主义史学的代表人物。

1924年是郭沫若接受马克思主义的关键一年。这一年，他到日本选择翻译河上肇《社会组织与社会革命》，对马克

---

① 蔡元培：《〈社会主义史〉序》，《新文化运动史料丛编·马克思主义传播卷》，人民文学出版社2019年版，第173页。

思主义有了深入了解。在研读该书期间，他以马克思主义阶级观念，对欧洲时局这样认为："欧战之勃发乃是极端的资本主义当然的结果。远见的思想家在欧战未发以前已断言资本主义之必流祸于人类，伟大的实行家于欧战既发后更急起直追而推翻其祸本。马克思列宁辈终竟是我辈青年所当钦佩的导师。"[①]他并不完全赞同河上肇的观点，但在翻译完此书后说："我从前只是茫然地对个人资本主义怀着憎恨，对于社会革命怀着信心，如今更得到理性的背光，而不是一味的情感的作用了。这书的译出在我一生中形成了一个转换的时期，把我从半眠状态里唤醒的是它，把我从歧路的仿徨里引出的是它，把我从死的暗影里救出了的是它，我对于作者非常感谢，我对于马克思、列宁非常感谢。"[②]

作为一个既有深厚传统文化功底，又对马克思主义有深入系统了解的学者，郭沫若曾明确说，关于"马克思学说和孔子的思想究竟矛不矛盾……"[③]，原本计划"做一篇论文，叫着《马克思学说与孔门思想》，做来做去只做成了那样一篇文章"[④]。郭沫若所谓的"那样一篇文章"就是《马

---

① 郭沫若：《论中德文化书》，《文艺论集》，光华书局1929年版，第11—12页。
② 郭沫若：《文艺论集续集》，人民文学出版社1979年版，第7—8页。
③ 郭沫若：《郭沫若佚文集》，四川大学出版社1988年版，第154页。
④ 郭沫若：《讨论〈马克思进文庙〉》，《郭沫若佚文集》，四川大学出版社1988年版，第49页。

克思进文庙》。①该文写成于他从日本归国后不久，发表在1925年12月16日出版的《洪水》第一卷第七期上。郭沫若以丰富的想象力，让相隔两千多年的两个思想家"直接对话"。这篇文章思想内涵十分丰富，近年来越来越受到关注。

郭沫若把马克思与孔夫子见面的时间设定在丁祭后第二天，地点为上海的某孔庙中。马克思拜访孔夫子，首先提到了一个背景，"我们的主义已经传到你们中国，我希望在你们中国能够实现。但是近来有些人说，我的主义和你的思想不同"②。是谁在说呢？为什么要强调马克思主义与儒家思想不同呢？这后面有复杂的历史背景。

1925年年初，孙中山去世之后，为了争夺"三民主义"的解释权，国民党新右派中的"理论家"戴季陶连续抛出《孙文主义之哲学的基础》《国民革命与中国国民党》等小册子。戴季陶特意强调"三民主义"是"中国的"，而马克思主义是"外来的"，将国民党与共产党的指导思想分割开来。当时正处在国共合作向何处走的关键时期，戴季陶抛出这样的理论，消极影响十分巨大。郭沫若原本计划写一篇论

---

① 小说首发于上海《洪水》半月刊杂志1925年12月16日第一卷第七期，题为《马克斯进文庙》，1934年收入《沫若自选集》（上海乐华图书公司出版）时改名为《马氏进文庙》。1985年，人民文学出版社将此文改为《马克思进文庙》，收录在《郭沫若全集》第十卷（文学编）。本文引用《马克思进文庙》皆依据《郭沫若全集》（第十卷），人民文学出版社1985年版。
② 郭沫若：《马克思进文庙》，《郭沫若全集》第十卷（文学编），人民文学出版社1985年版，第162页。

文，但是没写成，反要仓促写成这样一篇戏说性质的文章，而且告诉大家，马克思主义虽然是从外面传来的，但是与中国传统文化是相通的。这篇文章发表在戴季陶出版《孙文主义之哲学的基础》小册子后不久，其用意不言自明。

有人提到当时的一种现象（即有人说"我的主义和你的思想不同"）后，马克思说明了来意："我便来直接领教你：究竟你的思想是怎么样？和我的主义怎样不同？而且不同到怎样的地步？这些问题，我要深望你能详细地指示。"[1]郭沫若通过描写马克思向孔夫子请教两人思想的不同，引起读者的兴趣。

两位思想家深入交流后，发现二者思想有不少相通的地方。在关注现世社会，在主张无神论方面，马克思说，"我是站在这个世间说这个世间的话。这一点我和许多的宗教家，或者玄学家不同"。听完马克思的话后，孔夫子说："我们的出发点可以说是完全相同的。"[2]在对人类未来社会的设想方面，听完马克思的介绍后，孔夫子也不禁拍手叫绝："你这个理想社会和我的大同世界竟是不谋而合。"[3]在

---

[1] 郭沫若:《马克思进文庙》,《郭沫若全集》第十卷（文学编），人民文学出版社1985年版，第162页。
[2] 郭沫若:《马克思进文庙》,《郭沫若全集》第十卷（文学编），人民文学出版社1985年版，第164页。
[3] 郭沫若:《马克思进文庙》,《郭沫若全集》第十卷（文学编），人民文学出版社1985年版，第165页。

人类美好社会的实现路径上，马克思主张废除私有制，建立公有制，同时发展生产，"产业增进了，大家有共享的可能，然后大家才能安心一意地平等无私地发展自己的本能和个性。"孔夫子对此也赞不绝口，"我的思想乃至我国的传统思想，根本和你一样，总要先把产业提高起来，然后才来均分"。①马克思和孔夫子有很多共同语言，二人越聊越投入。最后，马克思不禁感慨"我不想在两千年前，在远远的东方，已经有了你这样的一个老同志……"②

这篇约4000字的文章，在当时并没有引起很大的影响，甚至遭到质疑。但是这是第一次将马克思主义与儒家思想进行较全面的比较对照分析的尝试，与之前梁启超、孙中山、蔡元培等人将社会主义与大同社会简单地等同起来相比，其思想的广度和深度都更进了一步，其重要价值正日渐受到各界的关注和认可。

3.艾思奇、陈唯实：探究中国古代哲学思想中的唯物论和辩证法

20世纪30年代中期，继李达的《社会学大纲》之后，

---

① 郭沫若:《马克思进文庙》，《郭沫若全集》第十卷（文学编），人民文学出版社1985年版，第167页。
② 郭沫若:《马克思进文庙》，《郭沫若全集》第十卷（文学编），人民文学出版社1985年版，第167页。

第一章 百余年来，学界对两大思想体系相通性的探究

在马克思主义中国化和大众化方面，出现了影响深远的两部马克思主义通俗性哲学著作，分别是艾思奇的《大众哲学》和陈唯实的《通俗辩证法讲话》。

艾思奇原名李生萱，蒙古族，出生于云南省保山市腾冲县和顺镇水碓村，是我国杰出的马克思主义理论家、哲学家、教育家。他撰写的《大众哲学》《哲学与生活》等马克思主义的通俗读物，为马克思主义哲学在中国的广泛传播发挥了重要作用。毛泽东同志在阅读了《哲学与生活》后，在给艾思奇的一封亲笔信中写道："你的《哲学与生活》是你的著作中更深刻的书，我读了得益很多。"[①]《大众哲学》是艾思奇的代表作。作者用生动通俗的语言阐述马克思主义哲学原理，1934年至1935年在《读书生活》连载，1936年出版单行本，至1948年年底共发行32个版本，可见其影响很大。

在《大众哲学》中，针对"为什么马克思主义在西方开花，却在中国结出果实？"的问题，艾思奇曾做过精辟论述："中华民族和它的优秀传统中本来早就有着马克思主义的种子。马克思主义是科学的共产主义，而共产主义社会，曾是中国历史上一切伟大思想家所共有的理想。从老子、墨子、孔子、孟子，以至于孙中山先生，都希望着世界上

---

① 《毛泽东书信选集》，中央文献出版社2003年版，第102页。

有'天下为公'的大同社会能够出现。中国的马克思主义，就是以马克思的科学共产主义的理论为滋养料，而从中国民族自己的共产主义的种子中成长起来的。"①

艾思奇运用中国传统哲学的话语体系阐述唯物史观，有助于广大中国人民理解马克思主义。艾思奇引用孟子名言"无恒产而有恒心者，惟士为能"，来论述物质保障与精神文明之间的辩证关系。他以共产主义思想为例，认为中国儒家思想有着"大同社会"的理想，与马克思科学共产主义的精神实质是一致的。

陈唯实是著名哲学家、教育家，广东潮州人。1934年赴北平，进北平图书馆自修哲学，读了许多中外哲学书籍，被马克思主义的哲学所吸引。1935年到上海，参加艾思奇等发起的新哲学大众化、通俗化运动，出版了《通俗辩证法讲话》《通俗唯物论讲话》《新哲学体系讲话》《新人生观》《革命哲学》等多部哲学论著。

在1936年出版的《通俗辩证法讲话》一书中，陈唯实反驳了中国古代没有辩证法的偏见，表示要"从中国古代哲学上，探究辩证法的观念"，并说："须知辩证法是客观的真理，是世界事物的根本法则，辩证法就是一切事物的灵魂，无论古今中外都不能离开这个法则。"② 为了证实这一

---

① 艾思奇：《艾思奇全书》（第二卷），人民出版社2006年版，第683页。
② 陈唯实：《通俗辩证法讲话》，新东方出版社1936年版，第161页。

观点，他在该书中第七讲"中国古代哲学上的辩证法"，从《周易》《老子》《庄子》三书中的辩证法进行梳理，对《周易》中的阴阳、八卦、太极、四象、刚柔、男女，《老子》和《庄子》中的道、反、无等范畴进行了剖析，雄辩地证明了中国传统文化中有着丰富的辩证法思想。他指出："总而言之，中国古代的《易经》《老子》《庄子》等哲学，对于辩证法已有相当的发见，但也只是相当的成分而已，……但在古代就有那些的见解，这不能不使我们叹服。"①

艾思奇和陈唯实虽然没有明确提出有关马克思主义与中国传统文化相通的论点，但是他们从中国传统文化中探求唯物论和辩证法，探索马克思主义与中国传统文化相通的理论结合点，其重要意义是不言而喻的。

4.朱谦之：马克思主义间接受到中国哲学思想影响

朱谦之，福建福州人，是中国著名的大教授、大学者。1916年，他以全省第一名考取北京高等师范学校（北京师范大学前身）。到北京后，他改入北京大学法预科学习，毕业后，转入北大哲学系。在校期间，亲聆学界名师教诲，饱读中外哲学文化书籍，以至当时图书馆主任李大钊担心馆内的社科书籍会被朱谦之读完。青年毛泽东在北大图书

---

① 陈唯实：《通俗辩证法讲话》，新东方出版社1936年版，第176—177页。

馆工作期间，"常常和一个北大学生，名叫朱谦之的，讨论无政府主义和它在中国的可能性"①。

1929年，朱谦之东赴日本研究哲学两年，接触到马克思主义思想，把马克思主义作为社会学说加以研究。1931年归国后任暨南大学教授，主编《历史哲学》丛书，并为丛书撰写了《黑格尔主义与孔德主义》《历史哲学大纲》等文。1932年起，朱谦之长期在中山大学任教，撰写了大量著作，重要的有《历史哲学大纲》《文化哲学》《孔德的历史哲学》《黑格尔的历史哲学》《中国思想对于欧洲文化之影响》《扶桑国考证》《太平天国革命文化史》等。1952年全国高等学校院系调整后，他回到母校北京大学任教授，从事中国哲学史的教学和研究。朱谦之的教学研究工作十分广泛，涉及历史、哲学、文化、文学、音乐、戏剧、考古、经济、宗教和中外交通文化关系等多个领域，被称为"百科全书式学者"。②

《中国哲学对欧洲的影响》是朱谦之的代表作之一，也是他下功夫最大、最得意的作品。书稿草创于1936年，1940年由商务印书馆出版。但是他一直不甚满意，不断地

---

① 埃德加·斯诺（著）、董乐山（译）：《西行漫记》（原名：《红星照耀中国》），生活·读书·新知三联书店1979年版，第127页。
② 黄心川：《中国哲学对欧洲的影响·序言》，《中国哲学对欧洲的影响》，上海人民出版社2006年版，第7页。

修订和充实，前后花了40年时间。①该书分前论和本论两个部分。前论谈欧洲文艺复兴与中国文明和18世纪中欧文化的接触，本论是关于中国哲学对欧洲的影响。

本书不仅系统论述了中国哲学对欧洲思想的影响，而且也首次提出了马克思主义受到中国古代思想的影响。在该书中，朱谦之论述了中国古代思想对法国哲学和德国古典哲学的影响，指出："从康德到费希特、谢林、黑格尔，有的以神为道德的存在（如康德），有的以神为普遍的自我（如费希特），有的以神为构成世界的统一的绝对观念（如黑格尔），而要之这种以'理性'为神，以哲学的教义代替正宗的宗教，均和中国儒家哲学相类似。""德国古典哲学是否定莱布尼茨而对于莱布尼茨的辩证法加以改造，其实即间接接受了中国哲学的影响。"②恩格斯在1882年《社会主义从空想到科学的发展》德文本第一版序言中说："德国社会主义者，却不仅以继承圣西门、傅立叶和欧文，而且以继承康德、费希特和黑格尔为荣。"③当朱谦之写到这里，他说："那就可以说明德国古典哲学所受中国思想影响的

---

① 黄心川：《中国哲学对欧洲的影响·序言》，《中国哲学对欧洲的影响》，上海人民出版社2006年版，第7页。
② 朱谦之：《中国哲学对欧洲的影响》，上海人民出版社2006年版，第331、344页。
③ 恩格斯（著）、吴黎平（译）：《社会主义从空想到科学的发展》，人民出版社1956年版，第3页。

意义。"①

朱谦之通过大量史实的梳理论述，阐明中国哲学对欧洲哲学的影响，尤其是对德国古典哲学、法国空想社会主义的影响，从而得出结论：马克思主义也间接受到中国哲学的影响。由于受《中国哲学对欧洲的影响》论述主题的限制，作者对马克思主义受中国哲学的影响，在文中只是点到为止，没有进一步论述。

随着对马克思主义研究的深入，值得注意的是，这一时期，不少有传统文化功底的学者，看到了二者具有的内在相通性。例如，与朱谦之同时代的著名哲学家、社会活动家张申府，也敏锐地看到了马克思主义与中国传统文化的相通性，在《哲学与哲学家》一文中，明确指出："辩证法唯物论可以说是真正的中国的传统。中国人重实在，要脚踏实地就是唯物论。辩证法就是易，就是变化。"②虽然由于各种原因，他们没有进行深入的学理化研究，但是其思想火花的光芒仍无法掩盖，对当今研究马克思主义与中华优秀传统文化的相通性具有重要意义。

---

① 朱谦之：《中国哲学对欧洲的影响》，上海人民出版社2006年版，第336页。
② 张申府：《哲学与哲学家》，原载《中国建设》第六卷第二期，1948年5月1日。

三、新中国成立后到改革开放前：受到海外学者关注

海外对中国的研究有着悠久的历史，自明末清初，欧洲基督教耶稣会士对中国文化大规模翻译研究开始算起，距今约400年历史。新中国成立后，欧美各国对这个神秘的东方大国更加关注，他们难以理解看似强大的国民党政权在短短3年内就溃败到台湾。紧接着，共产党领导下的中国，在"一穷二白"的情况下，取得了与世界头号强国之间的"抗美援朝"战争的胜利。出于美国国家利益和对华决策的需要以及中苏关系紧张等国际形势变化，研究中国成为摆在美国学界面前的迫切问题。[1]与美国不同，欧洲汉学界仍以古代中国的历史文化为主要研究领域，仅有极少数人将研究领域延伸到马克思主义和毛泽东思想（他们称为"毛主义"）。李约瑟、窦宗仪等海外学者发现了马克思主义与中国传统文化的内在一致性，从思想文化层面，就中国人民为何迅速接受了马克思主义提出了自己的解释。

---

[1] 正如1965年1月9日晚，毛泽东邀请来访的斯诺共进晚餐时，斯诺曾对毛泽东所说："当你在中国进行了一场革命的同时，你也革了外国的'中国学'的命，现在有了毛学和中国学种种学派。"（埃德加·斯诺：《漫长的革命》，上海人民出版社1975年版，第208页。）

1. 李约瑟:"辩证唯物主义渊源于中国"

李约瑟（Joseph Needham，1900—1995年）是英国著名科学家、汉学家。他原是生物化学专家，英国皇家学会会员，任剑桥大学冈维尔-凯斯学院（Gonville and Caius College, Cambridge）院长。后来，在一些中国科学家朋友的影响下，开始学习汉语，毕生潜心研究中国文化。抗日战争期间，受英国政府派遣，他领导英中文化科学协会代表团来华工作4年，积极投身到中国人民抗日战争的伟大事业中，向欧洲介绍中国科技方面的成果，并建议把单向的援助工作变成双向的文化交流。更为重要的是，在此期间，他开始了一项伟大的工程——撰写《中国科学技术史》（原名:《中国科学与文明》）。[①] 该书内容丰富，考据精详，打破了欧洲中心论，以客观的态度向西方读者详细介绍中国古代科技的伟大发现和成就的同时，也为中国科学技术史的研究提供了坚实的基础。新中国成立后，李约瑟多次访华，对中英文化交流做出巨大贡献，被中国科学院授予外籍院士称号。他提出了著名的"李约瑟难题"，即为什么中

[①] 此后，李约瑟花费近50年心血，从中国古籍中挖掘、整理中国科学技术的伟大成就，撰写多卷本《中国科学技术史》。该书通过丰富的史料、深入的分析和大量的东西方比较研究，全面、系统地论述了中国古代科学技术的辉煌成就及其对世界文明的伟大贡献，内容涉及哲学、历史、科学思想、数、理、化、天、地、生、农、医及工程技术等诸多领域，被称为世界上研究中国科技史最完备、最深刻、最具特色的一部里程碑式的著作。

国古代科学技术处于世界领先地位,而到近代却落后了的问题,这一问题至今仍发人深省。

20世纪五六十年代,海外兴起了研究中国共产主义的热潮。对中国历史有深入研究的李约瑟,曾写了一篇名为《现代中国的古代传统》的文章,发表在1960年的《百年评论》(Centennial Review)杂志第4卷(第2、3期)上。后来,该文收录在《四海之内——东方和西方的对话》中,于1987年10月,由生活·读书·新知三联书店出版。根据作者介绍,他这篇文章是根据1950年年初牛津大学纳菲尔德学院(Nuffield College, Oxford)政治研究小组和大学与左翼评论学会的讨论材料而写成的。[①]这也从侧面说明当时欧洲著名大学对中国研究的重视。

由于作者对中国传统文化有深入研究,而且秉持客观的态度,所以提出了许多不同于西方学者的真知灼见。例如,在谈中国传统文化中的民主因素时,他指出:"我们不能忘记,二千年来中国主要的社会哲学学派的一条基本原则是:人民有权利和义务'反抗不符合儒家精神的君主',这比欧洲的宗教改革者提出类似的论点还要早将近二千年。我想,我们可以断言:虽然在中国的历史传统中从来没有西方国家所说的那种'代议制'的民主政体,但是中国也

---

① 李约瑟(著)、劳陇(译):《四海之内——东方和西方的对话》,生活·读书·新知三联书店1987年版,第23页。

决不是象有些人所想象的那样一个纯粹的专制独裁的国家。""我深信,在中国的传统中坚强的民主因素是一直存在的。"[1]

在该文中,他提出了"辩证唯物主义渊源于中国"的论断。他说:"现代中国人如此热情地接受辩证唯物主义,有很多西方人觉得是不可思议的。他们想不明白,为什么这样一个古老的东方民族竟会如此毫不犹豫、满怀信心地接受一种初看起来完全是欧洲的思想体系。但是,在我的想象中,中国的学者们自己却可能会这样说的,'真是妙极了!这不就象我们自己的永恒哲学和现代科学的结合吗?它终于回到我们身边来了。'"[2]他还说:"中国的知识分子之所以更愿意接受辩证唯物主义,是因为,从某种意义上说,这种哲学思想正是他们自己所产生的。"[3]

作为一个学贯中西的学者、科学家,他的论断并不是简单的推测,而是基于他深厚的文化学养和严密的逻辑推理。他在此文中对这个论断做了进一步论述,并且简单梳理了西方的辩证唯物主义是如何受到中国哲学的影响的:

---

[1] 李约瑟(著)、劳陇(译):《四海之内——东方和西方的对话》,生活·读书·新知三联书店1987年版,第54—55页。
[2] 李约瑟(著)、劳陇(译):《四海之内——东方和西方的对话》,生活·读书·新知三联书店1987年版,第63页。
[3] 李约瑟(著)、劳陇(译):《四海之内——东方和西方的对话》,生活·读书·新知三联书店1987年版,第67页。

"如果我们要探索辩证唯物主义在西方的根源,首先,我们自然很容易就找到了黑格儿。除此之外,就要数莱布尼茨了。找到这里,如果你再要进一步探索其根源,那就不大清楚了。""我们觉得很值得注意的一点是,莱布尼茨本人对于中国却是极感兴趣的……莱布尼茨本身也幸运地注释了许多关于中国人思想的书……至少他从新儒学家的有机主义中得到不少宝贵的资料和论证。"[1]

关于"辩证唯物主义渊源于中国"的观点,虽然当时很多人并不认同,但是李约瑟一直坚持。在1965年英中了解协会成立大会上,他发表了《友谊的芬芳——1965年5月15日在英中了解协会成立大会上的演说词》,再次重申了他的这一观点:"现在人们特别喜欢宣扬一种论点,认为中国主要受到西方马克思主义哲学思想的感召,而那种哲学思想正是在离这里才一箭之遥的英国博物馆中孕育出来的。说这种话的人实在大错特错了。中国文化中永恒的哲学思想一开始就是有机的唯物主义,而没有唯心主义思想的存身之地。在我看来,中国历代的大哲学家、思想家,如果他们当时接触到辩证唯物主义,一定会热烈欢迎,并且把它看作是中国固有的思想方式的延伸和发展。确实,现在已有历史材料证明,中国的有机唯物主义思想曾经在

---

[1] 李约瑟(著)、劳陇(译):《四海之内——东方和西方的对话》,生活·读书·新知三联书店1987年版,第67页。

17世纪通过耶稣会教士代表团的关系引入欧洲,对于西方莱布尼兹及以后的哲学家的思想产生很大的影响。所以,中国的知识分子毫无异议地一致接受辩证唯物主义,那是毫不奇怪的。"[1]

李约瑟的这一论断对研究马克思主义与中华优秀传统文化相结合具有很重要的意义,然而由于种种原因,这样的灼见,不仅在西方很少有人注意到,而且在很长时期里,也不为我国学者所了解。直到20世纪90年代,随着美籍华人学者窦宗仪的《儒学与马克思主义》一书被翻译为中文并出版,李约瑟的这一观点才在我国学术界引起关注,但不少学者对此持否定态度。[2]直到今天,我国学界中认同李约瑟的这一观点的人仍然是少数,但是我相信,真理在被人普遍认知之前,往往是被少数人发现和掌握的。

---

[1] 李约瑟(著)、劳陇(译):《四海之内——东方和西方的对话》,生活·读书·新知三联书店1987年版,第129—130页。
[2] 如刘文英教授在为窦著中文版撰写的带有序言性的《别有见识的比较——读窦宗仪教授的〈儒学与马克思主义〉》一文里,对李约瑟的"辩证唯物主义渊源于中国"的说法不以为然:"马克思主要的还是总结了西方哲学的优秀传统而创立辩证唯物主义。由于地域相隔,即使到19世纪,西方学者对于中国哲学仍然知之很少、很浅。这从黑格尔《哲学史讲演录》对中国哲学介绍之简略,即可证明。而现在没有材料说明,马克思对中国哲学的了解比黑格尔更多。然而不但西方,中国古代同样具有自己的唯物主义和辩证法的传统。因而中国传统哲学,包括儒学在内,和辩证唯物主义有相似、相通之处,也是理所当然的事情。"

2.窦宗仪:《儒学与马克思主义》

窦宗仪出生在甘肃省榆中县一个有名望的书香之家,父亲窦秉璋是当地颇有影响的乡贤。[①]窦宗仪从小接受了扎实的传统文化教育,后来又接受了系统的西学教育,为学贯中西的著名学者。[②]他在美国乔治·华盛顿大学毕业后,就留在美国多所研究教育机构工作,将大半生精力用在东亚史和东亚哲学的教学和研究工作,其主要成果就体现在《儒学与马克思主义》一书中。

《儒学与马克思主义》是窦宗仪主要的学术研究成果,早在20世纪50年代初,他就关注儒学和马克思主义的问题。他在该书的初版"序言"中介绍了他选择这个课题的缘由:"对于中国人来说,马克思主义和基督教同属于西方文明,但与基督教的传播或像太平天国所宣称的'基督教的社会主义实践'相比,马克思主义在中国的传播中所

---

① 据榆中县地方志办提供的资料,窦秉璋(1867—1941年),字琢如,榆中县窦家营人。历任县立高等小学教员及校长、县劝学所所长、县教育会会长。热心地方文化事业,先后编纂《金县新志稿》(1909年)二册、《重修榆中县志》(1938年)。
② 据窦宗仪回忆,他小时候,"家父很重视对我们的教育,每天有指定的功课,如做不完,不准出去。""父亲教我们背诵"四书"、《史记》及其他古文篇章。"青年时期,他先后就读于兰州师范、甘肃学院、南京中央大学历史系、美国乔治·华盛顿大学公共行政系。1949年后,留美工作生活,先后在美国国会图书馆、乔治·华盛顿大学中苏研究所、斯坦福大学胡佛研究所等学术机构工作,并在美国多所大学执教。著作有《李鸿章年(日)谱》《论科学的人道主义》《儒学与马克思主义》等。参见窦宗仪:《忆我在美国的生活》,《对外大传播》2007年第5期。

遇到的敌视要少得多。原因何在？这些历史问题促使我极力想要弄明白：李约瑟关于儒家思想和马克思主义哲学原理之间的近似之处的论述是不是正确的？是不是正犹豫期间的近似之处才使得儒生们接受并迅速地转向了马克思主义？"[1]正式开始这本书的写作的时间，据窦宗仪回忆，是到了20世纪60年代后期，在美国亚洲研究协会举行的地区性会议期间。他参加诺兰·雅各伯森教授主持的"毛主义的中国根源"的小组讨论，受此次小组讨论的启发，开始了这本书的写作。[2]

关于这两种思想的比较研究，窦宗仪指出，从内容上，他主要放在儒家思想与辩证唯物主义上，因为"在我看来，马克思主义体系内的辩证唯物主义和历史唯物主义二者，和儒家思想比较起来，前者与儒家思想之间的一致处要比后者多得多"[3]。从方法上，他有两条道路可以选择：要么从儒学和马克思主义中各选择一位代表人物，如马克思和朱熹进行比较，要么从整体上来比较两个思想体系。作者还是选择了更有挑战性但是更有意义的整体比较的方法，因

---

[1] 窦宗仪（著）、刘成有（译）：《儒学与马克思主义·前言》，《儒学与马克思主义》，兰州大学出版社1993年版，第2页。
[2] 窦宗仪（著）、刘成有（译）：《儒学与马克思主义·前言》，《儒学与马克思主义》，兰州大学出版社1993年版，第4页。
[3] 窦宗仪（著）、刘成有（译）：《儒学与马克思主义·前言》，《儒学与马克思主义》，兰州大学出版社1993年版，第3页。

为"两大思想体系都曾经历过相当长时间的渐变过程……从整体上比较两大思想体系,将会更加富有意义"①。

在1973年、1975年和1976年国际东方学学者大会和世界哲学大会上,窦宗仪先后提交了三篇文章,讨论儒学与马克思主义的关系。在这三篇论文的基础上,窦宗仪完成了《儒学与马克思主义》一书。全书由4章构成,即"思维和存在的关系问题:认识的物质源泉与'格物致知'""世界的物质统一性与认识:普遍规律与'道';'质量'与'理气'""认识的辩证性质与辩证的方法""实践认识的基础和检验真理的标准"。该书将研究范围严格限定在比较而不是分析两个思想体系,旨在寻求儒家思想和马克思主义的相通之处,从而从思想的根源解释了马克思主义为什么在短短30年内成为中国主流思想的问题。②可见,窦宗仪不仅注意到李约瑟认为辩证唯物主义起源于中国的观点,而且也认同这个观点,但是他并没有论证马克思主义(辩证唯物主义)是如何受到中国古代哲学思想影响的。

1977年,该书由美国大学用书出版公司以"CONFUCIANISM VS MARXISM: An Analytical Comparison of the Confucian and

---

① 窦宗仪(著)、刘成有(译):《儒学与马克思主义·前言》,《儒学与马克思主义》,兰州大学出版社1993年版,第3页。
② 窦宗仪(著)、刘成有(译):《儒学与马克思主义·前言》,《儒学与马克思主义》,兰州大学出版社1993年版,第2—3页。

Marxism Theories of knowledge–Dialectical Materialism"之名初版，前后约10年时间。后来又进行了多次修改、再版，20世纪90年代，由中国学者刘成有翻译到我国来。但是窦宗仪的学术贡献在很长一段时间，并没有得到思想界的认可，甚至不少学者反对其观点。

《儒学与马克思主义》的论证并非完美无缺，但是窦宗仪的学术态度和这部书的思想价值，随着时间的推移，正越来越受到关注和认同。

3. 斯塔尔：黑格尔和马克思的辩证法概念源自中国

约翰·布莱恩·斯塔尔（John Bryan Starr），美国著名的"中国问题"专家、美国政治协会会员、亚洲研究协会会员。他早年就读于美国达特茅斯学院，1966年在加利福尼亚大学伯克利分校获硕士学位，1971年又在该校获政治学博士学位，其间曾享受美国学术团体理事会——社会科学研究理事会当代中国联合会奖学金，赴香港进行为期一年的研究工作。此后他执教加利福尼亚大学伯克利分校，从事政治学教学和研究工作，并于1976年兼任中国研究中心副主任。斯塔尔长期专注于中国政治理论研究，著有《毛泽东的政治哲学》《意识形态与文化：当代中国政治的辩证法导言》《毛泽东继续革命论的基本原理》《回顾革命：中国人眼中的巴黎公社》《马克思主义与毛泽东的政治遗产》等。

在《毛泽东的政治哲学》一书中，他认为中国古代哲学思想中有悠久且连续的辩证思维传统，并且间接地影响到马克思主义唯物辩证法。他以对立、变化观念为例指出："赫拉克利特的著作中，人们可以看到以对立力量的相互作用为特征的自然观……当古希腊思想发展到成熟阶段时，对立力量之间偶尔是相互冲突的关系而大部分时间则是互补关系的观点，在很大程度上被抛弃了，或至少有一部分是彻底地转变了。"但"在古代中国的思想中，本性相反之物相成的观点在塑造中国传统中后来的思维模式方面，其影响要比古希腊的传统思想来得更深更广"[1]。他甚至认为，以赫拉克利特为代表的古希腊关于事物内部矛盾冲突的辩证思想在欧洲的文化传统中并没有产生什么影响，相反是亚里士多德的排斥矛盾的形式逻辑在欧洲文化传统中起决定作用。而苏格拉底的所谓"辩证法"根本不是"黑格尔—马克思主义哲学"意义上的辩证法，而是一种论辩形式。关于事物内部矛盾即"对立统一规律"的认识，"只是在被德国哲学家所掌握（从康德开始，经过费希特、谢林和施莱尔马赫，到黑格尔）时，才得到了改造，并获得了重生"[2]。

---

[1] 约翰·布莱恩·斯塔尔（著），曹志为、王晴波（译）：《毛泽东的政治哲学》，中国人民大学出版社2006年版，第3页。

[2] 约翰·布莱恩·斯塔尔（著），曹志为、王晴波（译）：《毛泽东的政治哲学》，中国人民大学出版社2006年版，第10页。

而这种与"亚里士多德僵硬的形式主义"相对立的思维方式却很早就"根植于"中国儒、道、墨等春秋战国时期诸子的辩证法传统中。实际上，跟形式逻辑相对立的辩证逻辑在源于印度的中国佛教哲学中也极为丰富和完整。斯塔尔将这一与佛教辩证法密切相关的中国思想家追溯到僧肇[①]和吉藏[②]。斯塔尔进一步指出："我们在中国古代思想的自然观中所发现的突出对立因素互补关系的观点，在这些方法论的讨论中，在某种程度上已被冲突和互补都可能发生的看法所取代。同样明显的是，马克思实现的把以对立力量相互作用为特征的自然观同以对立力量相互作用为特征的研究方法的结合，是早在许多世纪前中国传统中就至少是原始的方式完成了的结合。"[③]斯塔尔并借用中国学者郭沫若的观点，认为"费希特、谢林、黑格尔和马克思的辩证法

[①] 僧肇（384—414年），俗姓张，后秦长安（今陕西西安）人，东晋时著名高僧。从年少时即深研《庄子》《老子》《维摩诘经》等经典著作。年轻时就名震关中，后师从高僧鸠摩罗什。他提出体用相依，非有非无，即动求静之说。他写下了《般若无知论》《不真空论》《物不迁论》《涅盘无名论》四文，备受推崇。他圆寂后，有人将其四篇论文合编为一书，取名《肇论》。
[②] 吉藏（549—623年），俗姓安，又称胡吉藏，祖籍安息（帕提亚帝国，古国名），隋唐时著名高僧。19岁即学有成就，后受隋炀帝邀请，到长安精研佛法，完成"三论"注疏，创立"三论宗"。著有《中论疏》《十二门论疏》《三论玄义》《大乘玄义》《二谛义》等。
[③] 约翰·布莱恩·斯塔尔（著），曹志为、王晴波（译）：《毛泽东的政治哲学》，中国人民大学出版社2006年版，第12页。

概念可能都是从中国借用的"①。

这个时期，中国大陆地区学术界虽然受到"左"倾思想的影响，但是也不乏具有独立思考能力的学者，明确提出马克思主义与中国传统思想文化具有相通的地方。著名学者梁漱溟在极为艰难的情况下②，写出了《中国——理性之国》。作者用大量的文字介绍其书名《中国——理性之国》的来历。该书名来源于恩格斯《反杜林论》中有关理性的言论。恩格斯在该书第三编谈"社会主义历史"时，从18世纪法国启蒙学派的理性主义说起，"为革命作了准备的十八世纪的法国哲学家们，如何求助于理性，把理性当做一切现存事物的唯一裁判者。他们要求建立理性的国家、理性的社会"③。认为现代社会主义为18世纪以来理性主义的一贯发展。梁漱溟在论述其书名的含义时说："当时法国思想家们之高唱理性，大有得于中国思想之输入和中国社会情况之传闻。"当时修正主义风靡之时，只有中国成为社会主义实践的成功范例，究其原因是"古先中国人理性早

---

① 约翰·布莱恩·斯塔尔（著），曹志为、王晴波（译）：《毛泽东的政治哲学》，中国人民大学出版社2006年版，第12页。
② 据作者告白，"此书在环境条件困难（失去自己储备的材料复缺乏参考书籍）中"完成大部分。梁漱溟：《中国——理性之国》，《梁漱溟全集》（第四卷），山东人民出版社2005年版，第201页。
③ 恩格斯：《反杜林论》，《马克思恩格斯全集》（第二十卷），人民出版社1971年版，第281页。

启种其因"①。梁漱溟进一步论述中国古人理性早期的表现在哪些方面时,归纳了两个方面:一方面是对宇宙大自然现象古时各派大思想家普遍流露的那种无神论、唯物论、机械论倾向。再一方面是有如今语所云"民主主义"和"社会主义"的倾向。②关于中国古代思想中的社会主义倾向,梁漱溟举出了大量的例证,从而指出:"理性早期的中国古人思想其与民主主义社会主义有些接近相通之处却亦是很自然的事情。"③"中国在世界上所以率先建成社会主义,盖因其自有几千年历史文化背景在。"④尽管当时中国社会处在一种极不正常的状态下,作者本人的处境也非常艰难,但是作为一个思想家,梁漱溟反复申明"无产阶级精神既有高于我们传统习俗之处,同时又和我们固有精神初不相远,中国人很容易学得来"⑤,乐观地认为社会主义在中国有着光明的前景,这与中国传统文化中理性基因密切相关。

---

① 梁漱溟:《中国——理性之国》,《梁漱溟全集》(第四卷),山东人民出版社2005年版,第365页。
② 梁漱溟:《中国——理性之国》,《梁漱溟全集》(第四卷),山东人民出版社2005年版,第369—370页。
③ 梁漱溟:《中国——理性之国》,《梁漱溟全集》(第四卷),山东人民出版社2005年版,第388页。
④ 梁漱溟:《中国——理性之国》,《梁漱溟全集》(第四卷),山东人民出版社2005年版,第466页。
⑤ 梁漱溟:《中国——理性之国》,《梁漱溟全集》(第四卷),山东人民出版社2005年版,第309、484页。

四、改革开放后：中国学者深入研究

从20世纪70年代末开始，在中国共产党的领导下，中国人民进行了一场以解放思想为前提的改革开放。随着思想解放和经济建设的发展，思想文化领域也迎来了发展的热潮。文化界不仅积极学习引进西方的文化，也积极审视中国传统文化，掀起了传统文化热（有人称之为"国学热""儒学热"）。这种现象引起了一些人的担心：一直被视为封建保守文化代表的传统文化热，是否会影响马克思主义在意识形态领域的指导地位？由此引发了儒学与马克思主义关系的大讨论。[①]在争论中，部分学者强调儒学与马克思主义的相似性，并指出马克思主义要在中国扎下根，要充满活力，继续发挥对现实的指导作用，就不仅要与中国

[①] 以1994年至1996年的大讨论为例，自1994年6月开始，哲学界的权威刊物《哲学研究》，发表了《国粹·复古·文化——评一种值得注意的思想倾向》《跳出"国学"研究"国学"》等系列文章，对社会上兴起的传统文化热进行了批判。1995年6月，另一权威期刊《孔子研究》发表了一组文章，对《哲学研究》有关文章进行了针锋相对的反驳。在这期间，学术界也举行了系列学术研讨会，就儒学和马克思主义关系进行了热烈、理性的讨论，对促进儒学（也有人称国学）与马克思主义的关系研究有积极作用。如1995年6月中央党校哲学教研部在京召开了"中国传统文化研究现状"讨论会，对国学产生原因、国学是否过热，国学研究与马克思主义关系问题，都做了客观、理性的讨论。参见孙琰：《"中国传统文化研究现状"讨论会观点综述》，《党校科研信息》1995年第15期。

的实际相结合,也要与中国的传统文化相结合。[①]

1. 张岱年:马克思、恩格斯了解中国哲学

张岱年是中国现代著名哲学家、哲学史家。早在中学时期,就立下了学术救国之志,深入研究古代哲学典籍,奠定了深厚的传统文化基础。大学期间,在其兄张申府(原名张崧年,著名哲学家、中国共产党主要创始人之一)的影响下,他大量研读英国哲学家罗素、摩尔、怀特海的哲学著作,并阅读了大量马克思主义的著作[②],是我国少有的同时精通中学、西学和马克思主义的哲学家。

关于如何处理马克思主义和中华传统文化、西方文化的关系,张岱年从20世纪三四十年代就开始思考这个问题,他既反对"西化派",也不同意"国粹派",而是提出会通中西文化的"文化综合创新论",认为"中国必将产生

[①] 关于马克思主义与儒学有没有共同点,一些学者指出,马克思主义和儒学都讲世界统一于物质(气),都主张宇宙是发展运动的,运动的原因在物质内部的对立统一(一阴一阳之谓道)等。其他如社会主义和共产主义与大同理想,也有相通之处。所以,马克思主义和儒学是可以结合的。参见乔清举、张进勇:《马克思主义与儒学学术研讨会述要》,《党校科研信息》1996年第S3期。

[②] 据张岱年后来回忆,他青年时期,研读了《费尔巴哈论》《反杜林论》《唯物论与经验批判论》等。又读了李达等人翻译的《辩证法唯物论教程》,对其中引述的列宁《哲学笔记》的条文十分喜爱。参见李下、张西立:《"辩证唯物论是当代最伟大的哲学"——访著名学者张岱年先生》,《求是》2000年第1期。

新文化而成为那世界性的社会主义文化的一部分"。[①]经过几十年的深入思考,针对20世纪八九十年代全盘否定中国传统文化的思潮,他相继发表了《综合、创新,建立社会主义新文化》《中华文明的现代复兴和综合创新》等论文,对"文化综合创新论"做了新的系统的阐释,即以马克思主义为指导,融中西文化之长,创造社会主义的新文化体系。

张岱年很早就用马克思主义的观点、方法研究中国传统文化。早在20世纪二三十年代,他先后写了《先秦哲学中的辩证法》《秦以后哲学中的辩证法》《颜李之学》《中国元学之基本倾向》《中国思想源流》《关于新唯物论》《辩证唯物论的知识论》《辩证唯物论的人生哲学》《谭理》等重要哲学论文,第一次系统梳理了中国古代哲学的唯物论思想,阐发了中国的辩证法思想。在研究过程中,他坚信中国古代哲学中有丰富的唯物论、辩证法思想。新中国成立后,他撰写了一本介绍中国古代唯物主义发展历史的通俗哲学读物——《中国唯物主义思想简史》,于1957年正式出版。1981年,该书经修订后再版。这次修订再版体现了张岱年先生20余年间对中国古代唯物主义思想的进一步深入

---

① 谢继忠:《张岱年的"文化综合创新论"及其历史地位》,《河西学院学报》2008年第4期。

研究，也体现了其严谨的学术作风和高尚的人格风范。①

改革开放后，学术界再次掀起了中国古代唯物主义讨论的热潮。中国古代哲学思想中的唯物主义传统成为大家讨论的一个重要内容。当时，有极少数人对中国是否有唯物主义传统提出了疑问，但是并没有给出充分的理由。1984年6月，《中国哲学史研究》编辑部举办了研讨会，学界30余位学者讨论了中国古代哲学唯物主义传统问题。大家不仅讨论了中国古代哲学的唯物主义传统，也探讨了中国古代哲学家历史观中的唯物主义因素，又打破了以朝代分期的老框框，采取了依哲学历史形态的特点来分发展阶段的方法。②关于这个问题，以张岱年为代表的学者们经过几十年的研究，已经形成了共识："历史上每一个时代都有一二个唯物主义的代表人物，这就可以肯定确实有一个唯

---

① 再版增补了初版所没有的《管子》、柳宗元、方以智等相关内容，并在《老子》、庄子、王廷相等章节中加入了新的研究成果。以《老子》为例，他在《修订本序言》中做了说明："旧作认为《老子》的哲学史唯物主义，当时把《老子》所谓道解释为天地未分的混然整体。近年来重新考察这个问题，觉得把《老子》的道解释为天地未分的混然整体，证据不足。《老子》所谓道，仍应解释为最高原理，也就是绝对观念之类，所以《老子》哲学应是一种客观唯心主义。但《老子》提出的'自然'观念对于以后唯物主义的发展却起了积极的作用，这也是应该肯定的。"参见张岱年：《中国唯物主义思想简史　宋元明清哲学史提纲（外一种）》（"修订本序言"），中华书局2018年版，第7页。
② 阿木：《中国古代唯物主义传统讨论会记略》，《国内哲学动态》1984年第8期。

物主义传统了。"①

张岱年认为，马克思主义哲学间接地受到了中国古代哲学的影响，"中国哲学对德国古典哲学的影响是值得研究的，莱布尼茨很看重中国哲学，从莱布尼茨、沃尔夫开始在德国提倡中国哲学以来，指导康德、谢林、黑格尔、费尔巴哈等人，他们都没有放弃对中国哲学的研究"②。他甚至认为马克思和恩格斯本人都有机会了解中国哲学，"我想他们肯定是了解的，因为自17世纪欧洲人写了许多介绍中国哲学的著作，马克思和恩格斯都有条件看到"③。

作为中国最有影响力的哲学家，张岱年还指导和支持同行、后学们进行马克思主义与中国哲学相通性研究。④这

---

① 张岱年:《中国唯物主义思想简史 宋元明清哲学史提纲（外一种）》（"修订本序言"），中华书局2018年版，第9页。
② 张岱年:《中国文化与马克思主义·序言》，《中国文化与马克思主义》，山西教育出版社1999年版，第2页。
③ 张岱年:《中国文化与马克思主义·序言》，《中国文化与马克思主义》，山西教育出版社1999年版，第2页。
④ 张岱年在很多场合都呼吁要正确处理马克思主义与中国传统文化的关系，针对传统文化热会动摇马克思主义指导地位的论调，在1995年6月由中共中央党校哲学教研部主办的"中国传统文化研究现状"的学术讨论会上，他指出，弘扬优秀的传统文化并不排斥马克思主义，与复古思潮也没有必然联系。从主观方面看，研究传统文化的同志没有复古的意图；从客观方面看，逆历史发展潮流去搞复古也是行不通的。研究国学不是排斥和反对西学，更不是把马克思主义放在一边。大多数研究国学的同志还是自觉地运用马克思主义唯物史观指导研究的。参见孙琰:《"中国传统文化研究现状"讨论会观点综述》，《党校科研信息》1995年第15期。张岱年还领衔编著《中国哲学与辩证唯物主义》（高等教育出版社1998年版），为青年学者张允熠的《中国文化与马克思主义》（山西教育出版社1999年版）作序。

对促进中国思想史研究，尤其是对研究马克思主义与中华优秀传统文化相结合的课题，具有十分深远的意义。

2.李泽厚:《马克思主义在中国》

李泽厚以美学家而著名，但是他在思想史、哲学、中国文化等方面，也有一定影响力。这从其等身的著作就能体现出来，美学方面著有《美的历程》《华夏美学》《美学四讲》(即"美学三书")，哲学方面著有《人类学历史本体论》《我的哲学提纲》《批判哲学的批判——康德述评》，思想史方面著有《中国古代思想史论》《中国近代思想史论》《中国现代思想史论》，中国文化方面著有《由巫到礼 释礼归仁》《论语今读》，教育方面著有《李泽厚论教育·人生·美——献给中小学教师》，散文方面著有《走我自己的路》《李泽厚散文集》。

李泽厚在20世纪80年代后期，还写过《马克思主义在中国》，对马克思主义在中国的历程进行梳理。作为一个思想史学家，关注马克思主义在中国的历程是很自然的事情，正如他所言，"没有哪一种哲学或理论，能在现代世界史上留下如此深重的影响有如马克思主义"[1]。但是在这本不足5万字的小册子里，李泽厚用了不小的篇幅，分析早期

---

[1] 李泽厚:《马克思主义在中国》，生活·读书·新知三联书店1988年版，第1页。

先进知识分子如何从信奉进化论到信奉唯物史观。他从深层次的"文化心理结构"分析,认为最突出的原因有两个:一是马克思主义具体地解释了人类历史的发展原因。这与进化论所宣扬的"适者生存"仅是一个空洞的社会有机体观念不同。尤其是以经济发展作为基础来解释社会的存在和上层建筑、意识形态、观念体系以至风习民情,与中国"经世致用"的传统相契合。[①]二是中国有空想社会主义的传统。李泽厚考察,儒家有"大同理想",道家、墨家,甚至是佛教,也都有不同的乌托邦或极乐世界。到近代,洪秀全、康有为和孙中山都有类似主张。因之,由空想社会主义到唯物史观的科学社会主义,在思想进程上也有顺水推舟易于接受的便利。[②]正是基于以上考证分析,李泽厚认为"由进化论走到唯物史观,在中国知识群体中,是顺理成章,相当自然的事"[③]。

可见,李泽厚不仅注意到马克思主义与中国传统文化

[①] 中国早在春秋时期,管仲就有"仓廪实则知礼节,衣食足则知荣辱"的观念,孔子也有"庶之、富之、教之"的思想。历代都有从经济(食货)、地理各种社会物质存在条件去研究和论证政治盛衰、民生贫富的思想学说。在历史史实中,也有不少帝王、能臣具有从发展经济,改善民生,从而达到维护统治的目的的思想。见李泽厚:《马克思主义在中国》,生活·读书·新知三联书店1988年版,第11—12页。
[②] 李泽厚:《马克思主义在中国》,生活·读书·新知三联书店1988年版,第12—13页。
[③] 李泽厚:《马克思主义在中国》,生活·读书·新知三联书店1988年版,第10页。

有很多相通之处，而且还认为这种"文化心理结构"上的一致性，是早期马克思主义传入中国的深层次原因。

3. 方克立等：《中国哲学与辩证唯物主义》

方克立是中国著名的哲学家、教育家。20世纪80年代，他在现代新儒学研究中自觉秉持马克思主义的科学的立场、方法与态度，开创了中国大陆的现代新儒学研究，在海内外学界产生了重大影响。他晚年接着张申府、张岱年的中、西、马"三流合一"（20世纪30年代）、"综合创新"（20世纪80年代），提出了"马魂、中体、西用"论，对中、西、马三种文化资源在"综合创新"的社会主义文化中的地位和相互关系做了明确的界定，即把马克思主义的指导思想地位、中国文化的主体地位和西方（外来）文化的"他山之石"地位，分别用"魂""体""用"三个概念来定性和定位，并且把三者有机统一起来。①

关于马克思主义与中国传统文化的相通性，他和张岱年的立场是完全一致的，并在张岱年的指导下，主编了《中国哲学与辩证唯物主义》一书。本书充分吸收了张岱年关于中国古代哲学唯物主义传统的研究成果，认为"由于中国社会历史发展的特殊性，古代封建社会的历史阶段特

---

① 迟成勇、方克立：《"马魂、中体、西用"论的现实意义与时代价值——访中国社会科学院学部委员方克立教授》，《东方论坛》2018年第6期。

别长,因此朴素唯物主义和朴素辩证法的思想传统也特别悠久而深厚,二者结合在一起,形成一种朴素的辩证唯物主义"[1]。

该书在时任国务院副总理李岚清的提议下,由教育部组织顶尖专家学者集体编写而成。由于这本书是针对青年人,尤其是高校大学生编写的,所以按照教材读本的方法进行编写。为了确保该书的权威性,由著名哲学家张岱年任编委会主任,张岂之、陈先达、方克立、奚广庆任副主任。[2]方克立兼任主编,宋志明(中国人民大学)、陈卫平(华东师范大学)、陈志良(中国人民大学)、杨耕(中国人民大学)、杨国荣(华东师范大学)、周桂钿(北京师范大学)、周德丰(南开大学)、欧阳康(武汉大学)、郑开(北京大学)、赵光武(北京大学)、郭齐勇(武汉大学)、焦国成(中国人民大学)等人,根据分工写出初稿,经反复论证修改,最后由主编方克立通读定稿。[3]从编委会组成

---

[1] 方克立(主编):《中国哲学与辩证唯物主义》,高等教育出版社1998年版,第7页。
[2] 编委会由方立天(中国人民大学)、方克立(中国社会科学院)、庄福龄(中国人民大学)、汪澍白(厦门大学)、张岂之(清华大学)、张岱年(北京大学)、陈先达(中国人民大学)、杨瑞森(教育部)、周桂钿(北京师范大学)、陶德麟(武汉大学)、钱逊(清华大学)、奚广庆(教育部)、黄楠森(北京大学)、楼宇烈(北京大学)组成。
[3] 方克立(主编):《中国哲学与辩证唯物主义》,高等教育出版社1998年版,第243页。

和具体编写人员构成看,这本书代表中国当时学界的主流观点。

该书由7章组成,第一章(哲学基本问题在中国传统哲学中的表现)以时间为序,介绍了中国古代思想中的哲学问题。第七章(马克思主义哲学中国化与中国哲学现代化)是对中国哲学,主要是马克思主义哲学的总结、展望。第二章到第六章,分别从"气一元论与世界物质统一性原理""阴阳大化与世界普遍联系发展原理""知行统一与辩证唯物主义认识论""'通古今之变'与科学的社会历史观""成人之道与人的全面发展"5个方面,将中国哲学与马克思主义哲学的相似或相通之处具体地展现出来。

在本书的导读中,对马克思主义与中国古代哲学思想的关系进行了论述:辩证唯物主义的普遍真理,是包括中国哲学在内的全人类智慧的结晶,同时中国哲学中丰富的朴素唯物主义和辩证法思想,是科学的辩证唯物主义产生的重要历史文化基础之一。[①]同时也用丰富的史料,论述了中国古代哲学思想在马克思主义形成中的作用,指出"中国传统哲学不仅对马克思主义哲学直接理论来源的法国唯物主义和德国古典哲学产生过深刻影响,而且马克思本人对它也有一定的了解,并从这种古老的哲学中吸取过辩证

[①] 方克立(主编):《中国哲学与辩证唯物主义》,高等教育出版社1998年版,第2页。

智慧"①。

这本书是集体编写完成的,不仅是大批哲学家们长期研究成果的综合,也促进哲学界深入研究这个问题,是集体智慧的结晶。这本书的编写说明关于马克思主义与中国传统哲学思想的相通性认识,已从思想界"支流"成为了"主流"。

4. 张允熠:《中国文化与马克思主义》

张允熠是方克立的博士研究生,长期从事哲学研究工作,在中国文化与马克思主义关系领域有系统研究,其成果主要体现在专著《中国文化与马克思主义》等著作中。

《中国文化与马克思主义》于1999年由山西教育出版社出版。全书分为9章,从内容上看,既从学理、历史上讲两大思想体系的关系,也论述了马克思主义中国化,展望了中国文化的未来。其第三章为"哲理上的异同",从"儒学与辩证唯物主义""辩证法——儒家哲学的逻辑""人生与境界——儒学与马克思主义的终极关怀"三个方面阐述了两大思想体系之间的相通性。第四章进一步论述了中国古代哲学思想对马克思主义的影响。

关于这个课题的研究,张允熠显然是"接着张岱年、

---

① 方克立(主编):《中国哲学与辩证唯物主义》,高等教育出版社1998年版,第12页。

方克立讲",尤其是最后一章,对中国文化的展望,与"文化综合创新"是一致的。作者在后记中也提到这一点,称导师方克立"为我亲笔拟定提纲和提出修改意见,并多方为我搜集资料"。张岱年"于88岁的高龄在家中多次会见了我,并就儒学与马克思主义的关系问题与我作了一次长时间的谈话","不顾年高,欣然命笔,为本书写下序言"。①

后来,张允熠在《中国文化与马克思主义》基础上,写出了《中国主流文化的近现代转型》,于2010年出版。作者不仅继承了张岱年、方克立的学术研究,并一直致力于该领域研究,使得学术薪火相传,对该课题的深化研究具有重要推动作用。

值得注意的是,在这个阶段,国内有一些学者发表了相关论文,如黄琳庆在《中国传统哲学对马克思主义哲学创立的影响》一文中,从间接影响和直接影响两方面,对中国传统文化对马克思主义的影响进行了梳理。②在海外,也有汉学家关注到这个问题,认识到马克思主义在中国迅

---

① 张允熠:《中国文化与马克思主义·后记》,《中国文化与马克思主义》,山西教育出版社1999年版,第415页。
② 黄琳庆:《中国传统哲学对马克思主义哲学创立的影响》,《中共桂林市委党校学报》2003年第1期。

速传播的中国传统文化因素,①但是没有专著、论文专门去论述,相比李约瑟、窦宗仪等学者而言,其深刻程度、影响力等都无法比拟。

五、新时代:持续升温的相通性研究

党的十八大以来,中国特色社会主义进入了新时代。党的第十九届四中全会上,习近平总书记发表了《坚持和完善中国特色社会主义制度,推进国家治理体系和治理能力现代化》,深刻指出,马克思主义传入中国后,科学社会主义的主张受到中国人民热烈欢迎,并最终扎根中国大地、开花结果,决不是偶然的,而是同我国传承了几千年的优秀历史文化和广大人民日用而不觉的价值观念融通的。②在庆祝中国共产党成立100周年大会上的重要讲话中,习近平总书记指出,中国共产党必须坚持两个"结合",即

---

① 汉学家谢和耐(Jacques Gernet)注意到,新文化运动时期,马克思主义在中国迅速被许多知识分子接受,除了现实需要之外,还有"本土"原因。对此他指出:"那种出于一种社会—经济学的辩证法而认为人类从原始共产主义发展到未来社会主义的五阶段理论,使人联想到了公羊派有关'大同'的末世观点……它也使人联想到了17世纪中国哲学的某种历史观,其影响从未中止过……在所有的西方哲学中,马克思主义无疑距中国思想之基本方向最近。"参见谢和耐(著)、耿昇(译):《中国社会史》,江苏人民出版社1995年版,第571—572页。
② 习近平:《坚持和完善中国特色社会主义制度,推进国家治理体系和治理能力现代化》,《求是》2020年第1期。

把马克思主义基本原理同中国具体实际相结合、同中华优秀传统文化相结合。在2023年6月2日召开的文化传承发展座谈会上，习近平总书记深刻地指出："'结合'的前提是彼此契合。""彼此存在高度的契合性。比如，天下为公、讲信修睦的社会追求与共产主义、社会主义的理想信念相通，民为邦本、为政以德的治理思想与人民至上的政治观念相融，革故鼎新、自强不息的担当与共产党人的革命精神相合。马克思主义从社会关系的角度把握人的本质，中华文化也把人安放在家国天下之中，都反对把人看作孤立的个体。"[①] 习近平同志从党和国家事业发展全局战略高度，提出了"两个结合"的重大时代命题，"第二个结合"是又一次思想解放。

进入新时代以来，学界高度关注马克思主义与中华优秀传统文化相结合问题的研究，对两大思想体系相通性的研究逐渐发展成为新时代的一门"显学"。从研究主体看，既有高校马克思主义学院、各类研究机构，踊跃开展相关课题研究，也有名教授、名专家踊跃推出专著；从研究表现形式看，既有学术专著、论文，也有纪录片、短视频等。

在这些众多的学术成果中，有一些研究成果受到学界广泛的关注。在专著方面，山东大学哲学与社会发展学院

---

① 习近平：《在文化传承发展座谈会上的讲话》，《求是》2023年第17期。

第一章 百余年来，学界对两大思想体系相通性的探究

教授何中华于2021年7月推出了《马克思与孔夫子——一个历史的相遇》。作者认为马克思主义与儒学在实践层面上早已实现了接触与融汇，从而反推"这本身意味着二者总是存在着某种类似的理路，存在某种同构性，这是他们会通之可能性的内在根据"[①]。该书从9个方面，对两大思想体系进行了对比研究，用较通俗的语言论述了一个很深刻的课题，一经推出就受到各界的好评。

除了个人专著，集体创作的专著也不断涌现，其中具有代表性的是由中央党校等权威机构学者们集体创作的《大道相通：马克思主义与中华优秀传统文化》。该书会聚了马克思主义研究、中国古代哲学研究、儒学研究、国情研究与国家治理研究等领域老中青三代学者集体编写，分别从新唯物史观、马儒会通可能性与维度、士大夫与先锋队的政治主体比较、德行政治治理等角度深入阐释。该书是一本用大众化语言讲理论问题的主题图书，是深入学习"第二个结合"的参考书。

在论文方面，相关机构和相关学者著文从不同角度论述二者的相通性。相关主题的论文集中出现在2021年习近平总书记在建党100周年的讲话发表之后，尤其是在2023年6月2日，习近平总书记在文化传承发展座谈会上的讲话之

---

① 何中华：《马克思与孔夫子——一个历史的相遇》，中国人民大学出版社2021年版，第2—5页。

后，围绕习近平总书记的讲话，相关阐释性论文在各类媒体上集中刊发，其中不乏真知灼见。

第一类是权威机构刊发的论文。2023年6月7日，人民日报评论员发表了《深刻理解"两个结合"的重大意义》一文，明确指出："中华优秀传统文化是我们党创新理论的'根'，'两个结合'是推进马克思主义中国化时代化的根本途径。"[①]紧接着，新华社、《人民日报》等中央媒体围绕"两个结合"的重大意义，从不同的角度发表了系列文章。新华社以述评的形式，发表了系列述评文章。[②]其中《"有机结合"的逻辑必然——深刻理解"两个结合"的重大意义系列述评之二》一文围绕习近平总书记的讲话，进一步阐释了两大思想体系的相通性问题。文章指出："中华优秀传统文化源远流长、博大精深，是中华文明的智慧结晶，其中蕴含的天下为公、民为邦本、为政以德、革故鼎新、任人唯贤、天人合一、自强不息、厚德载物、讲信修睦、亲

---

① 人民日报评论员：《深刻理解"两个结合"的重大意义》，《人民日报》2023年6月7日。
② 分别为《开辟和发展中国特色社会主义的必由之路——深刻理解"两个结合"的重大意义系列述评之一》《"有机结合"的逻辑必然——深刻理解"两个结合"的重大意义系列述评之二》《造就新的文化生命体——深刻理解"两个结合"的重大意义系列述评之三》《筑牢中国特色社会主义道路根基——深刻理解"两个结合"的重大意义系列述评之四》《探索面向未来的理论和制度创新——深刻理解"两个结合"的重大意义系列述评之五》《巩固文化主体性——深刻理解"两个结合"的重大意义系列述评之六》。

仁善邻等,是中国人民在长期生产生活中积累的宇宙观、天下观、社会观、道德观的重要体现,同科学社会主义价值观主张具有高度契合性。"①《人民日报》以评论的形式,发表了系列评论文章。②其中《相互契合才能有机结合——深刻理解"两个结合"的重大意义》一文,列举了两大体系在以下几个方面相通:"马克思主义提出的共产主义社会与中华优秀传统文化的'大同社会',马克思主义的实践观与中华优秀传统文化的知行观,马克思主义的群众观与中华优秀传统文化的民本思想……"③文章进一步指出:"正因为高度契合、内在融通,二者的'结合'才能产生'深刻的化学反应',使马克思主义不仅具有'中国内涵',而且具有'民族形式'。"④

除了中央媒体刊发系列文章外,中共中央党史和文献研究院以院务会理论学习中心组的名义,在《求是》上发

---

① 谢希瑶、潘洁、魏弘毅:《"有机结合"的逻辑必然——深刻理解"两个结合"的重大意义系列述评之二》,新华社6月19日。
② 分别为《"我们取得成功的最大法宝"——深刻理解"两个结合"的重大意义》《相互契合才能有机结合——深刻理解"两个结合"的重大意义》《造就了一个有机统一的新的文化生命体——深刻理解"两个结合"的重大意义》《拓展了中国特色社会主义道路的文化根基——深刻理解"两个结合"的重大意义》《让我们掌握了思想和文化主动——深刻理解"两个结合"的重大意义》《文化主体性的最有力体现——深刻理解"两个结合"的重大意义》。
③ 人民日报评论部:《相互契合才能有机结合——深刻理解"两个结合"的重大意义》,《人民日报》2023年6月28日。
④ 人民日报评论部:《相互契合才能有机结合——深刻理解"两个结合"的重大意义》,《人民日报》2023年6月28日。

表了《"两个结合"是必由之路和最大法宝》一文。文章高屋建瓴,指出:"习近平新时代中国特色社会主义思想是在坚持'两个结合'中创立的,是'两个结合'的光辉典范。比如,坚持马克思主义的群众观人民观,深入挖掘中国古代民为邦本、安民富民乐民的治理思想,提出了以人民为中心的发展思想;坚持马克思主义关于人与自然关系的思想,汲取中华文明天人合一、万物并育的生态智慧,提出了人与自然和谐共生的生态理念,形成了习近平生态文明思想;坚持马克思主义关于世界历史的思想,继承中华优秀传统文化兼善天下、协和万邦的博大胸怀,提出了构建人类命运共同体、共建'一带一路'倡议;等等。这些原创性、时代性的新理念新思想新战略,在新的高度上弘扬光大了中华优秀传统文化。"[①]

中共中央党史和文献研究院、新华社、《人民日报》等机构的文章围绕习近平总书记的讲话进行了权威解读,也是最新理论成果的集中体现,为深入学习习近平文化思想,尤其是关于"两个结合"的重要论断,提供了十分重要的参考。

第二类是著名学者,如何中华、张允熠等在长期研究的基础上,撰文发表在权威媒体上。2021年7月,何中华

[①] 中共中央党史和文献研究院院务会理论学习中心组:《"两个结合"是必由之路和最大法宝》,《求是》2023年第13期。

在《党的文献》上发表了《正确处理马克思主义与中华优秀传统文化的关系》一文。文章基于历史史实强调："中华优秀传统文化是马克思主义中国化的重要背景因素之一，也是中国共产党领导人民进行伟大社会革命取得辉煌成就、进行理论创新取得累累硕果背后的重要文化滋养。""陈独秀、李大钊、毛泽东等优秀的中国共产党人都是有着深厚传统文化素养的先进知识分子，他们不仅从理论上认识到了马克思主义的真理性，而且从实践的'效验'中坚定了对马克思主义的信仰。这也是为什么早在十月革命爆发之前马克思主义就已经传入中国，而毛泽东却说'十月革命一声炮响，给我们送来了马克思列宁主义'的原因之一。"作者总结指出："中华优秀传统文化作为先在的精神性的中国元素，不仅影响着马克思主义在中国的接受和传播，也在马克思主义中国化的整个过程中始终发挥着潜移默化的作用。"① 2023年9月，何中华在《哲学研究》上发表了《从马克思主义中国化看"两个结合"的意涵》一文，文章首先从"唯物史观的角度"和"实际的历史层面"两个方面，论证指出："马克思主义在中国的传播，同中国本土文化相遇，决不是偶然的，而是有其深刻的逻辑理由和历史原因的，因

---

① 何中华：《正确处理马克思主义与中华优秀传统文化的关系》，《党的文献》2021年第3期。

而具有内在的必然性。"①文章从3个方面进行了相通性探讨，即"高度推崇'实践'，构成马克思主义和以儒家为主干的中国传统文化的相同或相似的基本取向"，"'天人合一'的理念在马克思主义和中国传统文化中都有各自的典型表征"，"在对未来'社会愿景'的追求上，马克思主义同以儒家为代表的中国传统文化也有一致之处"②。

张允熠早在1999年就出版了专著《中国文化与马克思主义》，是国内较早关注并深入研究马克思主义与中华优秀传统文化相通性的学者。习近平总书记在文化传承发展座谈会上发表讲话后，张允熠撰文《从"彼此契合"到"互相成就"——"第二个结合"的内在逻辑》在《光明日报》上发表。作者认为马克思主义同中华优秀传统文化存在着众多契合点，在文中仅举几例，即"两者在宇宙观上具有契合性：都具有无神论的共同特征"，"两者在实践观上具有契合性"，"两者在辩证思维方式上具有契合性"，"两者在天下观和历史观上具有契合性"，"两者在道德观上具有契合性"，"两者在社会观上具有契合性"③。

---

① 何中华:《从马克思主义中国化看"两个结合"的意涵》，《哲学研究》2023年第9期。
② 何中华:《从马克思主义中国化看"两个结合"的意涵》，《哲学研究》2023年第9期。
③ 张允熠:《从"彼此契合"到"互相成就"——"第二个结合"的内在逻辑》，《光明日报》2023年6月15日。

第一章　百余年来，学界对两大思想体系相通性的探究

　　第三类是党史领域学者和高校马克思主义学院学者，主要从党史和马克思主义中国化的视角深入研究。自2021年7月以来，尤其是2023年6月以来，此类文章集中出现在各类报刊上，本文限于篇幅，仅选择其中有代表性的文章。中央党校中共党史教研部教授张太原在《光明日报》上发表了《彼此契合：马克思主义基本原理同中华优秀传统文化相结合的深厚底蕴》。文章从"天下为公与为人类求解放""天人合一与唯物主义""民为邦本与人民创造历史""大同社会与共产主义"等几个方面，进行二者相通性论述。[①]清华大学马克思主义学院教授欧阳军喜在《马克思主义同中华优秀传统文化相结合的百年实践》中，已经注意到早期马克思主义者"一方面用中国传统思想理解马克思主义，另一方面又用马克思主义阐释中国传统思想"，并指出"马克思主义与中国传统文化有相通互契之处，这是两者相结合的前提和基础"[②]。西安交通大学马克思主义学院院长燕连福与林中伟博士在《论马克思主义基本原理同中华优秀传统文化的结合》中，分析了马克思主义基本原理与中华优秀传统文化"实事求是""独立自主""与时偕

---

① 张太原：《彼此契合：马克思主义基本原理同中华优秀传统文化相结合的深厚底蕴》，《光明日报》2023年6月9日。
② 欧阳军喜：《马克思主义同中华优秀传统文化相结合的百年实践》，《历史研究》2021年第6期。

065

行""知行合一"4个结合点。[①]

长春理工大学马克思主义学院陈春燕聚焦抗日战争时期，中国共产党在领导哲学社会科学工作的过程中，是如何把马克思主义基本原理同中华优秀传统文化相结合，推动广大学者开展学术研究，形成学术成果，进而深入研究和回答重大时代问题的。[②]山东大学马克思主义学院教授泓峻发表《"两个结合"的文化维度与中国化马克思主义的发展》[③]，山东师范大学马克思主义学院教授商志晓发表《由"彼此契合"到"互相成就"》[④]等文章，都有部分内容涉及二者相通性问题。

第四类是史学领域的学者，从历史的视角研究二者相通性。中国历史研究院古代史研究所所长卜宪群在《光明日报》发表《马克思主义同中华优秀传统文化相互契合的历史考察》。文章从"接受马克思主义是中国历史发展道路的必然""接受马克思主义是中华文化具有开放包容性的集中体现""接受马克思主义是中华优秀传统文化内在元素

[①] 燕连福、林中伟：《论马克思主义基本原理同中华优秀传统文化的结合》，《马克思主义理论学科研究》2022年第3期。
[②] 陈春燕：《马克思主义基本原理同中华优秀传统文化相结合的学术探索——以抗战时期党领导哲学社会科学工作为例》，《毛泽东邓小平理论研究》2023年第3期。
[③] 泓峻：《"两个结合"的文化维度与中国化马克思主义的发展》，《社会科学辑刊》2023年第3期。
[④] 商志晓：《由"彼此契合"到"互相成就"》，《红旗文稿》2023年第18期。

与唯物史观的高度契合"等方面进行论述,从而得出结论:"马克思主义传入中国并与中华优秀传统文化相结合,开辟和发展中国特色社会主义不是偶然,而是有着深刻的历史基础、哲学基础、文化基础和社会基础。"[1]

值得关注的是,有一些研究思想史的学者也关注到两大体系相通性问题。西北大学中国思想文化研究所教授张茂泽长期研究中国古代思想史,同时又下功夫精研马克思、恩格斯著作。2018年5月,他发表《论社会主义儒学》一文,认为中国也有社会主义传统,并指出:"马克思科学的社会主义理论,本就应包含中国社会主义传统在内,所以才能成为普遍真理;它作为普遍真理,又必须与各个时代的各个国家、各个民族的实际情况,以及各个民族、国家的历史文化传统相结合,才能生根发芽,茁壮成长。"[2]

新时代是一个伟大的时代,也是一个学术繁荣的时代。随着时间的积累,相信越来越多的研究成果会陆续发表,这方面的研究一定会达到新的水平和高度。

---

[1] 卜宪群:《马克思主义同中华优秀传统文化相互契合的历史考察》,《光明日报》2023年6月21日。
[2] 张茂泽:《论社会主义儒学》,《唐都学刊》2018年第3期。

第二章　马克思主义唯物论与中国古代唯物思想

马克思主义的创始人马克思和恩格斯在对人类全部哲学进行科学考察的基础上，高屋建瓴地将人类哲学纷繁复杂的流派分为唯物主义和唯心主义两大阵营。凡是认为物质、客观实在是世界的本原，是世界第一性的学说，均属于唯物主义。反之，凡认为精神、观念、人的意识为世界的本原，而认为客观的物质为意识的附属则为唯心主义。[①] 在中国古代思想中并没有"唯物论"和"唯心论"的概念，如果用马克思、恩格斯关于唯物主义的定义来审视，中国古代哲学思想中也蕴含了丰富的唯物论。

一、马克思主义唯物论

关于对物质和意识谁是第一性的问题，马克思、恩格

[①] 恩格斯：《路德维希·费尔巴哈和德国古典哲学的终结》，《马克思恩格斯全集》（第二十一卷），人民出版社1965年版，第315—316页。

第二章 马克思主义唯物论与中国古代唯物思想

斯旗帜鲜明地主张物质第一性。他们指出："不是意识决定生活，而是生活决定意识。"①马克思指出："不是人们的意识决定人们的存在，相反，是人们的社会存在决定人们的意识。"②关于这一点，恩格斯指出："我们自己所属的、物质的、可以感知的世界，是唯一现实的；而我们的意识和思维，不论它看起来是多么超感觉的，总是物质的、肉体的器官即人脑的产物。物质不是精神的产物，而精神却只是物质的最高产物。"③在《反杜林论》中，恩格斯说明："究竟什么是思维和意识，它们是从哪里来的，那么就会发现，它们都是人脑的产物，而人本身是自然界的产物，是在他们的环境中并且和这个环境一起发展起来的；不言而喻，人脑的产物，归根到底亦即自然界的产物，并不同自然界的其他联系相矛盾，而是相适应的。"④

马克思主义唯物论不同于从前的一切唯物主义，同时又吸收借鉴了其优秀成果，形成了马克思唯物主义。马克思、恩格斯将从前的一切唯物主义称为旧唯物主义，而将

---

① 马克思、恩格斯：《德意志意识形态》，《马克思恩格斯全集》（第三卷），人民出版社1960年版，第30页。
② 马克思：《政治经济学批判·序言》，《马克思恩格斯全集》（第十三卷），人民出版社1962年版，第8页。
③ 恩格斯：《路德维希·费尔巴哈和德国古典哲学的终结》，《马克思恩格斯全集》（第二十一卷），人民出版社1965年版，第319页。
④ 恩格斯：《反杜林论》，《马克思恩格斯全集》（第二十卷），人民出版社1971年版，第38—39页。

自己所创立的唯物主义称为新唯物主义。在《关于费尔巴哈的提纲》中，马克思指出："旧唯物主义的立脚点是市民社会，新唯物主义的立脚点则是人类社会或社会的人类。"①恩格斯在论述中也保留了马克思将之前的唯物主义称为旧唯物主义的提法。在《路德维希·费尔巴哈和德国古典哲学的终结》中，他指出："旧唯物主义从来没有提出过这样的问题。""旧唯物主义在历史领域内自己背叛了自己，因为它认为在历史领域中起作用的精神动力是最终原因，而不去研究隐藏在这些动力后面的是什么，这些动力的动力是什么。"②恩格斯所谓"这样的问题"，即历史发展的根本动力是什么？归根到底是精神的、意识的，还是物质的、客观实在的？马克思、恩格斯明确把自己的唯物论称为"新唯物主义"，与旧唯物主义相区别。③

在西方哲学史上，唯物论的发展有悠久的历史。德

---

① 马克思:《关于费尔巴哈的提纲》，《马克思恩格斯全集》(第三卷)，人民出版社1960年版，第5—6页。
② 恩格斯:《路德维希·费尔巴哈和德国古典哲学的终结》，《马克思恩格斯全集》(第二十一卷)，人民出版社1965年版，第342页。
③ 关于马克思新唯物主义，已成为学界研究的热点课题。如中国人民大学安启念教授曾发表《论马克思的新唯物主义》(《山西师范大学学报(社会科学版)》2021年第6期。)等文章，并在中国社会科学网的访谈中，将其概括为4个特点，即现实的唯物主义、历史的唯物主义、实践的唯物主义、以人为中心的唯物主义。认为马克思新唯物主义之"新"，就体现在这4个特点上。参见安启念:《论马克思的新唯物主义》，中国社会科学网2021年11月29日。

国著名哲学家朗格（Lange, Friedrich Albert, 1828—1875年）曾说："唯物论和哲学（之历史）一样古旧。"[①]其巨著《朗格唯物论史》分"古代的唯物论""过渡时期（的唯物论）""十七世纪的唯物论""十八世纪的唯物论"，对西方哲学史中的唯物论的历史进行了系统研究梳理。早在古希腊时期，有西方哲学之父之称的泰勒斯（Thales，约前624—约前547年）提出了"万物源于水"这一哲学命题。这是西方哲学第一次追问万物共同本原的问题，在西方哲学史上具有划时代的意义，也被视为西方哲学唯物论的端绪，对后世西方唯物论影响深远。古希腊的古代唯物论影响到欧洲启蒙运动时期的唯物主义，正如马克思、恩格斯指出的："法国和英国的唯物主义始终同德谟克利特和伊壁鸠鲁保持着密切的联系。"[②]

马克思和恩格斯对以往的唯物主义进行了批判的继承。在1844年至1855年间，马克思是一个费尔巴哈主义者。他认为费尔巴哈的主要贡献，在于发挥了哲学的唯物论，但他也遗憾地指出："但是费尔巴哈到这里就突然停止不前了。""不仅如此，他还把唯物主义同它的一种肤浅的、庸

---

① 朗格（著），李石岑、郭大力（译）：《朗格唯物论史》，河南人民出版社2016年版，第1页。
② 马克思、恩格斯：《神圣家族》，《马克思恩格斯全集》（第二卷），人民出版社1957年版，第161页。

俗的形式混为一谈……"①并看到了费尔巴哈唯物论是一种机械的唯物论,其弊端在于没有吸取自然科学(主要是近代化学、生物学)的成果,也没有将社会科学(即所谓历史科学和哲学科学的总和)同唯物主义的基础协调起来,并且把人类看作孤立的存在体,而不是把人看作一切社会关系的总和。②恩格斯不留情面地指出:"他(费尔巴哈)下半截是唯物主义者,上半截是唯心主义者。"③

如何克服费尔巴哈哲学的弊端,马克思主义批判地吸收了黑格尔思想中科学的部分,即黑格尔的辩证法。马克思、恩格斯批判了黑格尔的唯心主义思想,但是他们却承认黑格尔的辩证法是一种博大深邃而内涵丰富的理论,是德国古典哲学的最高成就。马克思、恩格斯将费尔巴哈的唯物论和黑格尔的辩证法有机地结合起来,形成了一种全新的唯物论,即辩证的唯物论,也称辩证唯物主义。

尽管马克思和恩格斯的哲学思想深受费尔巴哈的唯物论和黑格尔的辩证法的影响,但他们只是汲取了费尔巴哈和黑格尔哲学体系里的科学成分和革命成分。因此,马克

---

① 恩格斯:《路德维希·费尔巴哈和德国古典哲学的终结》,《马克思恩格斯全集》(第二十一卷),人民出版社1965年版,第319页。
② 恩格斯:《路德维希·费尔巴哈和德国古典哲学的终结》,《马克思恩格斯全集》(第二十一卷),人民出版社1965年版,第320—325页。
③ 恩格斯:《路德维希·费尔巴哈和德国古典哲学的终结》,《马克思恩格斯全集》(第二十一卷),人民出版社1965年版,第335页。

思主义的唯物论并不是费尔巴哈式的唯物论，而是辩证唯物论；同时，马克思主义的辩证法，也不是黑格尔式的辩证法，而是唯物辩证法。对于马克思主义，唯物论和辩证法是一而二、二而一的关系，我们称其为辩证唯物论。

辩证唯物主义是马克思主义的世界观，是一个哲学层面的概念。按照马克思主义的观点，哲学属于精神层面的东西，可以反作用于物质，也就是应该运用于其他领域。恩格斯明确指出：

> 同黑格尔哲学的分离，在这里也是由于返回到唯物主义观点而产生的结果……只是在这里第一次对唯物主义世界观采取了真正严肃的态度，把这个世界观彻底地（至少在主要方面）运用到所研究的一切知识领域里去了。①

这段论述包含着两层意思。第一层意思马克思主义哲学的基础部分是唯物主义②；第二层意思必须把唯物主义世界观"运用"到一切知识领域（包括社会历史领域）中。

---

① 恩格斯：《路德维希·费尔巴哈和德国古典哲学的终结》，《马克思恩格斯全集》（第二十一卷），人民出版社1965年版，第336页。
② 恩格斯在这里所说的"唯物主义"是指现代唯物主义，而根据他在《反杜林论》中的说法，现代唯物主义本质上是辩证的。因此，恩格斯这里的唯物主义，毫无疑义，就是指辩证唯物主义。

所以，恩格斯实际上已经提出了这样的见解，即历史唯物主义是唯物主义在历史领域的运用。[①]尽管恩格斯表现出了这样一种倾向，即把马克思哲学分为辩证唯物主义和历史唯物主义两个方面，但是并没有明确下来。明确做这样的阐释，即将马克思主义哲学作辩证唯物主义和历史唯物主义区分，并认为辩证唯物主义是马克思主义哲学的基础，而历史唯物主义是辩证唯物主义在社会历史领域的运用的人，是普列汉诺夫、列宁和斯大林。[②]近些年，这样的阐释，即所谓的历史唯物主义是辩证唯物主义在社会历史领域的运用，受到一些学者的质疑和挑战。[③]

到底什么是历史唯物主义，其地位如何？我们应该回到马克思、恩格斯的著作中去寻找答案。

马克思认为，生产力与生产关系如果改变，一切社会关系也将跟着发生变化。在1846年年底到1847年年初，马

[①] 俞吾金：《重新理解马克思：对马克思哲学的基础理论和当代意义的反思》，北京师范大学出版社2005年版，第134页。
[②] 俞吾金：《重新理解马克思：对马克思哲学的基础理论和当代意义的反思》，北京师范大学出版社2005年版，第134—135页。
[③] 关于历史唯物主义的概念，学术界有三种见解，一是"狭义的历史唯物主义"，即历史唯物主义是辩证唯物主义在社会历史领域的推广运用的结果；二是"中观的历史唯物主义"，即历史唯物主义是马克思主义哲学的基础和核心；三是"广义的历史唯物主义"，即历史唯物主义是马克思主义哲学本身，也就是说历史唯物主义涵盖了辩证唯物主义。参见俞吾金：《重新理解马克思：对马克思哲学的基础理论和当代意义的反思》，北京师范大学出版社2005年版，第132—146页。

克思发表了《哲学的贫困——答蒲鲁东先生的"贫困的哲学"》。马克思从历史唯物主义的观点看待社会,他认为人们在发展生产力的同时也在发展一种社会关系。马克思认为,人们在生产桌子、棉布的同时,也根据生产力的条件生产出了他们在其中生产桌子、棉布的生产关系,这些生产关系的性质会随着生产力的改变而改变。马克思指出:"随着新生产力的获得,人们改变自己的生产方式,随着生产方式即保证自己生活的方式的改变,人们也就会改变自己的一切社会关系。手工磨产生的是封建主为首的社会,蒸汽磨产生的是工业资本家为首的社会。"[1]马克思进一步指出:"人们在自己生活的社会生产中发生一定的、必然的、不以他们的意志为转移的关系,即同他们的物质生产力的一定发展阶段相适合的生产关系。这些生产关系的总和构成社会的经济结构,即有法律的和政治的上层建筑竖立其上并有一定的社会意识形式与之相适应的现实基础。"[2]

由于当时探讨的重点是从作为基础的经济事实中引申出政治观念、法权观念和其他意识形态,在一定程度上忽视了观念之间的相互关系及观念对现实的反作用问题,以

---

[1] 马克思:《哲学的贫困——答蒲鲁东先生的"贫困的哲学"》,《马克思恩格斯全集》(第四卷),人民出版社1958年版,第144页。
[2] 马克思:《政治经济学批判·序言》,《马克思恩格斯全集》(第十三卷),人民出版社1962年版,第8页。

致一些追随者将历史唯物主义理解为"经济唯物主义"或"经济决定论"。①针对将历史唯物主义明显简单化、机械化的错误做法,恩格斯在《致约·布洛赫》中,对历史唯物主义的基本原理进行了阐述:

> 根据唯物史观,历史过程中的决定性因素归根到底是现实生活的生产和再生产。无论马克思或我都从来没有肯定过比这更多的东西。如果有人在这里加以歪曲,说经济因素是唯一决定性的因素,那么他就是把这个命题变成毫无内容的、抽象的、荒诞无稽的空话。经济状况是基础,但是对历史斗争的进程发生影响并且在许多情况下主要是决定着这一斗争的形式的,还有上层建筑的各种因素:阶级斗争的各种政治形式和这个斗争的结果——由胜利了的阶级在获得胜利以后建立的宪法等等,各种法权形式以及所有这些实际斗争在参加者头脑中的反映,政治的、法律的和哲学的理论,宗教的观点以及他们向教义体系的进一步发展。这里表现出这一切因素间的交互作用,而在这种交互作用中归根到底是经济运动作为必然的东西通过无穷无尽的偶然事件(即这样一些事物,它们内部联

---

① 俞吾金:《重新理解马克思:对马克思哲学的基础理论和当代意义的反思》,北京师范大学出版社2005年版,第148页。

系是如此疏远或者是如此难于确定,以致我们可以忘掉这种联系,认为这种联系并不存在)向前发展。①

恩格斯的上述论述是针对当时出现的错误倾向而发的,并不是对历史唯物主义的完整系统论述。俞吾金教授认为,马克思历史唯物主义,应该从"总体决定""阶段决定""经济关系决定"三个层面去理解。只有把这三个层面辩证地综合起来,才能真正通达历史唯物主义的境界。②

马克思的历史唯物主义,不仅解释了社会怎样构成,还解释了人类社会发展的基本规律,并且以科学的眼光,分析了群众在社会生活中的主导影响,把群众看成历史活动的主体,在哲学、史学史上具有划时代的意义。

二、中国古代哲学思想中的唯物论传统

中国古代思想史中没有唯物主义和唯心主义的划分,却可以找到具有相似意味的"形神之辩""道器之辩""理气之辩"。按照马克思主义关于唯物主义和唯心主义的划分,

---

① 恩格斯:《致约·布洛赫》,《马克思恩格斯全集》(第三十七卷),人民出版社1971年版,第460—461页。
② 俞吾金:《重新理解马克思:对马克思哲学的基础理论和当代意义的反思》,北京师范大学出版社2005年版,第150—151页。

中国古代哲学思想既有丰富的唯心主义思想，也有源远流长的唯物主义传统。伴随着唯物主义这一概念传入中国，我国的一些学者根据马克思主义唯物论，从中国古代哲学思想中梳理其中的唯物主义思想。新中国成立后不久，著名哲学家张岱年应中国青年出版社之邀，在之前研究的基础上，撰写了一本介绍中国古代唯物主义发展历史的通俗哲学读物——《中国唯物主义思想简史》，并于1957年正式出版。① 20世纪90年代末，方克立领衔编著了《中国哲学与辩证唯物主义》。除了研究中国古代唯物主义的专著外，侯外庐等撰写的《中国思想通史》、任继愈主编的《中国哲学史》、张岂之主编的《中国思想史》等综合性思想史、哲学史著作，对中国古代唯物主义思想发展脉络也进行了梳理。

恩格斯明确指出："全部哲学，特别是近代哲学的重大的基本问题，是思维和存在的关系问题……什么是本原的，是精神，还是自然界？……世界是神创造的呢，还是从来就有的？哲学家依照他们如何回答这个问题而分成了两大阵营。凡是断定精神对自然界来说是本原的，从而归根到

---

① 该书是系统介绍中国古代唯物主义思想的通俗读物，对中国古代（自西周至鸦片战争）唯物主义思想进行了梳理，对重要的唯物主义哲学家的主要思想进行了整理，其重要意义是不言而喻的，但是也不免带有时代烙印。经过长时间的深入研究，该书经张岱年修订后，于1981年再版。

底承认某种创世说的人……组成唯心主义阵营。凡是认为自然界是本原的,则属于唯物主义的各种学派。除此之外,唯心主义和唯物主义这两个用语本来没有任何别的意思。"①根据恩格斯这一论述,笔者在梳理中国古代唯物主义思想脉络时,将重点放在中国古代思想家对世界本原的看法上,也就是认为世界的本原是物质的思想。

1. 先秦时期——从萌芽到百家争鸣

关于中国古代唯物主义思想萌芽的标志,有不同的说法。侯外庐、张岱年等学者主张追溯到西周末年。而任继愈等学者则认为可以追溯到殷周之际。侯外庐经过考证认为,"春秋时代出现唯物主义的哲学思想是合理的",并特别强调,"我们也仅能限于这样的处理,而不能自由地随便上溯到殷、周之际,因为离开史料的真伪辨别来处理思想史是要出轨的"②。张岱年主张中国古代的唯物主义传统应追溯到春秋末年,周幽王二年(公元前780年)太史伯阳父用"天地之气"与"阴阳"解释地震,基本上是唯物主义

---

① 恩格斯:《路德维希·费尔巴哈和德国古典哲学的终结》,《马克思恩格斯全集》(第二十一卷),人民出版社1965年版,第315—316页。
② 侯外庐、赵纪彬、杜国庠:《中国思想通史》(第一卷),人民出版社1957年版,第122—123页。

的见解，具有划时代意义。①任继愈认为《易经》和《洪范》中的某些论述，在宗教神学的体系下透露出一些朴素的唯物主义观念。②由于《易经》和《洪范》成书的年代存在争议，故此说受到一些学者的质疑。

春秋战国是思想十分活跃的时期，出现了诸子思想兼容并包、百家争鸣的局面。儒家、道家等学派的学说中都包含有唯物主义思想的成分。

孔子以"子不语怪力乱神"③而闻名，还对弟子说："未能事人，焉能事鬼？""未知生，焉知死？"④可见其思想体系中包含了唯物主义思想。孟子主张发展物质生产，提出了"恒产论"："民之为道也，有恒产者有恒心，无恒产者无恒心，苟无恒心，放辟邪侈，无不为已。"⑤孟子还提出了实现"恒产"的具体方案："五亩之宅，树之以桑，五十者可以衣帛矣。鸡豚狗彘之畜，无失其时，七十者可以食肉矣。百亩之田，勿夺其时，八口之家可以无饥矣。谨庠序之教，

---

① 《国语·周语上》有太史伯阳父关于"夫天地之气，不失其序。若过其序，民乱之也。阳伏而不能出，阴迫而不能蒸，于是有地震"的记载，张岱年认为这是从阴阳交互关系来解释地震，具有唯物主义色彩。见张岱年：《中国唯物主义思想简史　宋元明清哲学史提纲（外一种）》，中华书局2018年版，第19页。
② 任继愈（主编）：《中国哲学史》（一），人民出版社2003年版，第21—28页。
③ 《论语·述而》。
④ 《论语·先进》。
⑤ 《孟子·滕文公上》。

申之以孝悌之义，颁白者不负戴于道路矣。老者衣帛食肉，黎民不饥不寒，然而不王者，未之有也。"[1]儒家学说的另一继承者荀子，被哲学界公认为杰出的唯物主义者。[2]荀子坚持并发展了唯物主义，提出了一些重要的唯物主义观点。他提出"形具而神生"[3]的观点，是明显的唯物主义观点。

战国时期，儒家学者解释《易经》的重要典籍——《易传》，提出了解释世界生成的学说："易有太极，是生两仪，两仪生四象，四象生八卦。"[4]即由太极生出天地，由天地产生四时的变化，由四时的运行演变出雷、风、水、火、山、泽等自然物质及现象，进而演化出万事万物。显然，这套解释宇宙生成的理论，符合马克思主义唯物论的观点。

道家思想的代表人物老子、庄子，在其著作中也留下了具有唯物主义因素的论述。《老子》否定了天的主宰地位，指出："天地不仁，以万物为刍狗。圣人不仁，以百姓为刍

---

[1] 《孟子·梁惠王上》。
[2] 侯外庐在《中国思想通史》(第一卷)"第十五章：中国古代思想的综合者——唯物主义思想家荀子"论述荀子的思想，认为其自然天道观、认识论等都是唯物主义思想。见侯外庐、赵纪彬、杜国庠：《中国思想通史》(第一卷)，人民出版社1957年版，第529—588页。任继愈在《中国哲学史》(一)"第十章：荀子哲学——对先秦诸子的批判和总结"中，称荀子是"我国先秦时期唯物主义哲学的集大成者"。见任继愈(主编)：《中国哲学史》(一)，人民出版社2003年版，第226—253页。张岱年称荀子为"战国末期的最伟大的唯物主义者"。见张岱年：《中国唯物主义思想简史 宋元明清哲学史提纲(外一种)》，中华书局2018年版，第42页。
[3] 《荀子·天论》。
[4] 《易传·系辞上》。

狗。天地之间，其犹橐籥乎？虚而不屈，动而愈出。"①《老子》提出了"自然"的观点，认为万物的生成变化都是自然演化的结果，并不是有一个有意识的天在主宰。《庄子》分为"内篇""外篇""杂篇"。"内篇"讲道在天地之先，而"外篇"的《天地》将道统属于天，可以说转到了唯物主义观点。"外篇"还提出"通天下一气"的学说："人之生，气之聚也。聚则为生，散则为死……故曰：'通天下一气耳。'"②这里讲的"气"不是物理学上的气，而是哲学上的气，相当于西方哲学中"物质"的概念。这可以说是以气为中心观念的唯物主义思想。③

2. 两汉时期——在与谶纬迷信思想的斗争中发展

汉初，朝廷推行休养生息的政策，在相当长一段时期内，统治者奉行黄老道家思想。④随着汉代经济的发展、国力的强盛，到汉武帝时期，清静无为的黄老之学已经不适

---

① 《道德经》。
② 《庄子·知北游》。
③ 张岱年：《中国唯物主义思想简史 宋元明清哲学史提纲（外一种）》，中华书局2018年版，第40页。
④ 黄老学派从《老子》出发，研究人类社会成败、得失、治乱，融合了道家、法家，兼采儒家、墨家、名家、阴阳家学派的一些成分，从而形成了自己的政治、哲学、军事思想体系。这个学派主张"清静自定"，适应了汉初统治需要，得到统治者的支持，从而盛极一时。参见张岂之（主编）：《中国思想史》（上卷），西北大学出版社2012年版，第265—266页。

第二章 马克思主义唯物论与中国古代唯物思想

应统治者需求，取而代之的是经过董仲舒改造过的儒家思想。①董仲舒的"天人感应"思想，试图以天意来约束皇权，但是也给皇权增添了一层神秘色彩，加剧了汉代谶纬迷信思想的流行。谶也叫谶语、谶记或符命，是预言吉凶的迷信隐语。谶纬的本质是巫术迷信，其产生并流行，有着深刻的社会根源。但是在两汉时期，十分难能可贵地出现了以扬雄、桓谭、王充为代表的反对谶纬迷信思想的思想家，闪耀着朴素唯物主义的光辉。

扬雄生活在两汉之际，是一个文学家，也是一个思想家，其哲学著作有《太玄》②和《法言》③。他以"自然"作为思想学说的依据，对一般的宗教迷信进行了批判，对神仙

---

① 董仲舒学说的特点是以儒家思想为中心，杂以阴阳五行和黄老刑名思想，形成了一个儒学的新体系，在儒学演变历史上是一次重大变化。董仲舒主张"天人感应"，认为天主宰人类社会，天人之间存在着一种神秘的联系，天能干预人事，人的行为也能感动上天。自然界的灾异、祥瑞都是上天对人的行为（主要是帝王的施政行为）的提示。参见张岂之（主编）：《中国思想史》（上卷），西北大学出版社2012年版，第287页。
② 亦称《太玄经》，共10卷，体裁仿《周易》，内容上混合儒、道、阴阳等各家学说。扬雄认为宇宙是一元的存在，就是他所说的"玄"，提出"玄者，幽攡万类而不见形者也"（《太玄·太玄攡》）。可见，扬雄作为宇宙最后根据的"玄"，实际上与老子所谓的"道"是同一语。在玄学的研究上，该书一方面开魏晋玄学的先河，另一方面在两汉之际有自己的独特贡献，具有唯物主义色彩。
③ 《法言》模拟《论语》，分为《学行》《吾子》《修身》《问道》《问神》等13目，书末有《法言序》，述说每篇大意和写作意旨。《法言》的内容很广泛，涉及哲学、政治、经济、伦理、文学、艺术、科学、军事乃至历史上的人物等，是研究扬雄思想的重要文献。

方术也进行了批判，具有唯物主义色彩，但是他的唯物主义思想并不彻底。侯外庐等人称其思想具有二元论世界观，称"扬雄的世界观是由唯物主义因素和唯心主义因素所奇妙结合的二元论的体系"[1]。任继愈指出"扬雄的哲学具有唯物主义倾向"，但是"扬雄还提出一个揭示天地万物的总原则——玄"[2]。张岱年也认为，扬雄的唯物主义是不彻底的，"不能贯彻唯物主义的观点，他的宇宙观基本是唯心主义的"[3]。尽管如此，在迷信思想流行的两汉之际，他的学说对桓谭和王充的无神论思想，产生了积极影响。

桓谭是与扬雄同时代的哲学家，他同时还兼通音乐和天文学，主要著作是《新论》[4]，在思想史上的主要贡献是反对谶纬迷信和在形神问题上的唯心主义理论。在"形神"关系问题上，桓谭反驳了灵魂不灭的宗教思想。他用一个形象的比喻来说明身体（形）与精神（神）的关系，认为"精神居形体，犹火之然（燃）烛矣"[5]，烛完则火灭，形体

---

[1] 侯外庐、赵纪彬、杜国庠、邱汉生：《中国思想通史》（第二卷），人民出版社1957年版，第214页。
[2] 任继愈（主编）：《中国哲学史》（一），人民出版社2003年版，第114页。
[3] 张岱年：《中国唯物主义思想简史 宋元明清哲学史提纲（外一种）》，中华书局2018年版，第50页。
[4] 又称《桓子新论》，共29篇，早已亡佚。《弘明集》中载有《新论·形神》一文，反对谶纬神学、灾异迷信，阐述了"形神"即形体同精神的关系问题。钱钟书《管锥编》极赞之，谓此书若全，堪与《论衡》伯仲。
[5] 《新论·形神》。

死亡，精神不复存在。桓谭的形神论指出了精神对形体的依赖关系，批判了精神可以脱离形体而独立存在的唯心主义观点，对后来王充的思想有很大的影响。

在扬雄和桓谭的影响下，东汉时期出现了一个伟大的唯物主义思想家王充。王充字仲任，生于东汉光武帝建武三年（27年），卒于东汉和帝永元年间（100年前后）。王充的思想保留在其仅存的著作《论衡》一书中，该书共85篇，其中《招致》一篇只存篇目，实际只剩下84篇。

在谶纬迷信盛行的东汉时期，王充的唯物主义思想是在对当时谶纬神学思想的批判中体现出来的。王充被侯外庐先生称为"毫无疑问地是中世纪思想史上第一个伟大的'异端'体系，是'两汉'以来反对'正宗'思想的与反对中世纪神权统治思想的伟大的代表"[①]。当时占统治地位的御用思想家，以董仲舒和《白虎通义》诸儒为代表，以"天"为神，通过神化"天""神"，鼓吹"君权天授"，进而神化皇权。王充针对神学思想的这些主张，针锋相对地指出："夫天者，体也，与地同。天有列宿，地有宅舍。宅舍附地之体，列宿着天之形。"[②] 既然天地是"体"，即是物质形态的，从而把当时盛行的所谓有神性的"天"，还原为自然的

---

① 侯外庐、赵纪彬、杜国庠、邱汉生：《中国思想通史》（第二卷），人民出版社1957年版，第248页。
② 《论衡·祀义》。

"天"。天与地同为"体",就其物质性而言就没有尊卑高下之分,这就消除了天尊地卑的思想,从根本上否定了封建秩序的理论基础。另一方面,王充也不否认"气",并提出"气"为天地万物的物质基础。他指出:"天地合气,万物自生。犹夫妇合气,子自生矣。""天覆于上,地偃于下,下气蒸上,上气降下,万物自生其中间矣。"①

王充还以他的气一元论自然观对当时天人感应的谶纬迷信思想进行了尖锐的批判。当时流行的纬书上说,尧是其母与赤龙相感而生,刘邦也是母亲在梦中与龙相通而生,因而尧和刘邦成为天子。王充根据"因气而生,种类相产"的理论,指出异类不能相交配。他驳斥说:"含血之类,相与为牝牡。牝牡之会,皆见同类之物,精感欲动,乃能授施……今龙与人异类,何能感于人而施气?"②针对当时纬书流行的神化圣人出现的传说,如文王有赤雀之瑞,武王有白鱼赤乌之瑞,王充依据天道自然无为的理论加以反驳,认为这是一种巧合。他说:"自然无为,天之道也。命文以赤雀,武以白鱼,是有为也。""文王当兴,赤雀适来,鱼跃乌飞,武王偶见,非天使雀至白鱼来也。"③

王充唯物主义的观点解决了"形神"关系问题,从而

---

① 《论衡·自然》。
② 《论衡·奇怪》。
③ 《论衡·初禀》。

彻底批判了"人死有知"的鬼神思想。他说："物死不为鬼，人死何故独能为鬼？""人死血脉竭，竭而精气灭，灭而形体朽，朽而成灰土，何用为鬼？"① 王充认为墨家相信人死为鬼，但是又主张薄葬，自相矛盾。而儒家不明说人死后是否为鬼，人们怀疑有鬼，所以厚葬之风不能绝，甚至"破家尽业以充死棺，杀人以殉葬，以快生意"，人们"畏死不惧义，重死不顾生，竭财以事神，空家以送终"。②

东汉末年的王符和仲长统也是唯物主义思想家。王符的思想主要体现在其著作《潜夫论》③中。从整体上看，王符的思想明显受到王充的影响。同时，王符在天道天命观、认识论、社会主张等上都有自己的创建，具有明显的唯物主义色彩。④ 仲长统的思想主要体现在其著作《昌言》⑤中。

---

① 《论衡·论死》。
② 《论衡·薄葬》。
③ 全书10卷36篇，广泛涉及哲学、政治、经济、法律、军事、教育、历史、思想、文化等多个领域，为后人了解和研究东汉社会提供了珍贵的历史资料。
④ 参见侯外庐、赵纪彬、杜国庠、邱汉生：《中国思想通史》（第二卷），人民出版社1957年版，第423—441页。
⑤ 原书已佚失。据《后汉书》载，"凡三十四篇，十余万言"，但据《后汉书》"简撮其书有益政者略载之"，录有《理乱篇》《损益篇》《法诫篇》三篇。此外，《群书治要》《意林》《齐民要术序》《文选》《太平御览》等书中保存有某些片段。侯外庐先生通过研究《昌言》残留篇章，评价仲长统"就中以天道天命思想和政治思想来讲，足以称汉代正统思想的最后清算者"。参见侯外庐、赵纪彬、杜国庠、邱汉生：《中国思想通史》（第二卷），人民出版社1957年版，第442页。

现存的《昌言》虽然不全，但从其残存的论著中，可见其世界观、历史观也体现了唯物主义思想。①

3.晋唐时期——在与玄学、佛学的斗争中发展

魏晋名士崇尚清谈，注重探究世界本原、人生意义以及其他一些抽象的哲理问题，形成玄学的社会思潮。②也出现了各种反对玄学的思想，其中有一些学者的思想中不乏唯物主义观点。

三国时期吴国人杨泉认为，魏晋玄学"皆不见本"，批评贵无派③的"虚无之谈"。在他看来，只有阐述事物的本原才能从理论上批驳玄学。他的思想主要保存在其论著《物理论》④中，虽然现仅有残卷流传下来，但从中可见其

---

① 侯外庐、赵纪彬、杜国庠、邱汉生：《中国思想通史》（第二卷），人民出版社1957年版，第442—456页。
② 由于深刻的政治、经济、社会、文化等方面的原因，魏晋名士逐渐远离社会现实，转而研究幽深玄远的问题。他们注重借用"三玄"（即《老子》《庄子》《周易》）中的哲学范畴，阐发自己的思想，以"无"能生"有"为中心议题，讨论有无、本末关系，并在此基础上建立起不同思想流派，统称玄学。魏晋玄学的主要代表人物有何晏、王弼、阮籍、嵇康、向秀、郭象等。
③ 魏晋玄学的一个思想派别，以何晏、王弼为代表，主张"以无为本"，认为在具体事物之后还有更本质的东西，虽然人们看不见也摸不着，但是这属于"本"的东西。参见张岂之（主编）：《中国思想史》（上卷），西北大学出版社2012年版，第369—374页。
④ 此书已佚失。《隋书·经籍志》《旧唐书·经籍志》《唐书·艺文志》皆著录有16卷。宋时佚失。清代孙星衍据《意林》以及《太平御览》中所引该书文字辑为1卷，列入《平津馆丛书》刊行。现存《物理论》辑本1卷，其内容涉及天文、历法、地理、物候、农学、医学及手工业工艺等各个方面。

思想包含唯物主义思想。在探讨世界本原的问题上，杨泉提出了"水气为本论"，认为："所以立天地者，水也。成天地者，气也。水土之气，升而为天。""夫水，地之本也。吐元气，发日月，经星辰，皆由水而兴。"①杨泉继承了前人以薪火比喻形神的命题，主张人死神灭。他说："人含气而生，精尽而死。犹渐也，灭也，譬如火焉，薪尽而火灭，则无光矣。故灭火之余，无遗炎矣；人死以后，无遗魂矣。"②张岂之先生称"杨泉是从汉代桓谭、王充到南朝何承天、范缜这一神灭论体系中不可缺少的一环"。③

针对何晏、王弼的"贵无论"，裴頠"深患时俗放荡，不尊儒术"，著有《崇有论》。该著作是一篇不到两千字的文章，但是体现了作者的唯物主义思想。针对何晏等人的"贵无论"，认为"无"不能生"有"，"有"为"自生"。该文在肯定"有"的绝对性和普遍性的基础上，进一步分析了"道"与"有"的关系，首先肯定最根本的是"道"，"道"是总括一切的浑然不分的整体，是万物的根源。"道"离不开"有"，"有"是真实的存在，离开"有"，就不会有真实的"道"。裴頠说明了"道"和"有"的关系，从而否定了

---

① 《物理论》。
② 《物理论》。
③ 张岂之（主编）:《中国思想史》(上卷)，西北大学出版社2012年版，第388页。

何晏、王弼关于"贵无"的观点。①

南北朝时期，佛教在统治者的支持下得到进一步的传播。杜牧的诗句"南朝四百八十寺，多少楼台烟雨中"是其时佛教盛行的生动写照。佛教自东汉传入中国后，经过几百年的发展，与中国本土文化不断结合，成为中国传统文化的重要组成部分。但是在南北朝时期，佛教的过度发展，带来了严重的政治和社会问题。在这样的背景下，反思佛教、反对佛教逐渐成为一种思潮，其中包含着唯物主义思想观点。其代表人物有何承天、刘峻、范缜等。限于篇幅，本文简介最有代表性的范缜唯物主义思想。②

范缜生活在南北朝佛教极度盛行的时代，是反佛思想的代表人物，被侯外庐称为"两汉魏晋（乃至先秦）以来的所有神灭思想的综合者和发展者"③。范缜总结和发展了汉晋以来的无神论和神灭论思想，对佛教进行抨击，与统治者和佛教界进行了两次反佛教的论战。第一次，他与南齐竟陵王萧子良所集名僧争辩，并将其论述著成《神灭论》。

---

① 任继愈（主编）：《中国哲学史》（二），人民出版社2003年版，第210—214页。张岂之（主编）：《中国思想史》（上卷），西北大学出版社2012年版，第389—390页。
② 关于何承天、刘峻的反佛思想中蕴含的唯物主义思想，见任继愈（主编）：《中国哲学史》（二），人民出版社2003年版，第287—293页；张岂之（主编）：《中国思想史》（上卷），西北大学出版社2012年版，第438—444页。
③ 侯外庐、赵纪彬、杜国庠、邱汉生：《中国思想通史》（第三卷），人民出版社1957年版，第373页。

萧子良又使人以官职劝诱范缜放弃己见，范缜声明不能"卖论取官"。后来，梁武帝萧衍敕令以佛教为国教，命令贵族、官僚和高僧们写文章批驳"神灭论"，但都失败了。

范缜的思想主要体现在其哲学著作《神灭论》中。该文（全文收录在《梁书》卷四十八，"范缜传"）短小精悍，仅两千余字，采用问答体形式呈现，但是思想深刻，战斗力强。在形神关系上，范缜提出了"形神相即"的观点。针对佛教界提出的"形神相异""形神非一"的观点，范缜在《神灭论》中指出："神即形也，形即神也；是以形存则神存，形谢则神灭也。"[①]根据范缜的观点，在形神不可分离的统一体中，物质是基础，是第一位的，而精神是从属于物质的，根本不能离开物质而独立存在。范缜还提出了形"质"神"用"的观点，指出："形者神之质，神者形之用；是则形称其质，神言其用；形之与神，不得相异。"[②]范缜以"质"和"用"的关系，也就是用"体"和"用"的关系，来说明形体和精神的关系，即人的精神只是物质性的一种作用，从而深刻地论证了精神从属于物质的关系。

范缜的形神一元论观点是他神灭论的出发点。任继愈对此给予高度评价："这不仅是对荀子、司马迁、桓谭、王充等人形神论的继承，而且是前秦两汉以来形神关系学说

---

① 《神灭论》。
② 《神灭论》。

的最高成就。"①

隋唐时期，佛教继续发展。在与佛教的斗争中，出现了傅奕、吕才、刘知几、柳宗元、刘禹锡等一批唯物主义思想家。限于篇幅，本文仅介绍有代表性的吕才、柳宗元、刘禹锡的唯物主义思想。

唐初，反佛的代表思想家有吕才等人。吕才以儒家经典为依据，以历史事例为论据，依据自然知识，指斥当时流行的"卜宅""禄命""葬法"等迷信活动。吕才认为万物来源于"气"。他说："太极无形，肇生有象；元资一气，终成万物。"②认为宇宙万物的运动变化，都是阴阳二气相互作用的结果，即"天覆地载，乾坤之理备焉；一刚一柔，消息之义详矣。或成于昼夜之道，感于男女之化，三光（日、月、星）运于上，四气（四时之气）通于下，斯乃阴阳之大经，不可失之于斯须也"③。吕才的思想完全不同于当时有神论者所宣扬的天命等神秘力量决定事物的因果发展，对当时和后世都有积极影响。

柳宗元是唐代著名文学家、思想家。其哲学思想主要

---

① 任继愈（主编）:《中国哲学史》（二），人民出版社2003年版，第301—302页。
② 吕才:《明浚致柳宣书》，转引自《中国思想史》（上卷），西北大学出版社2012年版，第536页。
③ 吕才:《叙葬书》，转引自《中国思想史》（上卷），西北大学出版社2012年版，第536页。

体现在《天说》《天对》等著作中。针对韩愈神化天的观点，柳宗元作《天说》"以折退之之言"，认为天体是由元气自然形成，一切自然现象都是气的运行变化所致，而气的运动是自然变化的结果，而不是神秘力量在主宰。柳宗元的《天对》体现了他的天体观、自然观。他认为天地变化，昼夜循环，都是元气运转的结果。文章用较多的篇幅论证了宇宙的无限性，否定了盘古开天地、女娲补天等创世说。

刘禹锡是唐代著名的文学家、思想家，其哲学思想主要体现在其著作《天论》（上、中、下）三篇当中。《天论》三篇的中心内容在于论争"天人之际"，也就是"天"与"人"的关系问题。不同于之前思想家"天人相分"与"天人合一"的争论，刘禹锡提出了天与人"交相胜，还相用"的观点。

刘禹锡所谓"交相胜"，即"天"与"人"各有自己的特点和作用。他认为"天"不是上帝，而是"有形之大者"，即最大的东西；"人"是"动物之尤者"，即优等动物。他说："天之道在生植，其用在强弱；人之道在法制，其用在是非。"[①]也就是说天的基本作用在生成万物，并通过强弱的转化来实现万事万物的发生、发展和变化。而人类社会通过法律制度来运行，法制必须遵循是非善恶的标准，实际

---

① 《天论》（上）。

上就是儒家伦理。刘禹锡所谓"还相用"的思想,是指人类可以认识和利用自然,即人有"治万物"的能力,可以"用天之利,立人之纪"①。刘禹锡还认为,"人能胜乎天者,法也"②,并把人类社会中的"法制",区分为"法大行""法小弛""法大弛"。③

刘禹锡天人"交相胜,还相用"的思想,既反对那种承认天有意志的宗教思想,也批评了天与人完全无关的思想。他区别了人类社会与自然界的不同,同时认为人类可以认识自然,利用自然,并且将这种观念运用到人类社会,提出了法制的思想,具有历史进步意义。

4.宋至明清时期——高度发展

与汉唐相比,宋代算不上是一个强盛的时代,但是其

---

① 《天论》(下)。
② 《天论》(上)。
③ 刘禹锡在《天论》(上)作了明确区分:"法大行,则是为公是,非为公非。天下之人,蹈道必赏,违之必罚。当其赏,虽三族之贵,万钟之禄,处之咸曰宜。何也?为善而然也。当其罚,虽族属之夷,刀锯之惨,处之咸曰宜。何也?为恶而然也。故其人曰:'天何预乃人事邪?惟告虔报本、肆类授时之礼,曰天而已矣。福兮可以善取,祸兮可以恶召,奚预乎天邪?'法小弛,则是非驳。赏不必尽善,罚不必尽恶。或贤而尊显,时以不肖参焉;或过而僇辱,时以不辜参焉。故其人曰:'彼宜然而信然,理也。彼不当然而固然,岂理邪?天也。福或可以诈取,而祸亦可以苟免。'人道驳,故天命之说亦驳焉。法大弛,则是非易位。赏恒在佞,而罚恒在直。义不足以制其强,刑不足以胜其非。人之能胜天之具尽丧矣。夫实已丧而名徒存,彼昧者方挈挈然提无实之名,欲抗乎言天者,斯数穷矣。"

第二章 马克思主义唯物论与中国古代唯物思想

文化思想的繁荣程度在中国历史上是少有的,为后人留下了丰厚的文化遗产和精神财富。这一时期的唯物主义思想也得到高度发展,著名思想家张载就是其中的代表。

张载是中国古代的一位重要思想家,关学的创始人,理学的奠基人之一。他的"四句诀"(为天地立心,为生民立命,为往圣继绝学,为万世开太平)是被高频引用的名言,其精神已经融入海内外华人的血脉中,其思想对中国乃至世界都有潜移默化的影响。

张载的哲学著作《正蒙》一书讨论了宇宙生成的学说,对世界的本原提出了"气一元论"的唯物主义解释。他说,"凡可状皆有也,凡有皆象也,凡象皆气也"[1],认为一切都是气,肯定了世界是物质的世界。关于什么是"气",张载给出了解释:"所谓气也者,非待其蒸郁凝聚,接于目而后知之;苟健顺动止,浩然湛然之得言,皆可名之象尔。然则象若非气,指何为象?"[2] 他所谓的气不一定是人的眼睛所能看见的,而是具有运动(动止)属性和广大深远(浩然湛然)属性的实体,相当于今天所说的物质存在。

张载还进一步提出"太虚即气"的学说。他说:"太虚无形,气之本体。其聚其散,变化之客形尔。"又说:"太虚不能无气。气不能不聚而为万物,万物不能不散而为太

---

[1] 《正蒙·乾称》。
[2] 《正蒙·神化》。

虚。"①在张载的学说中，气聚而成万物，气散则为太虚，气时聚时散，但永远不会消灭，认为世界是"有"的世界，而不是"无"的世界。他说，"知太虚即气，则无无"②，意即懂得了太虚就是气，那么就没有所谓的"无"了，彻底反驳了一部分唯心主义者关于世界本原是"无"的观点。张载还论证了"道"为"气化"之规律，道不离气，理在气中等哲学命题。

程颢、程颐"二程"兄弟建立起自己的思想体系，也认为世界万物，都是"气化"形成的。他们指出："万物之始，皆气化。"③当时思想界由于受佛教影响，将依靠反省自身，也就是通过"向内求"，来探求根本的"一"，看成理所当然的路径。程颐不同于这样的潮流，主张用"格物"的方法，即通过对外部事物的研究，进而得到根本之道。关于"格物"之"物"为何物："格物是外物，是性分中物？"程颐回答："不拘。凡眼前无非是物，物物皆有理。如火之所以热，水之所以寒，至于君臣父子皆是理。"④可见，这里所谓"物"，范围极广，包括一切自然现象和社会现象，与马克思主义所讲的"客观存在"是一致的。

---

① 《正蒙·太和》。
② 《正蒙·太和》。
③ 《河南程氏遗书》(卷五)。
④ 《河南程氏遗书》(卷十九)。

理学集大成者的朱熹对"格物"论做了进一步论述。朱熹将"格物"中的"格"释为到达、穷尽的意思。他说:"格谓至也,所谓实行到那地头。如南剑人往建宁,须到得那郡厅上,方是至;若只到建阳境上,即不谓至也。""格物者,格,尽也。须是穷尽事物之理。若是穷得三两分,便未是格物,须是穷尽到十分,方是格物。"① 关于"格物"之"物",朱熹也做了解释:"物,谓事物也。""天下之事皆谓之物。""眼前凡所应接底都是物。"② 可见,朱熹对"格物"的阐发,与程颐大致相同。二程和朱熹的哲学思想总体上是唯心主义的,但是其中不乏唯物主义的因素。

南宋时期的思想家陈亮和叶适的思想中都蕴含有唯物主义观点。陈亮是婺州永康(今浙江永康)人,创立了一个思想学派,其主要思想与朱熹的理学相对,是一个以反对朱熹而知名的学派,被称为永康学派。③ 陈亮虽然和朱熹一样,也承认有"道"的存在,但是他认为:"夫道非出于形气之表,而常行于事物之间者也。"④ 不同于朱熹认为"道"是超越自然和社会之上的、亘古不变的精神实体,陈

---

① 《朱子语类》(卷十五)。
② 《朱子语类》(卷十五)。
③ 张岂之(主编):《中国思想史》(下卷),西北大学出版社2012年版,第661—666页。
④ 《勉强行道大有功论》,转引自《中国思想史》(下卷),西北大学出版社2012年版,第663页。

亮认为"道"不是什么神秘的先验的精神本体，而是蕴含在具体事物当中。叶适是温州永嘉（今浙江永嘉）人，是永嘉学派的传人，其思想被学界归为功利主义思想。[①]他的思想中的唯物主义观点与陈亮类似，认为"道"与"物"是不能分离的，"物之所在，道则在焉。……非知道者，不能该物；非知物者，不能至道"[②]。可见，陈亮和叶适的基本观点是唯物主义的，不过他们没有详细讨论宇宙生成的问题，其唯物主义思想水平没有达到北宋时期张载的高度。

明代前期不仅建立了统一的封建王朝，而且在思想和文化上进一步强化了专制统治，将朱熹理学奉为统治思想。明朝中期以后，王阳明思想兴起，动摇了朱熹理学的正统地位，促使学术思想上出现了相对自由的氛围。在这样的氛围中，唯物主义思想也得到进一步发展。罗钦顺、王廷相就是这方面的代表。

罗钦顺是生活在明朝中期的思想家，主要著作是《困知记》。其思想的要旨是理气问题，他对理学的批评也由此引申而出。黄宗羲评论说："盖先生之论理气，最为精确。"[③]理气论是宋明理学的一个重要命题，朱熹是程朱理学

---

① 张岂之（主编）：《中国思想史》（下卷），西北大学出版社2012年版，第667—670页。
② 《习学记言》。
③ 《明儒学案》（卷四十七）。

理气论的集大成者。罗钦顺论理气,与朱熹的根本不同点,就是把着眼点放在"气"上,以"气"为本。他说:"理果何物也哉?盖通天地,亘古今,无非一气而已。"①为了进一步证明"气"为本,罗钦顺还着重论述了理在气中的观点,认为理在气中,但不能把气等同于理。他说:"理须就气上认取,然认气为理,便不是。此处间不容发,最为难言,要在人善观而默识之。只就气认理,与认气为理,两言明有分别。"②在道器论方面,罗钦顺认为道器不可分。他指出:"夫器外无道,道外无器。所谓器亦道,道亦器也。"③他在论述理气关系时,主张"就气认理",以气为本,但在论述道器关系时,却不说"就器论道",而说"器亦道,道亦器"。这说明罗钦顺在道器论和理气论上是有差别的,也说明其唯物主义思想的不彻底性。

王廷相是一个著名的博学之士,一生坚持读书、著述,成果丰硕。其著作大多收入明嘉靖年间刊刻的《王氏家藏集》中,包括《家藏集》41卷、《内台集》7卷、《慎言》13卷、《丧礼备纂》2卷、《雅述》2卷,共34册。其唯物主义思想主要发挥了张载的学说,主要体现在《慎言》和《雅述》等著作中。他的唯物主义观点主要在对朱熹理学的批判中

---

① 《困知记》(卷上)。
② 《困知记》(卷下)。
③ 《困知记》(续卷上)。

体现出来。他批评了理在气先的唯心主义本体论，提出了"元气为道之本"的观点。王廷相认为天地的本原为"元气"，即"元气者，天地万物之宗统。有元气则有生，有生道显。故气也者，道之体也；道也者，气之具也"①。元气既然为天地万物之根本，那么元气之上就没有主宰，"道"也只能以元气为本。王廷相说："愚谓天地未生，只有元气；元气具，则造化人物之道即此而在。故元气之上无物、无道、无理。"②可见，王廷相秉承气一元论的唯物主义世界观。

明清之际出现的许多有创造性的思想家都有唯物主义倾向，方以智、王夫之是其中的代表。可以说，这时出现了唯物主义的一个高潮。③

方以智是晚明清初时期博学的思想家。方以智的著作现存20余种，代表作有《通雅》《物理小识》《东西均》《药地炮庄》《易余》《周易时论合编》等。他的博学突出表现在《通雅》和《物理小识》中。这两部著作涉及天文、数学、地理、生物、医学以及文学、艺术、语言文字等方面。方以智所吸取的知识不限于儒、释、道三教，也包括刚刚传入的西学，并提出要学习西方传来的自然科学。他力求把

---

① 《慎言·五行》。
② 《雅述》（上篇）。
③ 张岱年：《中国唯物主义思想简史　宋元明清哲学史提纲（外一种）》，中华书局2018年版，第94页。

哲学思想建立在自然科学的基础上。他认为天文、地理的自然现象如何奇异，都是可以会通的，即以科学的原理加以贯通。在对世界本原的认识上，方以智借用了气一元论的自然观，提出了火的一元论思想。他认为火是事物的本体，也是运动的原因。他说："天恒动，人生亦恒动，皆火之为也……天与火同，火传不知其尽。"[1]从这一论述可知，方以智不仅认为事物的本质是物质（"火"）的，而且是运动的，将唯物主义思想和辩证思维结合在一起，具有辩证唯物主义的端倪。

王夫之是明清之际最重要的唯物主义思想家。他的著作很多，一生著述百余种，400余卷，其中哲学上比较重要的有《周易外传》《尚书引义》《读四书大全说》《张子正蒙注》《思问录》等。王夫之十分推崇北宋唯物主义思想家张载，他说："张子之学，上承孔孟之志，下救来兹之失，如皎日丽天，无幽不烛，圣人复起，未有能易焉者也。"[2]王夫之发展了张载唯物主义的基本观点，将中国古代唯物主义思想发展到新的水平。

王夫之继承了张载的"气一元论"的思想，认为世界的本原是"气"，提出"天人之蕴，一气而已"[3]的观点。

---

[1]《物理小识》（卷一）。
[2]《张子正蒙注·序论》。
[3]《读四书大全说》（卷十）。

在理气关系上，王夫之反驳了程朱理学所讲的"有理而后有气"的学说，认为"气者，理之所依也"[1]，进而指出："气外更无虚托孤立之理也。"[2]王夫之还论证了气是"固有"的，也就是气是绝对存在的。他说："直言气有阴阳，以明太虚之中虽无形之可执，而温肃、生杀、清浊之体性俱有于一气之中，同为固有之实也。"[3]

王夫之在"气一元论"的基础上，提出了"天下惟器"的观点。在道器论上，王夫之有精彩的论述："天下惟器而已矣。道者，器之道，器者，不可谓之道之器也。"[4]"据器而道存，离器而道毁。"[5]"天下惟器"的理论，强调"器的根本性"，深刻说明了物质与规律的关系，是较为彻底的唯物主义思想。

清初的颜李学派代表人物颜元[6]和李塨[7]的思想中也包含了唯物主义的观点。颜元长期生活在家乡的农村，接近

---

[1] 《思问录·内篇》。
[2] 《读四书大全说》(卷十)。
[3] 《张子正蒙注》(卷二)。
[4] 《周易外传》(卷五)。
[5] 《周易外传》(卷二)。
[6] 号习斋，直隶博野人，主要活动在直隶及周边地区，晚年曾主持漳南书院，将其思想运用于书院的教学中。其著作主要有《四存编》(即《存治编》《存性编》《存学编》《存人编》)、《习斋记余》、《朱子语类评》、《四书正误》及后人所辑的《颜习斋先生言行录》等。
[7] 号恕谷，直隶蠡县人，颜元弟子。主要著作有《大学辨业》《四书传注》《拟太平策》《恕谷文集》等。

社会底层，注重躬行践履的"实事"，其创立的思想学派也称为"实学"。李塨较好地继承了颜元的思想，并且通过广泛的社会活动传扬了老师的思想，故其学派又被称为颜李学派。在关于世界本原的问题上，颜元提出了以气为本体的理气一元论。颜元认为，"理气融为一片""理即气之理"①，从而否定了理学家"理在事先"和"心外无理"的观点，也就是说理是不能离开气而存在的。颜元明确肯定物质性的气是根本的，第一性的，而理是气的理，理存在于气之中，是依附于气的。

清代中期，重要的唯物主义思想家是戴震②。他继承和捍卫了张载、王夫之的本论的哲学思想，把物质性的元气作为宇宙的本原，所谓"阴阳五行"或"道"，都是指物质实体。③戴震反对程朱将"形而上"的"道"和"形而下"的"器"截然对立的观点，认为："形而上犹曰形以前，形而下犹曰形以后，阴阳之未成形质，是谓形而上者。"④他认为"道""器"在性质上并不是截然对立的，而是同一事物在不同阶段的不同形态。关于什么是道，他说："气化流

---

① 《四存编·存性编》(卷一)。
② 字东原，安徽休宁人。著名汉学家，精研天文算学，曾参加《四库全书》的编纂工作。其主要哲学著作有《原善》《孟子字义疏证》。
③ 任继愈(主编):《中国哲学史》(四)，人民出版社2003年版，第114页。
④ 《孟子字义疏证》。

行,生生不息,是故谓之道。易曰:一阴一阳之谓道。"[1]也就是说所谓"形而上"的"道",其实就是原始的"气",而不是程朱理学所说的超物质的精神实体。

马克思、恩格斯在《神圣家族》中指出:"法国唯物主义和英国唯物主义的区别是与这两个民族的区别相适应的。"[2]同样的道理,中国古代唯物主义贯穿在中国古代哲学思想中,具有中华民族独特的气质,中国古代唯物主义还缺乏系统性,只能称为朴素的唯物主义,但是在对世界本原的看法上,中国古代唯物主义与辩证唯物主义是一致的。就此而言,中国古代思想史上的无神论者和唯物主义思想家们与马克思、恩格斯,可称得上是"心有灵犀一点通"。

---

[1] 《孟子字义疏证》。
[2] 马克思、恩格斯:《神圣家族》,《马克思恩格斯全集》(第二卷),人民出版社1957年版,第165页。

第三章　唯物辩证法与中国古代辩证思维

恩格斯在《社会主义从空想到科学的发展》一文中指出："现代唯物主义都是本质上辩证的。"[①]马克思主义唯物论既不是庸俗的唯物论，也不是机械的唯物论，而是辩证的唯物论。马克思、恩格斯虽然否定了黑格尔的唯心论，却承认黑格尔的辩证法是德国古典哲学的最高成就，认为："现代德国哲学……在黑格尔身上达到了顶峰。他的最大的功绩，就是恢复了辩证法这一最高的思维形式。"[②]他们吸取了黑格尔辩证法的"基本内核"，将辩证法与唯物论相结合，形成了自己独特的哲学思想，即辩证唯物主义。

值得注意的是，马克思的辩证法与黑格尔的辩证法并非一模一样，关于这一点，马克思本人有明确的阐释：

---

① 恩格斯：《社会主义从空想到科学的发展》，《马克思恩格斯全集》（第十九卷），人民出版社1963年版，第224—225页。
② 恩格斯：《社会主义从空想到科学的发展》，《马克思恩格斯全集》（第十九卷），人民出版社1963年版，第219页。

我的辩证方法，从根本上来说，不仅和黑格尔的辩证方法不同，而且和它截然相反。在黑格尔看来，思维过程，即他称为观念而甚至把它变成独立主体的思维过程，是现实事物的创造主，现实事物只是思维过程的外部表现。我的看法则相反，观念的东西不外是移入人的头脑并在人的头脑中改造过的物质的东西而已。

……辩证法在黑格尔手中神秘化了，但这决不妨碍他第一个全面地有意识地叙述了辩证法的一般运动形式。在他那里，辩证法是倒立着的。必须把它倒过来，以便发现神秘外壳中的合理内核。①

马克思又说："黑格尔的辩证法是所有辩证法的基本形式。"②但是这个基本形式到底是什么？他并没有直接回答这个问题。但是马克思本人曾对辩证法做过许多重要的论述。在诸多论述中，下面这段话具有特别重要的意义：

> 黑格尔的《现象学》及其最后的成果——作为推

---

① 马克思：《资本论》（第一卷第二版跋），《马克思恩格斯全集》（第二十三卷），人民出版社1972年版，第24页。
② 马克思：《致路·库格曼》（1868年3月6日），《马克思恩格斯全集》（第三十二卷），人民出版社1974年版，第526页。

动原则和创造原则的否定性的辩证法——的伟大之处首先在于，黑格尔把人的自我产生看作一个过程，把对象化看作失去对象，看作外化和这种外化的扬弃；因而，他抓住了劳动的本质，把对象性的人、现实的因而是真正的人理解为他自己的劳动的结果。①

从这段话可见，马克思强调的辩证法不是以抽象的物质世界或抽象的自然界为承担者的辩证法，而是以人类的生存实践活动——劳动为承担者的辩证法。

在《资本论》第一卷第二版跋中，马克思对辩证法进行了极为概略的论述。他指出："……辩证法在对现存事物的肯定的理解中同时包含对现存事物的否定的理解，即对现存事物的必然灭亡的理解；辩证法对每一种既成的形式都是从不断的运动中，因而也是从它的暂时性方面去理解；辩证法不崇拜任何东西，按其本质来说，它是批判的和革命的。"②可见，马克思强调的辩证法是"否定性的辩证法"。他用批判的眼光审视一切，哪怕是人们早已通过教条而接受的传统的信念。

---

① 马克思：《1844年经济学哲学手稿》，《马克思恩格斯全集》（第四十二卷），人民出版社1979年版，第163页。
② 马克思：《资本论》（第一卷第二版跋），《马克思恩格斯全集》（第二十三卷），人民出版社1972年版，第24页。

马克思还将辩证法基本原理广泛运用于对自然界、人类社会和思维活动的观察和研究上。在其《雇佣劳动与资本》《政治经济学批判》《哲学的贫困》《黑格尔法哲学批判》《神圣家族》《共产党宣言》《资本论》等著作中，我们都可看到唯物辩证法的运用。

尽管马克思对辩证法进行了多次论述，并且广泛运用，甚至还计划写《辩证法》一书①。但由于各种原因，这个计划没能实现。从理论上对唯物辩证法进行系统阐述的任务，是由马克思亲密的战友恩格斯完成的。恩格斯在《自然辩证法》中，明确地阐述了唯物辩证法的基本规律（在总计划草案中，他称之为"主要规律"）和有关的内容。他把辩证法作为"和形而上学相对立的、关于联系的科学"，指出：

> 辩证法的规律是从自然界和人类社会的历史中抽象出来的。辩证法的规律不是别的，正是历史发展的这两个方面和思维本身的最一般的规律。实质上它们归结为下面三个规律：

---

① 马克思在《致约瑟夫·狄慈根》（1868年5月9日）中说："……一旦我卸下经济负担，我就要写《辩证法》。辩证法的真正规律在黑格尔那里已经有了，自然具有神秘的形式。必须把它们从这种形式中解放出来……"参见《马克思恩格斯全集》（第三十二卷），人民出版社1974年版，第535页。

量转化为质和质转化为量的规律；

对立的相互渗透的规律；

否定的否定的规律。①

    这3个基本规律虽由黑格尔在《逻辑学》中首先阐述出来，但他的辩证法是"倒立着的"，是唯心主义辩证法。马克思、恩格斯认为，恰恰相反，辩证法的这些规律具体地在客观世界和思维中起作用，当我们根据具体科学发展的成果，把它们抽象出来时，就作为"最高的思维形式"，反过来去观察自然、社会和人类的精神生活，它们就成为一种思考世界的方法。

    后继的马克思主义者，如列宁、斯大林等对唯物辩证法均有不同的论述，但基本都以恩格斯关于唯物辩证法的框架为基础。唯物辩证法的这3个方面是相互关联、有机统一的整体。首先是事物发展变化的源泉和根本动力问题，即矛盾规律；其次是把发展变化的形式表述为量变到质变的转化，即量变质变转化规律；最后是关于事物发展变化趋势和方向的否定之否定规律。

    唯物辩证法传入中国后，其基本法则得到学界共识，

---

① 恩格斯:《自然辩证法》,《马克思恩格斯全集》(第二十卷)，人民出版社1971年版，第401页。

并广泛传播。①通览中国古代哲学思想史，与西方哲学曾有过一段机械性、"形而上学"性思维占统治地位的历史不同，辩证思维在中国有着悠久且连续的传统。唯物辩证法和中国古代辩证思维具有相通之处，这被中外许多研究者所注意。②毛泽东同志已经注意到这个问题，在《矛盾论》中引用了孙子"知彼知己，百战不殆"、魏徵"兼听则明，偏信则暗"的名言，来说明全面看问题的重要性，还举《水浒传》"三打祝家庄"的事例，明确说："《水浒传》上有很多

---

① 最早在我国系统介绍唯物辩证法的是早期马克思主义者瞿秋白同志，在1924年出版的《社会哲学概论》《现代社会学》中，"在我国第一次详细地介绍了马克思主义辩证法矛盾运动、否定与否定、量变与质变三大规律"。20世纪30年代，唯物辩证法成为中国的重要思潮，并在思想界掀起了一场影响广泛而深远的辩证法论战。一大批文化界、理论界、思想界的重要学者参与到论争中，李达、郭湛波、艾思奇、陈唯实等人对唯物辩证法三大法则进行了系统介绍。李达在《社会学大纲》深入系统地阐发了辩证法的三大规律和其他规律（李达：《社会学大纲》，武汉大学出版社2007年版，前言第5页）；郭湛波在《辩证法研究》中，将辩证法三大法则概括为"对立融合法则、否定之否定法则、质变量变质法则"（郭湛波：《辩证法研究》，景山书社1930年版，第9—18页）；艾思奇在1936年出版的《大众哲学》中，用通俗的语言详细介绍了辩证法的三大规律（艾思奇：《大众哲学》，读书生活出版社1936年版，第105—140页）；陈唯实在1936年出版的《通俗辩证法讲话》中，认为辩证法就是三大法则，即"对立的统一与对立争斗的法则""由量到质及由质到量的转变法则""否定之否定法则"（陈唯实：《通俗辩证法讲话》，新东方出版社1936年版，第2页）。

② 早在20世纪30年代，中国学者陈唯实就对此问题进行了比较研究。在1936年出版的《通俗辩证法讲话》中，作者用了一讲，即第七讲"中国古代哲学上的辩证法"，对《周易》《老子》《庄子》中的辩证法进行梳理。国外的学者，如美国学者斯塔尔就认为，费希特、谢林、黑格尔和马克思的辩证法概念是从中国借用的。

唯物辩证法的事例，这个三打祝家庄，算是最好的一个。"[1]

笔者将从唯物辩证法的上述三个方面，对中国古代哲学思想中辩证思维传统进行梳理。

一、对立的相互渗透的规律及其在中国古代思想中的体现

恩格斯所说的"对立的相互渗透的规律"，也被称为对立统一规律，是唯物辩证法的基本规律。关于这一规律，马克思虽然没有从哲学的层面进行论述，但在其理论中得到广泛运用。马克思的巨著《资本论》就是研究资本主义社会矛盾的学说。在该书中，马克思论证了资本主义商品生产的实质，即生产剩余价值。马克思从剖析商品生产入手，在劳动二重性理论的基础上，揭开了剩余价值生产的秘密，指出商品生产的过程同时也就是剩余价值生产的过程。在此基础上，马克思阐明了资本积累（剩余价值资本化）理论及其必然趋势：当资本主义生产资料的集中与生产社会化之间的矛盾尖锐化到与其资本主义外壳不再相容之时，就是资本主义外壳被炸毁的时候，就是资本主义私有制被瓦解的时候，就是资本家被剥夺的时候。马克思通

---

[1] 毛泽东:《矛盾论（一九三七年八月）》,《毛泽东选集》（第一卷），人民出版社1991年版，第313页。

过科学分析资本积累的历史趋势，得出资本主义必然灭亡的历史结论。

恩格斯对唯物辩证法的矛盾规律进行了论述。在《反杜林论》中，恩格斯指出："有一种客观地存在于事物和过程本身中的矛盾，而且这是一种实际的力量。"[①]恩格斯进而对矛盾的普遍性这样论述："既然简单的机械的位移本身已经包含着矛盾，那末物质的更高级的运动形式，特别是有机生命及其发展，就更加包含着矛盾……同样……在思维的领域中我们也不能避免矛盾，例如，人的内部无限的认识能力和这种认识能力仅在外部被局限的而且认识上也被局限的个别人身上的实际的实现二者之间的矛盾，是在至少对我们来说实际上是无穷无尽的、连绵不断的世代中解决的，是在无穷无尽的前进运动之中解决的。"[②]关于矛盾就是事物对立的统一，恩格斯在《自然辩证法》中进一步论述：

> 一切运动都存在于吸引和排斥的相互作用中。……所以，宇宙中的一切吸引运动和一切排斥运动，一定

[①] 恩格斯：《反杜林论》，《马克思恩格斯全集》（第二十卷），人民出版社1971年版，第133页。

[②] 恩格斯：《反杜林论》，《马克思恩格斯全集》（第二十卷），人民出版社1971年版，第133页。

是互相平衡的。因此,运动既不能消灭也不能创造这一定律,就采取这样的表达方式:宇宙中有一个吸引运动,就一定有一个与之相当的排斥运动来补充,反过来也一样;或者如古代哲学在力的守恒或能量守恒定律在自然科学中形成以前很久所说的,宇宙中一切吸引的总和等于一切排斥的总和。[1]

恩格斯关于矛盾规律的论述,我们不难看到,在中国古代哲学思想中有十分丰富的相似的论述。这方面的论述可以追溯到春秋战国时期。

先秦时期儒家思想的重要典籍《周易》探究了世界发生发展的根本规律,认为宇宙中的一切事物,都是由一阴一阳两个对立的元素构成,不存在只有单一元素构成的物质,即所谓"一阴一阳之谓道"[2]。宇宙间一切事物都是负阴而抱阳,都是由这两个相反的东西——"阴""阳"构成。《易经》用"乾"代表"阳",用"坤"代表阴,"乾坤"就是"阴阳"的代表。乾、坤不代表具体事物,而是代表宇宙生成的两个相对的根本元素,即"乾为天,为圆,为君,为父……坤为

---

[1] 恩格斯:《自然辩证法》,《马克思恩格斯全集》(第二十卷),人民出版社1971年版,第410页。
[2] 《易传·系辞下》。

地，为母……"①不仅如此，乾坤是生成一切事物的起始，没有这两个元素就没有一切事物的生成，所以"乾坤，其易之缊邪？乾坤成列，而易立乎其中矣。乾坤毁，则无以见易，易不可见，则乾坤或几乎息矣"②。

在诠释《周易》的著作《易传》中，对"对立统一"进行了进一步论述："昔者圣人之作《易》也，幽赞于神明而生蓍，参天两地而倚数，观变于阴阳而立卦，发挥于刚柔而生爻，和顺于道德而理于义，穷理尽性以至于命。昔者圣人之作《易》也，将以顺性命之理。是以立天之道，曰阴与阳；立地之道，曰柔与刚；立人之道，曰仁与义。兼三才而两之，故《易》六画而成卦；分阴分阳，迭用柔刚，故《易》六位而成章。"③

正是有了阴阳刚柔的区分迭用，才有了六位"易卦"的产生。在这里，阴与阳、刚与柔、仁与义是性质相对立的三组概念，正是有赖于此，才有了天地万物的生成、发展。《睽卦》曰："天地睽而其事同也，男女睽而其志通也，万物睽而其事类也。"④"睽"从"目"，从"癸"（古代兵器，交叉之形，即"戣"之古文），"睽"的本义是两眼不往一

---

① 《易传·说卦传》。
② 《易传·系辞上》。
③ 《易传·说卦传》。
④ 《易传·睽卦》。

处看，引申为对立、相反的意思。所以对立面之性质相反，而有相反就有相成，所以"睽之时用大矣哉"[①]！

《易传》还指出，事物的对立双方不是固定不变的，而是在一定条件下，促使一方向另一方转化，从而形成生生不息的宇宙过程，即所谓"日往则月来，月往则日来，日月相推而明生焉。寒往则暑来，暑往则寒来，寒暑相推而岁成焉。往者屈也，来者信也，屈信相感而利生焉"[②]。在这里，相互克服和交感是事物生成变化的内在根据，它推动着宇宙的新陈代谢、生生不息。

关于对立统一的观点，道家经典著作《老子》也有经典的论述。《老子》有言："天下皆知美之为美，斯恶已；皆知善之为善，斯不善已，故有无相生，难易相成，长短相形，高下相倾，音声相和，前后相随。"[③]也就是说，相互对立的两个事物或者一个事物中相互对立的两个方面，既相互对立和排斥，也相互依赖和吸引。《老子》还提出了在中国思想史上影响深远的"反者道之动"和"祸兮福之所倚，福兮祸之所伏"的观点。"道"是老子思想的重要概念，意即世界的本原、内在规律。道之运动就体现在向相反即对立方面的转化中。

---

① 《易传·睽卦》。
② 《易传·系辞下》。
③ 《老子》(第二章)。

在春秋战国时期提出的宇宙生成论也包含丰富的对立统一的辩证法观点。《老子》提出了影响深远的"道生一，一生二，二生三，三生万物。万物负阴而抱阳，冲气以为和"[①]的生成理论。《易传》也提出了一个以"一分为二"为特色的宇宙生成模式，即所谓"是故易有太极，是生两仪，两仪生四象，四象生八卦"[②]。这种以"生"为特色的一分为二，不仅是数量上的一二之分，也是性质上的对立互反之分，即任一个"一"所生之"二"都是性质正相对立之物。一分为二的原则在生成论上，包含着数量和性质两个方面的内容。

经过长期发展，宋代文化大兴[③]，将中国哲学辩证思维推进到了一个新的高度，王安石、张载、程颢、程颐、邵雍、朱熹等人是其中的代表，其辩证法思维各有特色。

王安石不仅是一位具有改革魄力的政治家，也创立了

---

① 《老子》（第四十二章）。
② 《易传·系辞上》。
③ 历史学界认为，在我国古代经济文化发展过程中，宋代不仅社会经济发展到很高的水平，而且文化也发展到登峰造极的地步。如陈寅恪先生在倡论我国古代文化演进之态势时，曾指出："华夏民族之文化，历数千载之演进，造极于赵宋之世。"（陈寅恪：《邓广铭〈宋史职官志考证〉序》，《金明馆丛稿二编》，上海古籍出版社1980年版，第245页。）著名学者邓广铭、漆侠等提出，宋代在学术方面成就巨大，形成了与汉学（以章句之学为特征）相对的宋学（以义理之学为特征）。宋学包括以王安石为代表的荆公学派、以司马光为代表的温公学派、以苏轼为代表的蜀学派、以洛（二程）关（张载）为代表的理学派等四大学派。（参见漆侠：《宋学的发展和演变》，河北人民出版社2002年版，第3—45页。）

荆公学派，在《洪范传》《老子注》《致一论》等著作中，包含了丰富的辩证法思维。在《洪范传》中，王安石认为两个相反的事物结成为"耦"，亦即一对矛盾，是普遍存在的："推而散之，无所不通：一柔一刚，一晦一明，故有正有邪，有美有恶，有丑有好，有凶有吉。性命之理，道德之意，皆在是矣！"[①]在《老子注》中，王安石把相反事物结成的矛盾称为"对"，即"有之于无，难之于易，（长之于短），高之于下，音之于声，前之于后，是皆不免有所'对'"[②]。在王安石的思想中，两个相反的事物，即一对矛盾，称为"耦"或者"对"，并且相反的两个事物是相互依存，相互转化，变化无穷的。在方法论上，王安石还提出"致一"的方法，由"致一"而得到"致理"。[③]

北宋大儒张载提出"一物两体"的命题。他说："一物两体，气也；一故神，两故化。此天之所以参也。"[④]张载肯定了"一物两体"都是气的属性，在此基础上，强调事物对立统一的属性。张载认为"两"之所以能够统一，是因为有其内在机制，即他所谓的"感"，也就是由感而合。他说："天性，乾坤，阴阳也。二端故有感，本一故能合。"[⑤]

---

① 《洪范传》。
② 《老子注》。
③ 漆侠：《宋学的发展和演变》，河北人民出版社2002年版，第326页。
④ 《正蒙·参两》。
⑤ 《正蒙·乾称》。

张载"一物两体"的观点不仅反对了片面孤立的观点，还主张要看到事物的正反两个方面，并且这两个方面"相感"，从而得到发展。

与张载同时代的"二程"提出了"无独必有对"的矛盾观。程颢说："天地万物之理，无独必有对，皆自然而然，非有安排也。""万物莫不有对，一阴一阳，一善一恶，阳长则阴消，善增则恶减。斯理也，推之其远乎？人只要知此耳。"[1]二程从普遍联系的观点来分析对立，认为"无独必有对"是宇宙间通行的最为根本的道理。并认为万物总是在对立作用中存在和变化，故对立不是一种静态，而是动态的相互克服和相互转化。程颐也说："自然能生，往来屈伸只是理也。盛则便有衰，昼则便有夜，往则便有来。天地中如洪炉，何物不销铄了。"[2]不同于张载以气之聚散来解释物之生灭，二程认为是天地间自然生气，且生生不息。

北宋另一位大思想家邵雍的基本思维方式是"一衍为万"，其起点则是"一分为二"。他说："……是故一分为二，二分为四，四分为八，八分为十六，十六分为三十二，三十二分为六十四……合之斯为一，衍之斯为万。"[3]邵雍突破了《周易》卦爻数的束缚，阐明了"一分为

---

[1]《河南程氏遗书》(卷十一)。
[2]《河南程氏遗书》(卷十五)。
[3]《渔樵问对》。

二"的无穷可能性。同时，分不是排斥合，而是有分有合，分合结合，也就是既对立又统一。

朱熹继承了以邵雍为代表的北宋理学家一分为二的思想，并将其发展成最为普遍的辩证思维方法。在朱熹的思想中，"一分为二"被用来解释宇宙生成。朱熹说："康节（邵雍）也则是一生二，二生四，四生八。""此只是一分为二，节节如此，以至于无穷，皆是一生两尔。"[①]从其无穷性而言，"一生两"当然地表现为一生万或一生殊的关系，这是构成朱熹"理一分殊"的理本论体系的生成论基础。同时，朱熹思想中的"一分为二"有对立统一的观点。朱熹说："天下之物未尝无对，有阴便有阳，有仁便有义……然又却只是一个道理。"[②]朱熹还在"一分为二"的基础上扩展为"一实万分"。这一思想除了受到邵雍"一分为二"思想的启发，还受到了周敦颐的影响。周敦颐在继承传统的由太极分化经过动静阴阳、五行四时而生成万物的宇宙生成论的基础上，提出了"一实万分"的命题，并将其概括为一个更加规范化的结构。朱熹自觉地继承了这一结构，并加以发挥。朱熹的这一理论是古人对于"一"与"多"关系思考的规范化，突出的是整个宇宙万物都为太极之一分化而成。

[①] 《朱子语类》（卷六十七）。
[②] 《朱子语类》（卷九十五）。

明清时期是中国古代辩证法思维发展的又一重要阶段，方以智和王夫之等不少思想家都系统论述了对立统一命题。

明代思想家方以智的思想中有丰富的辩证法思维因素。他在著作《东西均》中提出了"合二而一"的命题。他说："交也者，合二而一也；轮也者，首尾相衔也；凡有动静往来，无不交轮，则真常贯合，于几可征矣。""交以虚实，轮续前后，而通虚实前后者曰贯——贯难状而言其几。"[①]这里所谓"交"，指事物的相互联系，事物在相互联系中构成一个整体，因此说合二而一。在其著作中，他曾反复论述"一而二""二而一"的观点。他说，"一切法皆偶也"[②]，又说："一不可量，量则言二，曰有，曰无，两端是也。虚实也，动静也，阴阳也，形气也，道器也，昼夜也，幽明也，生死也，尽天地古今皆二也。"[③]方以智认识到一切事物都是由两个相互排斥的对立面组成。在论述"一而二""二而一"的观点时，他还注意到矛盾双方的主次地位及其转化。他举日月为例说："日月并照，而天地之内，惟日为主，月与星汉皆借日为光。以日行成岁，以日成昼夜，以日成寒暑，月岂敢并日哉？"[④]

---

① 《东西均·三征》。
② 《药地炮庄·齐物论》。
③ 《东西均·三征》。
④ 《东西均·公符》。

不同于方以智"合二而一"的观点,王夫之提出了"分二合一"的观点。不论是"合一"还是"分二",在王夫之的思想中,对立统一始终是问题的实质。王夫之认为,没有对立,统一就失去了前提;反之,没有统一也就没有对立。王夫之说:"一之体立,故两之用行。如水唯一体,则寒可为冰,热可为汤。"[①]王夫之进一步论述了"分一"与"合二"的关系,认为"合二"已在"分一"之中。他发挥其"盈天下皆气矣"的观点,分析了道器、表里、虚实等的相互关系,认为它们都对立统一。

很显然,在"一"与"二"的关系上,王夫之继承了张载的思想。王夫之对"一二分合"问题的总结,反映了中国古代哲学思想首尾一贯的辩证思维传统。

马克思主义唯物辩证法"对立统一"规律与中国传统的"有对""一分为二"的思想,在以毛泽东为代表的中国共产党人身上实现了有机结合。饱读传统文化经典的毛泽东,在抗日战争期间,为了纠正党内出现的教条主义,在认真研读了马克思、恩格斯的著作的基础上,立足中国革命实际,写出了哲学著作《矛盾论》。毛泽东将矛盾论具体分解为这些问题:两种宇宙观;矛盾的普遍性;矛盾的特殊性;主要的矛盾和主要的矛盾方面;矛盾诸方面的同一性和斗

---

① 《张子正蒙注·太和》。

争性；对抗在矛盾中的地位。①在该文中，毛泽东多次引用中国古代经典作品，来论证矛盾的特殊性和矛盾的互相转化等问题。可见，辩证法的这一规律，马克思、恩格斯的论述与中国传统文化不仅是相通的，而且在毛泽东这里，得到继承和发扬，形成了马克思主义中国化的光辉成果。

二、量转化为质和质转化为量的规律及其在中国古代思想中的体现

"量转化为质和质转化为量的规律"简称为质量互变规律，是唯物辩证法的一条重要法则，就是说一切事物的变化都是由量的变化到质的变化，再由质的变化到量的变化。关于唯物辩证法的这一规律，马克思虽然没有从哲学的层面进行论述，但是在其理论中广泛运用。例如，马克思在《资本论》中，用了一整篇，即第四篇——《相对剩余价值的生产》，在协作、分工和工场手工业、机器和大工业的领域内，多次谈到关于量变改变事物的质和质变同样也改变事物的量的情况。②马克思在论述"协作"时，就举

---

① 毛泽东：《矛盾论（一九三七年八月）》，《毛泽东选集》（第一卷），人民出版社1991年版，第299页。
② 马克思：《资本论》（第一卷第四篇），《马克思恩格斯全集》（第二十三卷），人民出版社1972年版，第347—553页。

出这样的事实："资本主义生产实际上是在同一个资本同时雇用较多的工人，因而劳动过程扩大了自己的规模并提供了较大量的产品的时候才开始的。……起初只有量上的区别。"许多人协作，许多力量融合为一个总的力量，就造成"新的力量"，这种力量和它的一个个力量的总和有本质的差别。[①]

恩格斯在几篇重要的论文中对"量转化为质和质转化为量的规律"进行了论述。在《反杜林论》中，恩格斯在该论文的第一编中，用了一整章，即第十二章"辩证法。量和质"来论述。[②] 恩格斯批判杜林关于现实的存在的观点，揭示出在杜林那里现实的质与量被笼罩在神秘的抽象思辨的背景下，从而将质量互变规律作为关于存在的具体论述。在《自然辩证法》中，恩格斯大致概括了质量互变规律在现实世界中的呈现形式。量变与质变是现实事物发展变化的两个阶段，有着本质区别，但又相互联系。恩格斯指出："质的变化——以对于每一个别场合都是严格地确定的方式进行——只有通过物质或运动（所谓能）的量的增加或减少才能发生……没有物质或运动的增加或减少，即没有有

[①] 马克思：《资本论》（第一卷第四篇第十一章），《马克思恩格斯全集》（第二十三卷），人民出版社1972年版，第358—372页。
[②] 恩格斯：《反杜林论》，《马克思恩格斯全集》（第二十卷），人民出版社1971年版，第131—141页。

关的物体的量的变化，是不可能改变这个物体的质的。"[①]

恩格斯认为量变与质变体现了事物运动形式的变化。他指出："运动形式的变化总是至少在两个物体之间发生的过程，这两个物体中的一个失去一定量的一种质的运动（例如热），另一个就获得相当量的另一种质的运动（机械运动，电、化学分解）。因此，量和质在这里是相互适应的。"[②]恩格斯在《自然辩证法》中用了大量的篇幅论述"运动"。他在《路德维希·费尔巴哈和德国古典哲学的终结》中甚至说："辩证法就归结为关于外部世界和人类思维的运动的一般规律的科学。"[③]

从马克思关于质量互变规律的运用和恩格斯关于此规律的理论来看，中国古代哲学思想中有丰富的关于运动、量变和质变的论述。

首先是关于运动的论述，中国古代哲学思想中，无论是唯物主义还是唯心主义的各种学说中，都普遍认为世界是变化的，相互联系的。早在先秦时期，《易经》即是一部关于"运动"的哲学著作。所谓"易"就是"变易"，宇宙

[①] 恩格斯:《自然辩证法》,《马克思恩格斯全集》(第二十卷)，人民出版社1971年版，第402页。
[②] 恩格斯:《自然辩证法》,《马克思恩格斯全集》(第二十卷)，人民出版社1971年版，第402—403页。
[③] 恩格斯:《路德维希·费尔巴哈和德国古典哲学的终结》,《马克思恩格斯全集》(第二十一卷)，人民出版社1965年版，第337页。

一切事物，都在时时刻刻不断地运动变化，正所谓"天行健，君子以自强不息"。儒家思想创始人孔子也是用动态的眼光来看待宇宙的，"子在川上曰：逝者如斯夫，不舍昼夜"①。儒家思想另一位代表人物荀子也认为自然规律是不以人的意志为转移的，提出了"天行有常"②的思想。

先秦时期，道家代表人物老子、庄子也认为世界是一个变化联系的有机整体。老子在其宇宙生成论中，认为宇宙间存在着有机联系的、运动不息的"道"。他说："有物混成，先天地生，寂兮寥兮，独立而不改，周行而不殆，可以为天地母。吾不知其名，字之曰道……"③庄子继承发展了老子的宇宙观，也认为宇宙间的万物都处在流转变化的过程中，即所谓"万物之化"④"万化而未始有极"⑤"物之生也，若骤若驰，无动而不变，无时而不移"⑥。可见，在庄子的世界中，万物都不是固定不变的，而是处在永无止境的运动变化中。

中国古代的气一元论哲学认为，作为世界本原的"气"具有内在的动因，运动是"气"的根本属性。"气"的永

---

① 《论语·子罕》。
② 《荀子·天论》。
③ 《老子》(第二十五章)。
④ 《庄子·人间世》。
⑤ 《庄子·大宗师》。
⑥ 《庄子·秋水》。

恒运动变化的性能充分表现在宇宙生成和天地万物产生发展的过程中。中国古代气一元论者坚持元气自生自化的观点，不给上帝或其他超自然的力量留下任何空间，从而坚持了世界统一于物质的基本立场。王充、王符、柳宗元等唯物主义思想家关于元气自然无为、自我运动的观点是一脉相承的。[1]在前人的基础上，张载提出了"动必有机""动非自外"[2]的观点，认为阴阳对立统一是元气自生自化、自己运动的内外根源。王夫之继承了张载的这一学说，他指出，阴阳二气的对立统一是天地万物运动的根本动力。他说："阴阳之消长隐见不可测，而天地人物屈伸往来之故尽于此。"[3]

关于量质互相转化的规律，中国古人在对自然的观察中就有察觉。诸如积土成山、积水成渊、集腋成裘、功亏一篑等成语，都凝聚着这方面的经验。

春秋战国时期，儒家、道家思想中有关于量变、质变的论述。道家思想创始人老子认为事物的发展，凡是到了极端，就要变为其反面，发生质的变化。可是质的变化是从量的变化而来，不过质的变化容易察觉到，而量的变化

---

[1] 方克立（主编）：《中国哲学与辩证唯物主义》，高等教育出版社1998年版，第62页。
[2] 《正蒙·参两》。
[3] 《正蒙·太和》。

不容易看到。所以,《老子》有言:"其安易持,其未兆易谋;其脆易泮,其微易散。为之于未有,治之于未乱。合抱之木,生于毫末;九层之台,起于累土;千里之行,始于足下……慎终如始,则无败事。"[①]老子从量变引起质变的规律得出了深刻的道理,为了做成一件事,必须遵循"图难于其易,为大于其细。天下难事,必作于易;天下大事,必作于细"[②]的规则。同时,作为统治者推行每一项政策,都要考虑社会承受度,否则日积月累就会导致社会动荡、战争等问题。针对春秋战国诸侯争霸,列国纷争,道家主张"无为而治",也就是要"明道若昧,进道若退"[③]。由于老子生活在当时的楚国,所以楚国辞赋家宋玉显然也受到了他的影响。宋玉阐发了"夫风生于地,起于青蘋之末"[④]的道理,劝谏楚王要多了解民间基础,注意下层百姓的呼声。今天,大家常说的"蝴蝶效应"与此说如出一辙,是质量互变规律的具体运用。

儒家经典《尚书》有:"一日二日万几"[⑤]的哲言。这里的"几",在金文中为 ,是会意字,从"丝"从"戍"。"丝"由两个"幺"构成,古文的"幺"字是丝的形象,表

[①]《老子》(第六十四章)。
[②]《老子》(第六十三章)。
[③]《老子》(第四十一章)。
[④] 宋玉:《风赋》。
[⑤]《尚书·皋陶谟》。

示"小"的意思,"幺"有"小之又小"之意。而表示防守的"戍",暗示有危险发生。所以"几"意为有不易察觉的细微的迹象产生,往往表示不好的事情。汉代经学家孔安国注释道:"几,微也",并进一步告诫道:"言当戒惧万事之微。"①

《周易》对量变引起质变的现象有丰富的论述,如:"初六,履霜,坚冰至。《象》曰:'履霜坚冰,阴始凝也。驯致其道,至坚冰也。'"《文言》曰:'……积善之家,必有余庆;积不善之家,必有余殃。臣弑其君,子弑其父,非一朝一夕之故,其所由来者渐矣,由辩之不早辩也。易曰"履霜,坚冰至"盖言顺也。'"②《周易》从自然现象引申出政治、社会、文化上深刻的道理。这样深刻的哲理演变成"冰冻三尺,非一日之寒"的习语,已成为提醒人们尤其是统治者,要关注一些看似小问题,但是却涉及百姓利益的苗头性问题的警示语了。

《易传》也有关于量变质变规律的论述,如:"善不积不足以成名,恶不积不足以灭身。小人以小善为无益而弗为也,以小恶为无伤而弗去也,故恶积而不可揜(掩),罪大而不可解。"③这个论述影响深远,三国时期刘备概括

---

① 《尚书注疏》。
② 《周易·坤卦》。
③ 《易传·系辞下》。

为"勿以善小而不为,勿以恶小而为之"[①]而闻名于世。荀子《劝学》中也指出:"不积跬步,无以至千里;不积小流,无以成江海。"[②]他还进一步概括为:"尽小者大,积微者著。"[③]"积微"指量上细小变化的积累,"著"为质上显著的变化。韩非子也说:"千丈之堤,以蝼蚁之穴溃;百尺之室,以突隙之烟焚。"[④]

两汉时期,由于秦亡的历史教训,量变引起质变的问题再次引起了人们的普遍关注。西汉初年,吴王刘濞欲谋反,郎中枚乘上书劝阻。在《谏吴王书》中,他说:"夫铢铢而称之,至石必差;寸寸而度之,至丈必过;石称丈量,径而寡失。""积德累行,不知其善,有时而用;弃义背理,不知其恶,有时而亡。"[⑤]从这篇劝谏书的内容和吴王不听劝阻的结果看,枚乘具有高超的政治智慧,劝谏书中也包含着深刻的哲理,即要辩证地看"微"与"著"的关系,即量变与质变的关系。贾谊在《治安策》中论述"危"与"安"的关系,指出:"安者非一日而安也,危者非一日而危也,皆以积渐然,不可不察也。"[⑥]王符则提出了"积微成显,积

---

① 《三国志·蜀书·先主传》。
② 《荀子·劝学》。
③ 《荀子·大略》。
④ 《韩非子·喻老》。
⑤ 《汉书·枚乘传》。
⑥ 《治安策》。

著成象"①的命题，力图把荀子的概括向前推进。"积微"属量变，"显"指显著的变化，即质变；"著"与"显"相承，"积著成象"是指质变形成新物之象。这里虽然尚未构成量变质变的科学范畴，但已揭示了量变与质变的不同特点。

宋明时期，有哲学家曾试图将"变"与"化"作为一对范畴，从内涵上区别事物矛盾运动的两种发展状态和不同的发展阶段。张载说："气有阴阳，推行有渐为化。""变则化，由粗入精也；化而裁之谓之变，以著显微也。"②"化"是逐渐的、细微的、表层（"相"）的变化，即量变；"变"是显著的变化，并对事物的内在结构（"精"）有所改造（"裁"），当然是质变。所以他明确地概括为，"变言其著，化言其渐"。③在他看来，事物发展中的两个阶段，相互交替，循环不已。渐变的过程到了一定阶段，必然引起显著的变化。

朱熹吸取了张载的思想，界定"化"是不知不觉、不露形迹的积累，是缓慢的过程；而"变"是"顿断"，是"自微而著""忽然而变"，即突然发生的过程。他说："变者化之渐，化者变之成。"④罗钦顺进一步提出："积微而著，由

---

① 《潜夫论·慎微》。
② 《正蒙·神化》。
③ 《横渠易说·乾卦》。
④ 《周易本义》。

著复微。"①他已看到量变和质变两种状态与阶段的相互转化和相互渗透，量变必然引起质变，而质变又必然导致新的量变，于是就有了往复不断，亦即王夫之所谓"日新之化"的思想。这些见解表明中国古代哲学家对于质量互变的辩证规律已经有了一定程度的认识。②

不仅思想家从哲学层面关注到质量互变规律，一些政治家、史学家也从王朝的治乱兴衰的历史中，发现了这一规律。《资治通鉴》开篇记载了一个历史事件："周威烈王二十三年（公元前403年），初命晋大夫魏斯、赵籍、韩虔为诸侯。"③司马光对此事发表了长篇议论，认为"三家分晋"得到了周威烈王的认可，不合乎"礼制"。而破坏"礼制"的人恰恰是周威烈王本人，因此而导致周朝彻底名存实亡。从这件事中，他得出"夫事未有不生于微而成于著"的结论，并告诫统治者："圣人之虑远，故能谨其微而治之；众人之识近，故必待其著而后救之。治其微，则用力寡而功多；救其著，则竭力而不能及也。"④司马光不仅在开篇论述这个问题，而且全书通篇反复强调这个问题，对统治者来说，维护纲常礼教的权威尊严是最大的事，容不得

---

① 《困知记》。
② 方克立（主编）：《中国哲学与辩证唯物主义》，高等教育出版社1998年版，第90页。
③ 《资治通鉴·周纪一》。
④ 《资治通鉴·周纪一》。

丝毫马虎。本文对司马光的这个观点不做点评，但是其中包含的量变转化为质变的观点是显而易见的，并且对后世影响极大。

毛泽东同志一生反复研读《资治通鉴》，从中汲取了治国理政的历史经验，也深谙其中蕴含的哲理。早在青年时代，毛泽东就看到了由量变到质变的规律，指出："今夫百丈之台，其始则一石耳，由是而二石焉，由是而三石四石，以至于万石焉。学问亦然。"[1]他运用该规律，促进学习："今日记一事，明日悟一理，积久而成学。"[2]此时的毛泽东还没有接触到马克思主义，但是毫无疑问，中国传统文化中的辩证思维，为其日后在众多思想中，接受并选择马克思主义，发挥了潜移默化的作用。

三、否定的否定的规律及其在中国古代思想中的体现

"否定的否定的规律"也翻译成"否定之否定规律"，是唯物辩证法的一个重要规律。马克思虽然并没有从哲学

---

[1] 毛泽东：《〈一切入一〉序（一九一七年夏）》，《毛泽东早期文稿（1912—1920）》，湖南人民出版社2013年版，第71页。
[2] 毛泽东：《〈一切入一〉序（一九一七年夏）》，《毛泽东早期文稿（1912—1920）》，湖南人民出版社2013年版，第71页。

层面系统论述，但在其理论中广泛运用。在《资本论》中论述资本的原始积累时，马克思明确指出这是否定之否定规律的运用。他说："从资本主义生产方式产生的资本主义占有方式，从而资本主义的私有制，是对个人的、以自己劳动为基础的私有制的第一个否定。但资本主义生产由于自然过程的必然性，造成了对自身的否定。这是否定的否定。这种否定不是重新建立私有制，而是在资本主义时代的成就的基础上，也就是说，在协作和对土地及靠劳动本身生产的生产资料的共同占有的基础上，重新建立个人所有制。"①

马克思在《1844年经济学哲学手稿》中，批判了费尔巴哈和黑格尔"否定的否定"的弊端，他指出："费尔巴哈把否定的否定仅仅看作哲学同自身矛盾，看作在否定神学（超验性等等）之后又肯定神学的哲学，即同自身相对立而肯定神学的哲学。"②同时也指出："黑格尔根据否定之否定所包含的肯定方面把否定的否定看成真正的和唯一肯定的东西，而根据它所包含的否定方面把它看成一切存在的唯一真正的活动和自我实现的活动，所以他只是为那种历史

---

① 马克思：《资本论》（第一卷第二十四章第七节），《马克思恩格斯全集》（第二十三卷），人民出版社1972年版，第832页。
② 马克思：《1844年经济学哲学手稿》，《马克思恩格斯全集》（第四十二卷），人民出版社1979年版，第158页。

的运动找到抽象的、逻辑的、思辨的表达，这种历史还不是作为既定的主体的人的现实的历史，而只是人的产生的活动、人的发生的历史。"①马克思指出："否定的否定所包含的肯定，或自我肯定和自我确证，被认为是对自身还不确信因而还受对立面影响的、对自身怀疑因而需要证明的肯定，既被认为是还没有用自己的存在证明自身的、还没有被承认的肯定；可见，感觉肯定的、以自身为基础的肯定是同这种肯定直接地而非间接地对立着的。"②在马克思这里，重在对黑格尔和费尔巴哈"否定的否定"规律进行"扬弃"，但是还没有从哲学层面进行系统论述。

从哲学上论述否定之否定的规律是由恩格斯去完成的。恩格斯在《反杜林论》中，用了一整章来论述。③关于究竟什么是否定的否定，恩格斯认为："它是一个极其普遍的，因而极其广泛地起作用的，重要的自然、历史和思维的发展规律；这一规律，正如我们已经看到的，在动物界和植物界中，在地质学、数学、历史和哲学中起着作用……而辩证法不过是关于自然、人类社会和思维的运动和发展的

---

① 马克思：《1844年经济学哲学手稿》，《马克思恩格斯全集》（第四十二卷），人民出版社1979年版，第159页。
② 马克思：《1844年经济学哲学手稿》，《马克思恩格斯全集》（第四十二卷），人民出版社1979年版，第158—159页。
③ 恩格斯：《反杜林论》，《马克思恩格斯全集》（第二十卷），人民出版社1971年版，第142—156页。

普遍规律的科学。"①

否定就意味着旧事物的破坏和新事物的产生。然而，"新"和"旧"都是相对概念，新事物不会永远都是新事物，随着时代的发展，新事物就为更新东西的产生准备了条件。这些条件一旦成熟，再次否定就会发生。这就是否定之否定的本质。否定之否定规律揭示了事物在发展过程中总体的发展趋势是前进的、上升的，但在前进和上升的过程中还会体现出曲折性，是一种螺旋式上升的趋势，我们既要看到这一规律包含的上升性的趋势，同时也要看到曲折性的过程。

中国古代传统文化中，不少思想派别都有自己的词汇如"否极泰来""物极则反"来表达"否定之否定"的本质。老子认为宇宙间一切事物，发展到极端就会走向反面。例如爬山，爬到了山顶，再走就只能往山下走了，虽然最终又回到了山下，回到了原来的位置，但是人的经历、认识跟上山前不一样了。人生也是一样，到了壮年，身体、阅历等到了最鼎盛的时候，就会走向衰老，所以老子说，"物壮则老"。②总之，从自然到人生，从历史到现实，没有什么事物不是向自身反面发展的。老子把这条规律从理论上

---

① 恩格斯:《反杜林论》,《马克思恩格斯全集》(第二十卷),人民出版社1971年版, 第154页。
② 《老子》第三十章。

加以概括，即"反者道之动，弱者道之用"①。老子的这些论述，更多看到了"否定"的一面，而没有看到上升到新阶段的发展，与否定之否定规律不完全一样。

儒家思想强调"日新""革故鼎新"等概念，更接近否定之否定的思想内涵。儒家经典《大学》引汤之《盘铭》载："苟日新，日日新，又日新。"②"日新"观念对儒家思想的发展有很大影响，发展成"革故鼎新"的思想。"革"与"鼎"原是《周易》中的两卦，即革卦和鼎卦。革故鼎新最初表示的是新旧王朝的更替，后来，人们借此泛指一切除旧布新或推陈出新的变革，这正是有中国特色的辩证否定的内容和象征。"日新""革故鼎新"是儒家思想能够在坚持"道"（基本原则）的同时，又"与时偕行"的思想根基，也是儒家思想不仅成为中国古代主流思想，而且直到今天仍然有强大生命力的重要原因。

如何才能做到"日新"和"革故鼎新"呢？孔子提出了"损益之道"。"损""益"本是《周易》六十四卦的两卦，即"损卦"和"益卦"，为一组相反相成的两卦。孔子将损、益连用，合成"损益"。孔子读《易》重视损、益二卦的事，在出土的考古资料中得到印证。马王堆汉墓出土的帛书《易传》"要"篇记载："孔子籀易，至于损益二卦，未

---

① 《老子》。
② 《大学》。

尝不废书而叹,戒门弟子曰:二三子,夫损益之道,不可不审察也,吉凶之□也。益之为卦也,春以授夏之时也,万物之所出也,长日之所至也,产之室也,故曰益。损者,秋以授冬之时也,万物之所老衰也,长夜之所至也,故曰产……损益之道,足以观天地之变,而君者之事已……损益之道,足以观得失矣。"[1]"损""益"之卦,按照象数理论,是"互覆"关系,即"损"卦颠倒过来就是"益"卦,反之亦然。一般认为"益"卦为吉卦,而"损"卦为凶卦。但孔子认为,《周易》中这两卦共存于同一卦体,互相依存,损中有益,益中有损,二者相互依赖,是辩证统一关系。

据《论语·为政》记载,孔子说:"殷因于夏礼,所损益可知也;周因于殷礼,所损益可知也;其或继周者,虽百世,可知也。"[2]孔子对前代积淀下来的思想精华,不仅不主张完全否定,而且是抱着积极的态度继承发扬。他认为夏、商、周三代之礼,因革相沿,代有损益,至周公时已比较完善,所以"周监于二代,郁郁乎文哉!吾从周"[3]。针对当时"礼崩乐坏"的现实,孔子明确提出"克己复礼"。

所谓"复礼",也是以损益为前提的。然而,对礼的

---

[1] 刘彬、孙航、宋立林:《帛书〈易传〉新释暨孔子易学思想研究》,中国社会科学出版社2016年版,第253页。
[2] 《论语·为政》。
[3] 《论语·八佾》。

"因"并非陈陈相因，一成不变，而是有所"损益"、有所变通。尽管孔子并没有明确说，周礼的哪些方面可以损益，哪些方面不能损益，但是从《论语》《礼记》等经典保留下来的一些论述，也可以看出其损益的态度和做法。孔子说："麻冕，礼也；今也纯，俭，吾从众。拜下，礼也；今拜乎上，泰也；虽违众，吾从下。"[1]麻质的礼帽改为丝质，虽然不符合传统的礼制，但孔子认为，这样符合"俭"的品质，是可以接受的。大臣对君主行礼，省去在堂下拜一次，只在堂上拜一次的做法，孔子认为是不可接受的。季氏违背礼制，"八佾舞于庭"的做法，孔子认为是"礼"的原则性问题，谴责说："是可忍也，孰不可忍也。"[2]针对周礼的"礼不下庶人"，孔子主张"齐之以礼"。[3]对用人和生者之器来殉葬的做法，孔子说："死者而用生者之器也，不殆于用殉乎哉！""为俑者不仁，殆于用人乎哉！"[4]

孔子"损益"的思想，贯穿在他的思想学说的各个方面，而且源远流长，对我国历史文化产生了深远影响。司马迁十分赞同孔子的损益观，指出："观三代损益，乃知缘人情而制礼，依人性而作仪，其所由来尚矣。"[5]对孔子坚

---

[1] 《论语·子罕》。
[2] 《论语·八佾》。
[3] 《论语·为政》。
[4] 《礼记·檀弓下》。
[5] 《史记》卷二十三，《礼书第一》。

持"必也正名"的观念,而不在卫国居留的做法,大加赞赏。但是对孔子之后,受业之徒不再遵守礼的规制,或适齐、楚,或入河海,则表示"岂不痛哉"[①]!根据孔子的"损益"观,司马迁对秦汉两朝的礼制进行了评价,认为秦统一天下后,吸收借鉴了六国礼仪中优长的部分,虽不合圣制,但大体符合礼的基本精神。到汉初,汉高祖刘邦命大儒叔孙通,对礼仪进行改革,虽然"有所增益减损",但基本沿袭了秦制,司马迁表示赞同。但是司马迁对汉文帝、汉景帝,直至汉武帝时期的礼制,表示了怀疑,认为不符合礼的基本精神。司马迁所谓礼的基本精神,即"礼由人起。人生有欲,欲而不得则不能无忿,忿而无度量则争,争则乱"[②]。司马迁认为,先王制礼不是为了别的,而是"制礼义以养之人欲"[③]。孔子主张复兴"周礼",也承认"饮食男女,人之大欲存焉"[④]。可见,司马迁不仅对礼的认识和孔子一致,其"损益"观也深受孔子的影响。

"损益"是具有哲学内涵的概念,有学者将其运用在历史领域。中国古代思想中关于"因革"关系的讨论,就包含这方面的内容。"因"即因循、继承,"革"即变革、更新。

---

① 《史记》卷二十三,《礼书第一》。
② 《史记》卷二十三,《礼书第一》。
③ 《史记》卷二十三,《礼书第一》。
④ 《礼记·礼运》。

西汉扬雄曾对因革的不同作用及相互关系做了辩证的说明："夫物不因不生，不革不成。故知因而不知革，物失其则；知革而不知因，物失其均。革之匪（非）时，物失其基；因之匪（非）理，物丧其纪。"①他认为因革是天道变化中固有的两个方面，天地、万物的发展都是肯定与否定、继承与变革的统一。

北宋的王安石说："三十年为一世，则其所因，必有革。革之要，不失中而已。"②他认为，世与世之间不仅有继承的关系，还有变革的关系。在"因"与"革"之间要"不失中"，要把握"度"。明末清初的王夫之也十分看重"因""革"的作用，认为如果一味因循而不知变革，社会就会僵化腐朽，治世就会变成乱世；但如果一味求变，而不知继承发展过程中形成的好传统，人们无所适从，社会也会动荡。同时，他认为："善用其因革者，岂有一定之成法哉！"③也就是说，如何把握这个度，并没有现成的规则可循。

在马克思、恩格斯的著作中，广泛使用"Aufhebung"，即"扬弃"一词来表示辩证的否定是否定中包含着肯定，保留旧有东西中有价值的成分。这种主张与孔子的"损益"

---

① 《太玄·太玄莹》。
② 《周官新义》。
③ 《尚书引义》。

观极为相似。众所周知，马克思早年是青年黑格尔派，他受黑格尔影响很深。他著作中"Aufhebung"就受黑格尔的影响。黑格尔在《逻辑学》中说"Aufhebung"这个词在语言中有双重含义，既意味着保持，又意味着停止，既被克服又被保存。恩格斯进一步解释："否定的方式在这里首先取决于过程的一般性质，其次取决于过程的特殊性质。我不仅应当否定，而且还应当重新扬弃这个否定。因此，我做第一个否定的时候，就必须做得使第二个否定可能发生或者将有可能发生。"① 在唯物辩证法中，否定不是简单地说不，或宣布某一事物不存在，或用任何一种方法把它消灭。在有辩证思维的中国文化中，"扬弃"一词很精确地表达了"Aufhebung"的意思。

早在青年时代，马克思对"扬弃"概念就有自己的表述。在《关于伊壁鸠鲁哲学的笔记》中，虽然只是摘抄伊壁鸠鲁哲学的笔记，但是摘抄什么内容，也能代表当时马克思的观点。在笔记中，马克思写道："一切规定在它的直接异在中，即在扬弃中获得它的具体存在，对原子来说直线就是这种异在和扬弃。"② "直线，即简单的方向"

---

① 恩格斯：《反杜林论》，《马克思恩格斯全集》（第二十卷），人民出版社1971年版，第155页。
② 马克思：《关于伊壁鸠鲁哲学的笔记（笔记一）》，《马克思恩格斯全集》（第四十卷），人民出版社1982年版，第43页。

是"被扬弃的点"。"直线不仅表示点的扬弃,它也是点的存在。"①

马克思主义哲学本身也是在扬弃黑格尔哲学的基础上发展成熟的。恩格斯指出:"像对民族的精神发展有过如此巨大影响的黑格尔哲学这样的伟大创作,是不能用干脆置之不理的办法加以消除的。必须从它的本来意义上'扬弃',就是说,要批判地消灭它的形式,但是要救出通过这个形式获得的新内容。"②对于"在历史上曾经起过非常革命的作用"的资本主义私有制也一样,马克思多次强调,不能是"消灭",应当是辩证否定的"扬弃"。马克思在《1844年经济学哲学手稿》《资本论》《经济学手稿(1863—1865年)》等著作中,多次用到"Aufhebung"即"扬弃"这一关键词,来表明对私有制尤其是资产阶级私有制的观点和态度。

在《共产党宣言》中有一句集中概括其理论原理的话语,原文是"Aufhebung des Privateigentums",被翻译为"消

---

① 马克思:《关于伊壁鸠鲁哲学的笔记(笔记四)》,《马克思恩格斯全集》(第四十卷),人民出版社1982年版,第119页。
② 恩格斯:《路德维希·费尔巴哈和德国古典哲学的终结》,《马克思恩格斯全集》(第二十一卷),人民出版社1965年版,第314页。

灭私有制"。①但是随着研究的深入，越来越多的学者指出，将"Aufhebung"翻译为"消灭、废止"既不符合该词本义，也不符合马克思的本意。此处"Aufhebung"也应该翻译为"扬弃"。②

马克思的扬弃观贯穿其整个思想，在很多地方，虽然没有用"扬弃"这个词，但是包含有"扬弃"的意思。马

---

① 历史上《共产党宣言》的6个代表性中译本，对这句话的翻译，详情如下：(1)陈望道译本："所以共产党的理论，一言以蔽之，就是：废止私有财产。"(2)华岗译本："所以共产党的理论可以用一句话来总结，就是：废止私有财产。"(3)成仿吾、徐冰译本："在这个意义上，共产党人可以把自己的理论归纳在这一句话内：废除私有财产。"(4)博古译本："在这个意义上，共产党人可以用一句话表示自己的理论：消灭私有财产。"(5)陈瘦石译本："从这一意义上说，共产党的理论可用一句话概括：废除私产。"(6)莫斯科中译本："从这个意义上说，共产党人可以把自己的理论概括为一句话：消灭私有制。"
② 从目前所见资料看，持此观点有代表性的学者有以下几位：(1)俄国《真理报》政治理论部主任鲍里斯·斯拉温曾（不晚于2000年底）发表文章，认为《共产党宣言》俄文版中关于"消灭"私有制的提法与德文原文不符，原文为"扬弃"。(参见殷叙彝：《"扬弃"私有制还是"消灭"私有制——关于〈共产党宣言〉中一个重要译语的争论》，《探索与争鸣》2011年第4期。)(2)胡德平、张殿清等学者，最早在2000年底，在内部刊物上发表文章，阐述了该观点。(参见张殿清：《对私有制是扬弃而不是消灭》，《炎黄春秋》2010年第4期。)(3)董辅礽及其学生杨再平从德文原义出发并结合语境考证，应译为"扬弃"。(参见董辅礽：《消灭私有制还是扬弃私有制？——评于光远同志对社会所有制和私有制的论述》，《经济导刊》（特稿）2002年第2期；杨再平：《扬弃私有制论说——董辅礽先生"扬弃私有制"考论拓展研究》，《经济观察报》2023年6月9日。)(4)寇宝银、刘爱莲、刘海江等越来越多的学者从不同角度进行论述，赞同该观点。(参见寇宝银、刘爱莲：《关于"消灭私有制"的考辨及其启示——纪念〈共产党宣言〉发表160周年》，《宁夏师范学院学报（社会科学）》2009年第1期；刘海江：《私有制：消灭还是扬弃？》，《理论与改革》2012年第6期。)

克思、恩格斯在《共产党宣言》中论述了无产阶级最终会推翻资产阶级，在这个过程中就有如何"扬弃"资本主义的问题。他们说："无产阶级试图在普遍激动的时代和推翻封建社会的时期直接实现自己阶级利益的一些最初尝试，都不可避免地遭到了失败，这是由于当时无产阶级本身还欠发展，同时也是由于无产阶级解放所必需的物质条件还没具备，因为这些条件只是资产阶级时代的产物。"[1] 马克思在《哥达纲领批判》中也指出："共产主义社会，它不是在自身基础上已经发展了的，恰好相反，是刚刚从资本主义社会中产生出来的，因此它在各方面，在经济、道德和精神方面都还带有它脱胎出来的那个旧社会的痕迹。"[2] 根据马克思、恩格斯关于社会发展的普遍规律，旧社会在解体的同时，就已经孕育了新社会的因素。他们在《共产党宣言》中指出："人们说，思想能够促使整个社会革命化，其实人们这样说只不过是说明了这样一个事实：在旧社会内部已经形成了新社会的因素，旧思想的解体与生活条件的解体是同时进行的。"[3]

---

[1] 马克思、恩格斯：《共产党宣言》，《马克思恩格斯全集》（第四卷），人民出版社1958年版，第499页。
[2] 马克思：《哥达纲领批判》，《马克思恩格斯全集》（第十九卷），人民出版社1963年版，第21页。
[3] 马克思、恩格斯：《共产党宣言》，《马克思恩格斯全集》（第四卷），人民出版社1958年版，第480页。

马克思的"扬弃"观与孔子的"损益"论，不仅在主要内容上有显而易见的一致性，在思维方法上，也都体现了辩证的思维方式。二者都是开放包容的思想体系，对一个事物，都没有绝对的否定，也不是绝对的肯定，而是认为肯定中包含着否定，否定中包含了肯定。这种共通的思维方式，有利于二者更好地结合。然而，二者毕竟是产生于不同时代的不同思想体系，马克思的"扬弃"和孔子的"损益"还是存在显著差异的。马克思的"扬弃"是在否定中看到了肯定，而孔夫子的"损益"，是在肯定中看到了否定。

从以上对唯物辩证法与中国古代哲学思想中的辩证思维进行的比较可知，二者的相通性是显而易见的。早在先秦时期，儒道等各学派对辩证思维都有精辟的论述，呈现"早熟"的特点，但是后来的发展没有得到质的飞跃，与唯物辩证法相比，虽有相通性，但在发展上，有显著的不同。我们在研究、继承和弘扬中华优秀传统文化过程中，必须自觉地以马克思主义的科学理论为指导。

第四章　马克思"认识和实践相统一"理论与中国传统知行观

　　认识论是关于认识发生、发展及其一般规律的哲学理论。马克思主义认识论内涵十分丰富，是辩证唯物主义的重要组成部分。马克思、恩格斯虽然没有写过关于认识论的专著，但是他们的著作中蕴含了丰富的认识论思想，并形成了马克思主义认识论。学界一般认为，马克思主义认识论在《1844年经济学哲学手稿》中萌芽[1]，在《关于费尔巴哈的提纲》《德意志意识形态》中形成[2]。此后，他们在《〈政治经济学批判〉导言》《资本论》《反杜林论》《自然辩

---

[1] 马克思在该著作中，对黑格尔辩证唯心主义认识论进行了批判的继承，初步解决了认识论主体和客体辩证关系的问题，尤其是提出了生产实践和"人化的自然界"的思想，对将要形成的辩证唯物主义认识论具有基础性意义。
[2] 马克思的《关于费尔巴哈的提纲》是马克思建立自己科学的哲学认识论的写作提纲，并没有计划发表出来，鉴于其重要价值，恩格斯于1888年公开发表出来。该著作在科学实践观与历史唯物主义统一的基础上，提出了一系列新的观点。在该著作的基础上，马克思、恩格斯共同完成了《德意志意识形态——对费尔巴哈、布·鲍威尔和施蒂纳所代表的现代德国哲学以及各式各样先知所代表的德国社会主义的批判》。这部著作系统地"清算"了给他们带来很大影响的黑格尔和费尔巴哈的哲学，形成了自己的认识论。

证法》等著作中进一步阐发了马克思主义认识论。晚年的恩格斯撰写了《路德维希·费尔巴哈和德国古典哲学的终结》,对马克思主义认识论进行了总结和发挥。马克思主义认识论以科学的社会实践为基础,正确地阐明了主体与客体、感性认识和理性认识、理论与实践的辩证关系,是关于人类的认识来源、认识能力、认识形式、认识过程和认识真理性问题的科学认识理论。在中国古代,不少思想家有关于认识论的论述,包含着符合马克思主义认识论的深刻见解。

一、感性认识和理性认识的统一与内外交相成之道

感性和理性是贯穿认识论史的一对基本范畴。感性和理性之争同主体与客体、思维与存在的争论密切联系,在欧洲中世纪及以前以本体论为主的哲学里,感性与理性同其哲学的唯物或唯心的倾向是一致的:唯物主义或具有唯物主义倾向的哲学都重视感性而忽视理性,而唯心主义哲学则相反,都否认感性而强调理性。[1]西方自文艺复兴以来,从培根到18世纪法国唯物主义者,在感性与理性的关系上

---

[1] 有关这方面的论述,参见林京耀等:《马克思恩格斯认识论的形成和发展》,上海人民出版社1987年版,第9—15页。

重视感性的作用；而从笛卡儿到莱布尼茨的唯心理论则肯定了理性的作用。他们都没有科学回答感性与理性、经验与理论的辩证关系。德国古典哲学，从康德开始，到黑格尔、费尔巴哈，都企图将二者结合起来，但都没有很好地完成这一任务。马克思、恩格斯在前人的基础上，完成了这一使命。

马克思从事哲学研究活动始于大学时代。1837年11月，马克思在写给父亲的信中，讲述了他最早从事哲学活动的信息。[①] 从他大学期间《关于伊壁鸠鲁哲学的笔记》和博士论文《德谟克利特的自然哲学和伊壁鸠鲁的自然哲学的差别》所阐述的认识论观点，即可看出马克思对感性认识和理性认识关系的看法，他力图使思想与现实联系起来。与此同时，恩格斯学习研究了黑格尔哲学，同青年黑格尔派鲍威尔等建立了联系，并接受了黑格尔哲学。恩格斯在研究和批判谢林哲学过程中探讨了理性认识能力、思维与存在的关系等问题。[②]

马克思在《1844年经济学哲学手稿》中初步形成了自己的认识论，并初步论述了感性认识与理性认识辩证统一

---

① 马克思：《致父亲的信》，《马克思恩格斯全集》(第四十卷)，人民出版社1982年版，第11—16页。
② 关于恩格斯对谢林哲学的研究和批判，主要体现在其撰写的《谢林论黑格尔》《谢林和启示》两篇文章中。两文均收录在《马克思恩格斯全集》(第四十一卷)，人民出版社1982年版。

的关系。他指出:"感性……必须是一切科学的基础。科学只有从感性意识和感性需要两种形式出发,因而,只有从自然界出发,才是现实的科学。"[①]马克思在此后的政治经济学研究中,体现了其成熟的认识论思想,尤其是体现了从抽象上升到具体的辩证方法。[②]马克思认为,抽象与具体并不是脱离客观物质世界的纯粹思辨的范畴,而是主观认识把握客观世界的认识论范畴。"具体"体现为认识过程始终的两极:一极是人们在实践中对客体(事物具体)形成感性反映的"感性具体",是对事物的表面的、现象的认识,是认识的出发点;另一极是对"多样性统一"的事物整体在理论上再现的"思维具体"(理性具体)。在马克思看来,"思维具体"(理性具体)是揭示事物整体的理论系统,是一个认识过程中理性运动阶段上的终点。而"抽象"则是一个认识过程的中间阶段。在马克思看来,抽象是借助于思维的分析活动而实现的科学认识形式,是反映事物本质的理性认识。

关于马克思主义认识论感性认识和理性认识辩证统一的思想,毛泽东同志有精辟的概括:"一切比较完全的知识

[①] 马克思:《1844年经济学哲学手稿》,《马克思恩格斯全集》(第四十二卷),人民出版社1979年版,第128页。
[②] 参见林京耀等:《马克思恩格斯认识论的形成和发展》,上海人民出版社1987年版,第325—371页。

都是由两个阶段构成的：第一阶段是感性认识，第二阶段是理性认识，理性认识是感性认识的高级发展阶段。"[①]

在中国古代思想史上，在不少思想家的论述中，也可发现不少符合或者接近马克思主义认识论关于认识形成过程中两个阶段的观点。

早在先秦时期，墨家学派对认识过程就有了不同阶段的划分，提出"知""虑"概念，类似感性认识和理性认识。关于"知"，《墨子》说："知，材也。""知，接也。"[②]"惟以五路知。"[③]"知而不以五路，说在久。"[④]墨家认为人具有感觉器官，这是人用以求取知识的工具，但仅有五官未必就能获得知识，还必须与客观事物接触。并提出通过耳、目、鼻、舌、身五种感官才能获得。并注意到有些知识不是通过五官直接感觉到，而需要长期的经验积累。可见，墨家承认认识是一个过程，而且人借助自己的感官和经验积累，可以认识事物，这当然属于感性认识的阶段。

关于"虑"，《墨子》说："虑，求也。"[⑤]"虑"就是有意识地以其"所以知"的才能去求索。"求"是《墨子》对人

[①] 毛泽东：《整顿党的作风》，《毛泽东选集》（第三卷），人民出版社1991年版，第816页。
[②] 《墨子·经上》。
[③] 《墨子·经说下》。
[④] 《墨子·经下》。
[⑤] 《墨子·经上》。

类思维活动范畴定义中的关键词,即追求,探求,充分发挥人的主观能动性。通过"求",达到"智也者,以其知论物而其知之也著,若明"[①]。到这一阶段,认识就进入理性认识的阶段。这样的认识是"见人所不见"的,所以说:"智,明也。"[②]在这一阶段,墨家还主张不仅自己去主动求索认识,还要借他人的智慧,"使人之心,助己思虑"。"助之思虑者众,则其谋度速得。"[③]墨家还对知识进行了理论概括:"知:闻、说、亲、名、实、合、为。"[④]并进一步解释:"传受之,闻也;方不障,说也;身观焉,亲也;所以谓,名也;所谓,实也;名实耦,合也;志行,为也。"[⑤]也就是说,墨家把知识分为闻知、说知、亲知等类,即学习得来的知识是"闻知",推论得来的知识是"说知",通过五官感受得到的知识即"亲知"。可见,墨家已经认识到,认识的过程有感性认识和理性认识的分别,而且还形成了一套认识论体系。

儒家代表人物荀子将认识过程分为"天官薄类"和"心有征知"两个阶段,类似于感性认识与理性认识的划分。关于"天官薄类"。"天官"即感觉器官,"薄"就是接触,

---

① 《墨子·经说上》。
② 《墨子·经上》。
③ 《墨经·尚同中》。
④ 《墨子·经上》。
⑤ 《墨子·经说上》。

"类"即物类。荀子认为，认识活动首先从感官接触外物开始，指出人的五官各有其功能，不能相互代替："耳目鼻口形能，各有接而不相能也。"①具体说来，"形体色理，以目异；声音清浊、调竽、奇声，以耳异；甘苦咸淡、辛酸奇味，以口异；香臭芬郁、腥臊漏庮奇臭，以鼻异；疾痒凔热、滑铍轻重，以形体异"②。荀子十分重视"缘天官"的感性活动，十分重视与客观事物的接触和经验知识的积累。关于"心有征知"，荀子认识到"缘天官"得来的感觉经验还只是初步的认识，还必须进一步提高到"征知"的阶段。荀子把思维器官称为"天君"，或称作"心"。他说："心居中虚，以治五官，夫是之谓天君。"③心的"征知"作用表现在，不仅能全面辩证地观察、处理事物，还能够深刻地进行理性思维。

荀子在将认识过程分为"天官薄类"和"心有征知"两个阶段的基础上，对其进行了辩证思考，认为理性认识必须依靠感性认识，同时理性认识相对更具有优越性。荀子对认识的两个阶段做了辩证思考，对中国古代认识论的发展做出了重要贡献，具有十分重要的意义。

著名唯物主义思想家王充对感性认识和理性认识也有

---

① 《荀子·天论》。
② 《荀子·正名》。
③ 《荀子·天论》。

深刻见解。他认为，任何人要想获得知识，必须通过耳目感官同外界事物进行接触，由此获得对事物的初步认识。同时，他又强调，不能就此止步，而是要上升到"以心意议"的更高阶段。他在批评墨子相信鬼神存在的经验论的错误时，指出："夫论不留精澄意，苟以外效立事是非，信闻见于外，不诠订于内，是用耳目论，不以心意议也。夫以耳目论，则以虚象为言；虚象效，则以实事为非。是故是非者不徒耳目，必开心意。墨议不以心而原物，苟信闻见，则虽效验章明，犹为失实。"[①]在王充看来，只靠感觉经验是不够的，"用耳目论"还须提高到"以心意议""以心而原物"，也就是一个完整的认识过程是感性认识和理性认识的结合。

汉唐以后，叶适、王廷相等思想家对此也有精彩论述。叶适认为人的认识由耳目感官和心的思维内外交互作用而完成。他说："耳目之官不思而为聪明，自外入以成其内也。思曰睿，自内出以成其外也……古人未有不内外交相成而至于圣贤，故尧舜皆备诸德，而以聪明为首……然后之学者尽废古人入德之条目，而专以心性为宗主，致虚意多，实力少，测知广，凝聚狭，而尧舜以来内外交相成之道废矣。"[②]这就是说，耳目感官的作用是由外而内，思维的

---

① 《论衡·薄葬》。
② 《习学记言》（卷十四）。

作用是由内而外，感官与内心交互作用，也就是感性认识和理性认识要"内外交相成"。

王廷相强调认识要以"见闻"为基础，但"见闻"又有一定局限性，需要提高到"思虑"阶段。他提出了"思与见闻之会"的命题，从感性认识和理性认识相结合的高度来说明认识来源。他认为"神者，在内之灵；见闻者，在外之资。物理不见不闻，虽圣哲亦不能索而知之……夫神性虽灵，必借见闻思虑而知；积知之久，以类贯通，而上天下地，入于至细至精，而无不达矣，虽至圣莫不由此……夫圣贤之所以为知者，不过思与见闻之会而已"。[①] 可见，王廷相肯定感性认识（见闻）是理性认识（思虑）的基础，经过理性认识对感觉材料进行整理，形成概念和理论的系统，从感性认识上升到理性认识。这种对感性认识和理性认识关系的看法，与马克思主义认识论是一致的。

二、马克思科学实践观与儒家"重行"传统

马克思、恩格斯在认识论发展史上实现革命性变革的根本标志，就是把科学的实践观引入认识论。马克思以前

---

① 《雅述》（上篇）。

已经有不少哲学家考察过"实践"这个命题,但是都没有建立起科学的实践观,没有把实践作为考察人类认识的发生、发展的基本点。[①]而马克思、恩格斯之所以能够建立起科学的实践观,并引入认识论,其根本之点就在于,他们把唯物论与辩证法、实践观与历史观统一起来,并在统一的基础上解释人类全部现象以及认识的发生和发展。

青年时代的马克思深受黑格尔和青年黑格尔派哲学的影响,但是从1841年4月开始,马克思就有了转向实际行动的念头。到1842年上半年,他坚决地走向政治运动,并深入研究费尔巴哈《基督教的本质》对宗教的唯物主义批判,认识到黑格尔和青年黑格尔派的哲学与政治运动的实践是格格不入的。随着时间的推移,马克思把哲学斗争与现实斗争紧密结合起来。在1843年完成的《黑格尔法哲学批判》中,他批判了黑格尔在国家观上缓慢进化的历史唯心主义观点,强调革命实践在改变国家制度中的作用。

在《1844年经济学哲学手稿》中,马克思将研究视野转入社会物质生活领域,提出生产实践是决定一切活动的

[①] 马克思、恩格斯之前有不少哲学家考察过时间的概念,对其产生直接影响的有黑格尔、青年黑格尔派以及费尔巴哈。例如在黑格尔的实践观里,有很多天才的思想。黑格尔认为,绝对理念有两种本能,一是认识真理的理论活动,二是实现真理的实践活动。黑格尔认为实践是主观向客观的(绝对的)真理过渡的中间环节,并把这种活动称为"善"。可见,黑格尔所说的实践是一种主观的精神活动,是绝对理念的自我认识的一个环节,黑格尔的实践观是唯心主义的实践观。

基本形式。在他看来，自然界当然有自然界自身的历史，甚至连人也是自然界的产物。但是当人与自然界发生了实践关系，自然界也成为了主体认识和改造的对象，也就具有了社会属性，不再是原生态的自然界，而是"人化"的自然界。马克思写道："人的感觉、感觉的人性，都只是由于它的对象的存在，由于人化的自然界，才产生出来。"[1]

在随后的两部著作，即《关于费尔巴哈的提纲》（马克思完成于1845年春）和《德意志意识形态》（马克思和恩格斯在1845—1846年间合作而成），马克思、恩格斯实现了实践观上的伟大变革。

《关于费尔巴哈的提纲》共11条，其中8条直接谈到实践问题，其他3条（第六、七、十条）也同实践密切相关。该"提纲"的第一条，马克思开宗明义地阐明了科学的实践观与旧唯物主义包括费尔巴哈唯物主义实践观的根本区别："从前的一切唯物主义——包括费尔巴哈的唯物主义——的主要缺点是：对事物、现实感性，只是从客体的或者直观的形式去理解，而不是把它们当作人的感性活动，当作实践去理解，不是从主观方面去理解。所以，结果竟是这样，和唯物主义相反，能动的方面却被唯心主义发展了，但只是抽象地发展了，因为唯心主义当然是不知道真

---

[1] 马克思：《1844年经济学哲学手稿》，《马克思恩格斯全集》（第四十二卷），人民出版社1979年版，第126页。

正现实的、感性的活动的。费尔巴哈想要研究跟思想客体确实不同的感性客体,但是他没有把人的活动本身理解为客观的活动。所以,他在'基督教的本质'中仅仅把理论的活动看作是真正人的活动,而对于实践则只是从它的卑污的犹太人活动的表现形式去理解和确定。所以,他不了解'革命的''实践批判的'活动的意义。"①马克思这段话中所确定的科学实践观,既批判了唯心主义,又克服了唯物主义认识论的根本缺陷,包含着丰富而深刻的内容。该"提纲"第十一条指出:"哲学家们只是用不同的方式解释世界,而问题在于改变世界。"②这一条可以说是与第一条相呼应,也是对前面10条的总结,也可以被视为马克思主义哲学认识论的总结。

在《德意志意识形态》中,马克思、恩格斯对实践观做了进一步阐发。在这一著作中,他们论述了历史观与实践观辩证统一的原理。他们还进一步认为,不仅人们的实际生活这类物质活动是实践,一切精神的生产,精神的活动都是实际生活过程或实践活动的产物。真正科学的认识论的任务就是改造世界,所以,它是实践的唯物主义。马

---

① 马克思:《关于费尔巴哈的提纲》,《马克思恩格斯全集》(第三卷),人民出版社1960年版,第3页。
② 马克思:《关于费尔巴哈的提纲》,《马克思恩格斯全集》(第三卷),人民出版社1960年版,第6页。

克思、恩格斯指出:"对实践的唯物主义者,即共产主义者说来,全部问题都在于使现存世界革命化,实际地反对和改变事物的现状。"① 这就是科学实践观所包含的而不为费尔巴哈所理解的"'革命的''实践批判的'活动的意义"之所在。正是将这一科学实践观引入认识论,才科学地解决了实践与认识、主体与客体的关系以及真理标准等一系列认识论的根本问题。

科学的实践观是马克思主义认识论区别于过去旧认识论的一个重要内容。马克思、恩格斯甚至把"共产主义者"称为"实践的唯物主义者"。② 马克思之所以在"唯物主义者"前面加上"实践的"这一定语,正是为了表明,他的唯物主义不同于以往一切唯物主义。由此可见,"实践"在马克思哲学思想中的重要地位。

同样,尽管中国古代思想史中不乏魏晋玄学、空谈心性等思想派别,但是重视实践一直是中国古代思想史当中的一个重要传统。

先秦时期的儒家经典《尚书》有言"非知之艰,行之惟艰"③。传说是商朝时期的大臣傅说对商王武丁说的话,意

---

① 马克思、恩格斯:《德意志意识形态》,《马克思恩格斯全集》(第三卷),人民出版社1960年版,第48页。
② 马克思、恩格斯:《德意志意识形态》,《马克思恩格斯全集》(第三卷),人民出版社1960年版,第48页。
③ 《尚书·说命中》。

思是做一件事情，知道它并不困难，难在如何付诸实践。虽然这则史料产生的时间还有待进一步考证，但是从一个视角反映了那个时代人们的思想，其基本精神是重视躬行实践，对后世产生了深远的影响。

有确切记载重视实践的史实可以追溯到春秋时期。据《左传》记载，赵文子曾说："君主曰：'弗知实难。'知而弗从，祸莫大焉。"① 这里虽然没有出现"行"字，但是从其表述不难看出，"知而弗从"就是知而不行的意思。同样据《左传》记载，郑国大夫子皮在晋平公去世后，不听子产劝阻，带着礼物（"币礼"）去见晋国新君，但是无功而返。返郑后，子皮说："非知之实难，将在行之。"② 这些论述，都体现了对"行"的重视。

先秦时期的诸子百家中儒家和墨家都有重视"行"的论述。孔子十分重视"学"，但更赞赏学以致用，重视"行"的作用。他说，"君子耻其言而过其行"③，"君子讷于言，而敏于行"④，"弟子入则孝，出则悌，谨而信，泛爱众，而亲仁。行有余力，则以学文"⑤。显然，孔子十分注重"知"和"行"的结合，但是把"行"放在比对知识的学习更为重要

---

① 《左传·昭公三年》。
② 《左传·昭公十年》。
③ 《论语·宪问》。
④ 《论语·里仁》。
⑤ 《论语·学而》。

的位置上。荀子也十分重视"行"的作用，指出："不闻不若闻之，闻之不若见之，见之不若知之，知之不若行之，学至于行而止矣。行之，明也；明之，为圣人。"[1]他还说："不登高山，不知天之高也；不临深溪，不知地之厚也。"[2]可见，荀子认为"行"不仅是"知"的出发点，也是"知"的最后归宿。

墨家对"行"也高度重视。墨子说："言足以复行者常之，不足以举行者勿常。不足以举行而常（尚）之，是荡口也。"[3]意思是说，能够办到的话，就不妨常说，否则就不要老讲。若是做不到还老是说，那就徒费口舌了。可见，墨子认为言行一致是为政者最重要的品质。同样，判断一个人，"非以其名也，以其取也"[4]。可见，墨子认为"行"是至关重要的。

先秦以后，不少具有唯物主义倾向的思想家都有关于"崇实""重行"的认识和论述。最有代表性的是北宋的张载、明末清初的王夫之和清初的颜元。北宋思想家张载主张"学贵有用"。[5]他继承了儒家经世致用的传统，主张学以致用，热心关注和解决当时的社会问题。张载不仅致力

---

[1] 《荀子·儒效》。
[2] 《荀子·劝学》。
[3] 《墨子·耕柱》。
[4] 《墨子·贵义》。
[5] 《二程集·二程粹言·论学》。

于学术研究，还关心政治改革、边防军事和移风易俗等现实问题。为实现三代治理理想及"井田"制的方案，张载带着学生身体力行，在家乡买了一块地分给无地少地的农民，进行试验。弟子吕大钧为践行关学的社会理想，制定了《乡约》，使"横渠之教，以礼为先，先生条为乡约，关中风俗为之一变"①。

王夫之的知行观与理学家不同，强调"行"在认识过程中的重要地位。他在《尚书引义》中，就"非知之艰，行之惟艰"一语加以发挥，对理学及佛老的知行观进行了集中的批评。对于程朱一派将知与行割裂开的谬误，王夫之批评说："宋诸先儒，欲折陆、杨'知行合一'、'知不先行不后'之说，而曰知先行后，立一划然之次序，以困学者于知见之中，且将荡然以失据，则已异于圣人之道矣。"②对于陆王一派把知和行混淆起来的错误，王夫之批评说："彼非谓知之可后也，其所谓知者非知，而行者非行也。知者非知，然而犹有其知也，亦惝然若有所见也。行者非行，则确乎其非行，而以其所知为行也。以知为行，则以不行为行，而人之伦，物之理，若或见之，不以身心尝试焉。"③

---

① 《宋元学案·吕范诸儒学案》。
② 《尚书引义·说命中二》。
③ 《尚书引义·说命中二》。

王夫之在行先知后的基础上,提出了"行可兼知,而知不可兼行",强调了行的重要作用。他说:"知也者,固以行为功者也;行也者,不以知为功者也。行焉,可以得知之效也;知焉,未可得行之效也。"[1]可见,王夫之认为在知与行这对矛盾中,行是矛盾的主要方面,是中国古代的"实践第一"的观点。

清初的颜元也是一个高度重视习行践履的思想家。强调经世致用是清初进步思想家的共同点,但是有的学者主张通经以致用,如顾炎武提倡"博学于文"。而颜元主张从实事实物中求道,这是其开创的颜李学派的最大特色。颜元十分重视"习""行"。他35岁时将所居的"思古斋"改为"习斋",并以此为号。"习"在颜元的思想体系中有两层含义:第一层含义为习行是知识的来源。他说:"心上思过,口上讲过,书上见过,都不得力,临事时依旧是所习者出。"[2]第二层含义为习行可以验证知识。他说:"德行以用而见其醇驳……学问以用而见其得失。"[3]颜元还从朴素唯物主义认识论出发,用习行践履的精神,重新解释了"格物致知"这一古老哲学命题。在宋明理学中,程朱一派把格物说成是"穷理",陆王一派将格物解释为"正心",都

---

[1] 《尚书引义·说命中二》。
[2] 《存学编》(卷一)。
[3] 《颜习斋先生言行录》(卷下)。

脱离了客观事物，追求"天理""良知"，是唯心主义的认识论。颜元把"格"解释为"实行""习行"，所谓"格物致知"就是通过实行而求得真知的意思。由于颜元对"习""行"的高度重视，后来梁启超称其为"以实学代虚学，以动学代静学，以活学代死学"的实践哲学家。①

从孔子到荀子，再到明清之际的"实学"大师王夫之、颜元等人，无一不重视实践、实行，他们在"崇实""重行"的论述上，与马克思主义实践观有颇多契合。当然，儒家的实践观更多强调的是道德实践，在王阳明的心学里，实践甚至包括着意念与心理活动。马克思主义认为实践只能是社会的实践。儒学的实践观与马克思主义的实践观在学理上虽通，但在内容上却有不同之处，二者是"异中有同""同中有异"。

三、"认识与实践相统一"与"知行合一"

毛泽东的哲学名著《实践论》有一个副标题，即"论认识和实践的关系——知和行的关系"。毛泽东不仅认识到马克思主义认识论关于认识和实践的关系与中国古代知行观有相通之处，而且从理论上将马克思主义认识论与中国

---

① 梁启超：《清代学术概论》。

古代知行观相结合,形成了马克思主义中国化的杰出成果。理论界对认识和实践的关系,已有定论,即实践是认识的来源、动力、目的和检验真理的标准。这4个方面共同组成这样一条基本原理,即实践是认识论的基础,同时认识又反作用于实践,正确的认识,即理论可以指导实践。本文从两个方面来阐述认识与实践的辩证统一关系:实践是认识的基础,同时认识反作用于实践;实践是检验认识的真理性标准。中国古代许多思想家不仅承认行是知的来源,肯定了知对行具有指导作用,同时,以客观事实、实践为检验认识真理性标准,是中国古代思想史中的一个重要传统。

1. 关于实践是认识的基础,认识反作用于实践

马克思、恩格斯把实践观引入认识论,把实践观点当作整个认识论的最基本的观点,所以马克思、恩格斯的认识论是实践唯物主义认识论。[1]这就克服了费尔巴哈认识论的不足:费尔巴哈坚持唯物主义反映论,但是并没有科学回答人怎样认识客观事物的问题。他们认为,人类是自己的观念、思想等认识的生产者,人类是如何产生思想、观念的呢?马克思认为是通过社会生产生活等人类的实践活动而产生的。马克思、恩格斯指出:"意识一开始就是

---

[1] 林京耀等:《马克思恩格斯认识论的形成和发展》,上海人民出版社1987年版,第162页。

第四章 马克思"认识和实践相统一"理论与中国传统知行观

社会的产物,而且只要人们还存在着,它就仍然是这种产物。"①"甚至人们头脑中模糊的东西也是他们的可以通过经验来确定的、与物质前提相联系的物质生活过程的必然升华物。"②

马克思、恩格斯认为,人的认识能力从根本上说是由实践决定的,实践是认识得以产生的源泉。马克思和恩格斯指出,人们在改造世界的物质生产活动中,"在改变自己的这个现实的同时也改变着自己的思维和思维的产物"③。马克思、恩格斯认为,人们不仅从实践中获得认识,而且认识的高级形态理论问题的最终解决,只有通过实践的方式才能完成。马克思指出:"理论的对立本身的解决,只有通过实践方式,只有借助于人的实践力量,才是可能的;因此,这种对立的解决不只是认识的任务,而是一个现实生活的任务,而哲学未能解决这个任务,正因为哲学把这仅仅看作理论的任务。"④人们在实践过程中,在改变客观现实的同时,也改变了人的思想、观念。人与自然的统一、主

---

① 马克思、恩格斯:《德意志意识形态》,《马克思恩格斯全集》(第三卷),人民出版社1960年版,第34页。
② 马克思、恩格斯:《德意志意识形态》,《马克思恩格斯全集》(第三卷),人民出版社1960年版,第30页。
③ 马克思、恩格斯:《德意志意识形态》,《马克思恩格斯全集》(第三卷),人民出版社1960年版,第30页。
④ 马克思:《1844年经济学哲学手稿》,《马克思恩格斯全集》(第四十二卷),人民出版社1979年版,第127页。

体与客体的统一、思维与存在的统一，都是在实践活动中实现的。

马克思、恩格斯在阐述实践对认识的决定作用的同时，也强调了认识对实践的反作用。马克思注意到人和动物都有物质生产的活动，但是人的实践活动是有意识的，而动物只是出于一种本能。马克思指出："通过实践创造对象世界，即改造无机界，证明了人是有意识的类存在物，也就是这样一种存在物，他把类看作自己的本质，或者说把自身看作类存在物。诚然，动物也生产。动物为自己营造巢穴或住所，例如蜜蜂、海狸、蚂蚁等。……动物只是按照它所属的那个种的尺度和需要来构造，而人却懂得按照任何一个种的尺度来进行生产，并且懂得怎样处处都把内在的尺度运用到对象上去；因此，人也按照美的规律来建造。"[1]马克思、恩格斯高度重视认识对实践的指导作用，恩格斯甚至说："正像在十八世纪的法国一样，在十九世纪的德国，哲学革命也做了政治变革的前导。"[2]

认识和实践的辩证统一关系是马克思主义认识论的重要特性，正如毛泽东指出的："理论与实践的统一，是马克

---

[1] 马克思：《1844年经济学哲学手稿》，《马克思恩格斯全集》（第四十二卷），人民出版社1979年版，第96—97页。
[2] 恩格斯：《路德维希·费尔巴哈和德国古典哲学的终结》，《马克思恩格斯全集》（第二十一卷），人民出版社1965年版，第305页。

思主义的最基本的原则。"①中国古代哲学思想中有一个相似且更直接的表述,那就是知行合一,认为知和行是不可分割的,行是知的来源,也是知的目的,同时人的言行要符合圣人的教诲,要以其为指导。

孔子反对只会读死书的书呆子,主张学以致用,知行统一。孔子提出"学而时习之"的主张。"习"在甲骨文中已经出现,其上为"羽"字,代指展翅飞翔的鸟;下为"日",即为太阳,意为鸟在日光下练习飞翔,引申为反复练习的意思。"学而时习之"意为把学到的知识运用于实践中,显然是知行相统一的思想。

孔子多处讲"言"与"行"的关系,主张言行一致。虽然"言"和"知"不能完全等同,但是"言"是"知"的具体体现,这是毋庸置疑的。孔子关于知行统一的论述,见于《论语》《中庸》《易传》等儒家经典。在《论语》中,有关记载尤其多,如:"其言之不怍,则为之也难。""君子耻其言而过其行。"②"古者言之不出,耻躬之不逮也。"③"先行其言,而后从之。"④"今吾于人也,听其言而观其

---

① 毛泽东:《增强党的团结,继承党的传统(一九五六年八月三十日)》,《毛泽东选集》(第五卷),人民出版社1977年版,第297页。
② 《论语·宪问》。
③ 《论语·里仁》。
④ 《论语·为政》。

行。"[1] "故君子名之必可言也,言之必可行也。君子于其言,无所苟而已矣。""言必信,行必果。"[2] "子张问行,子曰:'言忠信,行笃敬,虽蛮貊之邦,行矣。言不忠信,行不笃敬,虽州里,行乎哉?立则见其参于前也,在舆则见其倚于衡也,夫然后行。'"[3]

孔子之孙孔伋(字子思,以字闻名)继承了孔子这一思想主张,在《中庸》中不仅记载了孔子"言顾行,行顾言"[4]的言论,而且将"知行统一"的思想进行了深化,提出"博学之,审问之,慎思之,明辨之,笃行之"[5]的具体方法。《易传》记载了孔子说过的一段话:"言行,君子之枢机。枢机,制动之主。枢机之发,荣辱之主也。言行,君子之所以动天地,可不慎乎?"[6]孔子将言行的重要性比喻成个人的枢机,枢机一发,主宰荣辱,可以惊天动地,不可不慎重。

荀子的思想中含有朴素唯物主义成分的认识论。他主

---

[1] 《论语·公冶长》。
[2] 《论语·子路》。
[3] 《论语·卫灵公》。
[4] 《中庸》(第十三章)。
[5] 《中庸》(第二十章)。
[6] 《易传·系辞上》。

张全面认识事物,在《周易》论"通"的基础上,[①]进一步提出:"知则明通而类。"[②]"知通统类,如是则可谓大儒矣。"[③]在荀子思想里,"通"不仅有全面了解认识事物的意思,君子还会根据变化进行综合,甚至有行动之意。全面认识事物的基础上,荀子更强调认识对"行"的指导作用。他说:"故闻之而不见,虽博必谬;见之而不知,虽识必妄;知之而不行,虽敦必困。"[④]也就是说,有了认识能力而不去实行,知识再多也没有用处。荀子把知而后行,以知统行的人称为"君子",把知而不行,知行脱节的人称为"小人"。他说:"君子之学也,入乎耳,箸乎心,布乎四体,形乎动静……小人之学也,入乎耳,出乎口,口耳之间则四寸耳,曷足以美七尺之躯哉!"[⑤]可见,荀子十分看中"知"对"行"的指导作用。

明确提出"知行合一"主张的是明代思想家王阳明。

[①] 《周易·系辞下》载:"古者包牺氏之王天下也,仰则观象于天,俯则观法于地,观鸟兽之文,与地之宜。近取诸身,远取诸物。于是始作八卦,以通神明之德,以类万物之情。"这句话先讲八卦是如何产生的,然后说作八卦的首要目的是"通神明之德",这里用了一个"通"字。在《系辞》中,"通"有两层含义:一是指天地变化之恒久不变,如"一阖一辟,谓之变,往而不穷,谓之通","通则久"。另一含义属于主题性层次,有发挥主观能动性而求"变通"之意。
[②] 《荀子·不苟》。
[③] 《荀子·儒效》。
[④] 《荀子·儒效》。
[⑤] 《荀子·劝学》。

针对当时思想界将知行相割裂的弊病，他提出"知行合一"的学说。他说："士皆巧文博词以饰诈，相规以伪，相轧以利，外冠裳而内禽兽，而犹或自以为从事于圣贤之学……吾为此惧，揭知行合一之说，订致知格物之谬，思有以正人心，息邪说，以求明先圣之学。"[1]据王阳明解释，"知"就是"良知"；"行"就是"良能"；"致良知"就是"知行合一"。他说："知行本体，即是良知良能。"[2]这就是说，良知良能是本体，知行合一是本体的外在体现。他提倡知行合一的目的就是彰显良知良能这个本体的作用。王守仁"知行合一"的思想，就是将认识和实践统一起来，从形式上看，与马克思主义认识论是相一致的；从内容上看，王阳明的"行"，为"一念发动处，便即是行了"[3]，与马克思主义认识论的"实践"有本质不同。

明末清初的王夫之对知和行的相互关系有着辩证的理解。一方面，他认为"力行而后知之真"[4]，即主张对客观事物的认识是从实际行动中得来的；另一方面，他又提出"行听乎知"的主张，也就是理论对实践有反作用。他还说："要以行听乎知，而其知也愈广大、愈精微，则行之合辙者

---

[1] 《阳明全书》。
[2] 《阳明全书》。
[3] 《传习录·卷下·门人黄直录》。
[4] 《四书训义》（卷十三）。

愈高明、愈博厚矣。"[1]认为好的理论（知）对实践（行）有良好的促进作用。王夫之还进一步指出，知对行的指导作用，在于"察事物所以然之理，察之精而尽其变，此在事变未起之先，见几而决，故行焉而无不利"[2]。可见，王夫之在知行关系上，认为"行"是"知"的来源，"知"反作用于"行"。其思想与马克思主义认识论关于理论和实践的统一关系是一致的。

2.关于实践是检验认识的真理性标准

真理的标准问题是哲学史上争论不休的问题。唯心主义把理性当作真理的标准。科学地解决真理标准问题，是马克思主义认识论的重要标志性成果。在《关于费尔巴哈的提纲》中，马克思开始明确批判费尔巴哈的思想，尤其是他关于人的本质的思想，从而形成了自己的实践理论。马克思指出："人的思维是否具有客观的真理性，这并不是一个理论问题，而是一个实践的问题。人应该在实践中证明自己思维的真理性，即自己思维的现实性和力量，亦即自己思维的此岸性。关于离开实践的思维是否现实的争论，

---

[1] 《读四书大全说》（卷四）。
[2] 《张子正蒙注·神化篇》。

是一个纯粹经院哲学的问题。"[1]马克思把实践标准引入认识论，科学地解决了认识论史上关于真理标准的讨论问题。

马克思进一步指出，实践是人的全部理论和认识的基础。"社会生活在本质上是实践的。凡是把理论导致神秘主义方面的神秘东西，都能在人的实践中以及对这个实践的理解中得到合理的解决。"[2]这表明，马克思的思想已经与以黑格尔为代表的德国唯心主义思潮彻底划清界限，认识到社会生活的本质内容不是精神的，而是实践的。人的实践活动不仅是人的精神活动和思维活动的基础，也是检验人的思维是否具有客观真理性的标准。

在中国古代思想史中，从先秦直到明清，一直有"以行验知""以行证知"的传统，与马克思主义认识论中关于实践是检验真理标准的论述有一致的地方。

墨家是春秋战国时期诸子百家中一个很重要的学派，其学说中包含了丰富的唯物主义思想。该学派的创始人墨子提出所谓"三表法"，包含着以实践为检验认识是否正确的尺度。墨子认为，言必有三表。何谓三表？他说："有本之者，有原之者，有用之者。于何本之？上本之于古者圣

---

[1] 马克思:《关于费尔巴哈的提纲》,《马克思恩格斯全集》(第三卷)，人民出版社1960年版，第3—4页。
[2] 马克思:《关于费尔巴哈的提纲》,《马克思恩格斯全集》(第三卷)，人民出版社1960年版，第5页。

王之事。于何原之？下原察百姓耳目之实。于何用之？发以为刑政，观其中国家百姓人民之利。"①从墨子所言的"三表法"看，前两表仍然是以实际的经验为基础的。第三表，所谓"发以为刑政，观其中国家百姓人民之利"，即是要在实践中去验证理论是否适用于实际。

荀子也提出了关于检验认识是否正确的标准。他提出"辩合"与"符验"的基本原则。他说："善言古者必有节于今，善言天者必有征于人。凡论者，贵其有辩合，有符验。故坐而言之，起而可设，张而可施行。"②就是说，一切言论都要经过分析与综合，既不能主观臆测，也不能道听途说，这就是"贵有辩合"，同样，一切言论还需有事实验证，这就是"符验"。

韩非子继承并发展了荀子的思想，提出要用"参验"之法作为检验是非的标准。他说："循名实而定是非，因参验而审言辞。"③"偶参伍之验，以责陈言之实。"④"参"是比较，"验"是验证，"参验"即"参伍之验"，就是把各种情况进行排列、分类，加以比较、研究，进行分析、验证。他说："无参验而必之者，愚也；弗能必而据之者，诬也。"⑤

---

① 《墨子·非命上》。
② 《荀子·性恶》。
③ 《韩非子·奸劫弑臣》。
④ 《韩非子·备内》。
⑤ 《韩非子·显学》。

意思是不经过比较验证就做出肯定的判断是愚；不能做出肯定的判断就拿来做根据，是欺骗。他要求在"参验"的过程中采取客观态度，要"虚心"，要"言会众端"，以综合天、地、人、物等各个方面的实际情况，进行全面的比较、考核，而不可偏听偏信。为了判明是非真假，最可靠的方法还是要通过实际的检验。韩非子比喻说，判断刀剑是否锋利，就要用刀剑去宰杀动物；挑选马匹，就要将马驾上车跑一次。对于人才也是这样，仅从言谈修饰无法识别其能力，还应在实际事功中检验其综合能力，即"试之官职，课其功伐"[1]"听其言而求其当，任其身而责其功"[2]。这些主张都强调实践对于理论、认识的检验功能，在认识论上具有重要意义。

王充继承和发展了荀子、韩非子关于实践检验认识的思想，提出了"效验"的主张。他坚持以"效验"来"订其真伪，辩其虚实"，即以实践经验作为检验认识正确与否的标准。王充"效验"论的基本内容，概括起来有二：一是在认识起源问题上，主张认识来源于客观世界的"实事"，人们认识世界、获得知识，必须从"耳闻""目""口问"等感性认识开始，经过理性的"心意"加工推察，才能得到正确的认识，获得真实的知识。二是在检验认识的

---

[1] 《韩非子·显学》。
[2] 《韩非子·六反》。

标准上，认为检验一切认识是否正确，辨别这种知识的真伪标准，必须是客观实事的"效验"。他说："凡论事者，违实不引效验，则虽甘义繁说，众不见信。"又说："事有证验，以效实然。"①并且，王充将"效验"论与"推类"思想相结合。"推类"即比类而推究，早在先秦的墨家就给"类"赋予了逻辑含义。著名史学家侯外庐认为王充"推类"是对墨家逻辑思想的发展，并指出王充的"效验"方法，不限于感性直观，而常常凭借理性的推论，在理性的判断里来辩证效验的是非。②王充的"效验"论，在检验认识的标准问题上，主张用客观实事的效果检验认识的真伪。

宋明时期的叶适和王廷相等思想家也主张用实践去检验认识。南宋时期与理学对立的功利学派代表人物叶适认为，检验认识正确与否的标准，必须以客观事实为依据，来考察天下的事物。他说："欲折衷天下之义理，必尽考详天下之事物而后不谬。"③"无验于事者，其言不合；无考于器者，其道不化。论高而实违，是又不可也。"④明代著名学者王廷相针对王阳明心学脱离实际的弊端，提出理论要与实践相结合，用实践检验理论。他主张："学者于道，贵精

---

① 《论衡·知实篇》。
② 侯外庐、赵纪彬、杜国庠、邱汉生：《中国思想通史》（第二卷），人民出版社1957年版，第300页。
③ 《水心文集·题姚令威西溪集》。
④ 《水心别集·进卷·总义》。

心明察之，验诸天人，参诸事会，务得其实而行之，所谓自得也已。"[1] 也就是说，理论要与实际相结合，并且要得到实践的验证，这才是学术的正道。

中国古代思想十分博大精深，以马克思主义认识论的标准审视，在认识的来源、认识过程、注重实践、认识与实践相统一等方面都有明显的相通性。尤其是中国古代传统思想中重视"实""行"和知行相统一的思想，对近现代很多政治人物，如魏源、谭嗣同、孙中山等人都有深刻的影响。

马克思主义认识论和中华优秀传统文化中注重实践为重点的知行观，在毛泽东那里融会贯通，从而产生了马克思主义中国化的代表性哲学著作——《实践论》。

---

[1] 《慎言·见闻》。

第五章　马克思主义革命观与儒家革命精神

　　凡是对马克思主义有所了解的人都知道，马克思主义由马克思主义哲学、马克思主义政治经济学、科学社会主义三部分组成，其本质上是革命的理论，是关于阶级斗争的学说。正如李大钊所言："他这三部理论，都有不可分的关系。而阶级竞争说恰如一条金线，把这三大原理从根本上联络起来。"[①]但是如果有人说儒家思想中包含有主张革命的学说，你也许会大吃一惊。这是可以理解的，因为在绝大多数人的印象中，儒家思想主张维护"君君臣臣，父父子子"的等级秩序，倡导"礼之用，和为贵"。但是了解中国历史的人也许会注意到：在资产阶级民主革命思想传入之前，漫长的古代中国并不缺乏振臂高呼的革命者和破旧立新的革命行动，历次改朝换代尤为明显地证明了这一点。即使是到了近现代，孙中山等资产阶级民主革命先行者在接受民主革命思想之前，李大钊、陈独秀、毛泽东等无产

[①]　李大钊：《我的马克思主义观》，《新青年》第6卷第5号。

阶级革命家在中国传播马克思主义思想之前，他们有个共同的身份，那就是儒家知识分子。这难道仅仅是巧合吗？

当然不是，回到儒家经典，我们发现儒家思想包含着革命的因子。儒家思想的革命精神与马克思主义革命观有着文化上的相通性，这也正是马克思主义传入中国后，在中国生根发芽的一个重要原因。

一、关于"革命"释义的相通性

1883年3月17日，恩格斯在海格特公墓安葬马克思发表的离别讲话中指出"马克思首先是一个革命家"[①]，并回顾了马克思革命的生涯："最早的《莱茵报》（1842年），巴黎的《前进报》（1844年），《德意志—布鲁塞尔报》（1847年），《新莱茵报》（1848—1849年），《纽约每日论坛报》（1852—1861年），以及许多富有战斗性的小册子，在巴黎、布鲁塞尔和伦敦各组织中的工作，最后是创立伟大的国际工人协会，作为这一切工作的完成——老实说，协会的这位创始人即使别的什么也没有做，也可以拿这一成果引以自豪。"[②]

[①] 恩格斯：《卡尔·马克思的葬仪》，《马克思恩格斯全集》（第十九卷），人民出版社1963年版，第375页。
[②] 恩格斯：《卡尔·马克思的葬仪》，《马克思恩格斯全集》（第十九卷），人民出版社1963年版，第375—376页。

第五章　马克思主义革命观与儒家革命精神

马克思的革命观不仅体现在其光辉的革命实践中，还体现在他的著作中。在早期著作中，无论是在《路易·波拿巴的雾月十八日》①，还是在《法兰西内战》中对"巴黎公社"②的论述，革命都是其核心主题。马克思主义的标志性著作《共产党宣言》标志着社会主义从空想到科学，吹响了全世界无产者革命的号角。马克思的代表著作《资本论》是从经济学的角度，为革命找到了根源性的学理依据，本质上是革命的政治经济学。甚至在马克思、恩格斯与其他人进行的大量通信中，革命也是最重要的话题。因此，在基本意义上说，革命是马克思主义的主题。正如罗伯特·查尔斯·塔克指出的："马克思作为理论家首先是一个革命理论家。革命观是马克思理论结构的基本原理……马克思主义本质上是革命理论和革命纲领。"③

在马克思、恩格斯著作所构建的话语体系中，"革命"是一个具有丰富内涵的概念。只要条件成熟，革命可能发生在社会生活的各个领域，如政治、经济、文化、法律、历史、宗教和意识形态等。后来的马克思主义者非常重视

---

① 马克思：《路易·波拿巴的雾月十八日》，《马克思恩格斯全集》（第八卷），人民出版社1961年版，第121—227页。
② 马克思：《法兰西内战》，《马克思恩格斯全集》（第十七卷），人民出版社1963年版，第335—389页。
③ 罗伯特·查尔斯·塔克（著）、高岸起（译）：《马克思主义革命观》，人民出版社2012年版，第26页。

政治革命，甚至认为马克思主义的革命主张就是以阶级斗争为核心的政治革命。但是，从马克思、恩格斯的论述来看，这完全是一种偏见。马克思、恩格斯固然十分重视政治革命，认为从一个时代到下一个时代的每一次变革，都涉及新兴势力推翻原有势力的政治革命，但是这并不是革命的核心。在马克思的著作中，他总是把"社会革命"看作基本的革命形态，认为社会革命是一个有机过程，而政治革命仅仅是在这一过程中的重大事件。

与马克思主义广义革命论相比，儒家思想中的"革命论"也具有丰富内涵，二者有很强的相似性。从儒家的经典文献看，儒家关于"革命"的论述始于《易传·革卦》，即"天地革而四时成，汤武革命，顺乎天而应乎人，革之时义大矣哉！"[①]这是众所周知的"汤武革命"论，是后世儒家各派论述革命的理论起点。

要了解儒家革命论中关于"革命"的释义，就要搞清楚《易传·革卦》"汤武革命"的含义。革卦是《易经》六十四卦的第四十九卦。其卦象为，由下离（主卦，卦象为火）上兑（客卦，卦象为泽）构成，意为水在上而下浇，火在下而上升。如果"火"大，在下可以把上面的水烤干，但是如果"水"大四溢，也可把"火"浇灭。无论对"火"

---

① 《易传·革卦》。

还是对"水"来说，都是一场革命。这卦象还告诉人们，革命的产生，都像火烤烧泽水那样，烤得泽水不能平静，才产生革命。革命就是要改变现状，就是使事物和社会受到巨大改造或变革的行为，与马克思主义革命观中的"社会革命"的含义是相契合的。

革卦之"革"有本义和引申义：本义即《说文》谓"革，兽皮治去其毛革更之"；引申义是"改革之革"，与国家祭祀活动有关，从而进一步引申为政权的转移。[①]革卦中的"命"是革的对象，即"天命"。革命即转移天命，具体表现形式为政权的转移。关于"革命"的"命"即"天命"的说法，在古代经典的相关描写中也可以找到印证。《诗经》有"敷天之下，裒时之对，时周之命"[②]的描写，《尚书》有"钦崇天道，永保天命"[③]"有夏服（受）天命"[④]的描写。朝代的更易，必须征引天命，在中国有很久远的传统。由于天是玄远的，不可捉摸的，统治者如何才能顺应天命呢？儒家提出了"民惟邦本""本立而道生"的主张，将天命与民心向背联系在一起，革命的理由（所谓正当性）也就与革命者的德行和人民的意愿息息相关了。

---

① 刘小枫：《儒家革命精神源流考》，上海三联书店2000年版，第34—35页。
② 《诗经·周颂·般》。
③ 《尚书·仲虺之诰》。
④ 《尚书·召诰》。

原始儒家经典强调，君主的权力来自人民。《礼记》提出："故百姓则君以自治也，养君以自安也，事君以自显也。"[①]孟子在讨论尧舜禅让的问题时，也表达了关于君主政治权力来源的思想，即国家权力主要是"民与之"，故而君主不可以将来源于人民的权力私自转让给他人。孟子进一步指出，只有人民才是国家体系的基础，统治者要得到人民支持才能够得天下："得天下有道，得其民，斯得天下矣。得其民有道，得其心，斯得民矣。"[②]荀子也提出君主权力来源于人民的思想，他指出："天之生民，非为君也；天之立君，以为民也。"[③]

不仅如此，早期儒家还主张一切政治权力必须以人民利益与福祉为目标。子贡曾经问老师："如有博施于民，而能济众，何如？可谓仁乎？"孔子答："何事于仁，必也圣乎！尧舜其犹病诸！"[④]孟子提出："民为贵，社稷次之，君为轻。是故得乎丘民而为天子。"[⑤]

著名学者刘小枫认为，《易传·革卦》中的"汤武革命"有三重含义："天地革而四时成"，天地运行变化，产生了四季的更替，这是对自然现象的描述；"汤武革命，顺乎天

---

① 《礼记·礼运》。
② 《孟子·离娄上》。
③ 《荀子·大略》。
④ 《论语·雍也》。
⑤ 《孟子·尽心下》。

而应乎人",商汤讨伐夏桀,周武王讨伐商纣,既顺应了天道,也是人民的意志,这是讲政治的迭换;"革之时义大矣哉!"就是说符合时代潮流的革命是正当合法的。[①]可见,《易传·革卦》关于"革命"的释义分为自然的和道义的两种类型。自然的解释是指,认识中的政权转移,就像自然界的变化一样,这种释义并没有给革命提供道义优先的理由,无须给被革命者加上种种道德恶名;而道义性的解释,就包含了价值导向,比如道德仁义,民心向背等因素。可见在《易传》中,革命具有十分宽泛的含义,既包括自然的变化,也包括人事、政治的更迭。

除了《易传·革卦》外,儒家另一重要经典《逸周书》对"革命"也有详尽论述:"万物春生夏长,秋收冬藏,天地之正,四时之极,不易之道。夏数得天,百王所同。其在商汤,用师于夏,除民之灾,顺天革命,改正朔,变服殊号,一文一质,示不相沿,以建丑之月为正,易民之视。若天时大变,亦一代之事。"[②]这里的"革命"既指四时交替的自然秩序,又指政治的变革,也就是变革天命。而变革天命既包括政权的更迭,也包括改年号、变服饰等文化层面的变革,是比政权变革更为宽广、深刻的概念。

[①] 刘小枫:《儒家革命精神源流考》,上海三联书店2000年版,第34—36页。
[②] 《逸周书·周月解》。

荀子在解释"汤武革命"的原因时,并不是从实力强弱的角度去解释,而是从是否遵循"礼"的规范的角度去考察,而"礼"的规范涉及社会生活的各个方面。他说:"夫桀、纣,圣王之后子孙也……夫桀、纣何失?而汤、武何得也?曰:是无他故焉,桀、纣者,善为人所恶也;而汤、武者,善为人所好也。人之所恶何也?曰:污漫、争夺、贪利是也。人之所好者何也?曰:礼义、辞让、忠信是也……故凡得胜者必与人也,凡得人者必与道也。道也者何也?曰:礼让忠信是也。"[1]也就是说汤、武并不是靠武力夺取天下,而是遵行正确的原则,维护人们共同的利益,除掉背离人民利益的暴君,因此天下的人都归顺他们。夏桀、商纣并不是丢了天下,而是由于他们"失德",遭到人民的抛弃。荀子所谓的"革命",不局限在"政治革命",与更为宽广深刻的"社会革命"的含义是相一致的。

关于革命的形式,以孟子为代表的儒家思想家并不回避暴力革命。孟子对齐宣王关于"汤武革命"的回答,就可见他对汤讨伐桀和武王伐纣的态度。《孟子·梁惠王下》记载了这样一个场景:

齐宣王问曰:"汤放桀,武王伐纣,有诸?"

---

[1] 《荀子·强国》。

孟子对曰:"于传有之。"

曰:"臣弑其君,可乎?"

曰:"贼仁者谓之贼,贼义者谓之残,残贼之人谓之一夫。闻诛一夫纣矣,未闻弑君也。"①

孟子对"汤武革命"的释义是建立在其"民本"思想和"仁政"学说的基础上的。孟子继承了孔子的"仁学"思想,高度重视"民"的地位和作用,主张统治者实行"仁政",提出了"民为贵,社稷次之,君为轻"的重民、爱民思想。孟子明确主张,像桀、纣那样的人,虽然身处君主的高位,但因为对人民不仁不义,就不再被人民视为君主,而是"一夫"。人民有权起来推翻桀、纣这样的统治者,这样的行为并不是犯上作乱,而是具有天然的正义性,因为人民推翻的只是一个独夫民贼,是替天行道。

孟子的革命主张让统治者十分惧怕,所以历代统治者都尽可能压制儒家的革命思想,给人以儒家不讲"革命"的错觉。孟子并不回避用暴力手段进行革命,但是也不鼓励滥用暴力手段进行革命,而是对这种行为进行严格限定:"有伊尹之志,则可;无伊尹之志,则篡也。"②孟子认为只有伊尹那样贤德的臣子才可以辅佐任何君王,如果没

---

① 《孟子·梁惠王下》。
② 《孟子·尽心上》。

有伊尹那样的品德，而又身居高位，则是很危险的，有可能会篡位。孟子的革命思想对后世有深刻的影响，司马光在《资治通鉴》中就指出："非有桀、纣之暴，汤、武之仁，人归之，天命之，君臣之分当守节伏死而已矣。"① 众所周知，司马光编著《资治通鉴》的目的是"鉴于往事，有资于治道"，在总结前代治乱兴衰规律的时候，不能回避政权更迭的历史事实，不得不面对齐宣王关于"汤武革命"之问。所以他将革命的条件做了严格的限定，即只有针对桀、纣这样的暴君，才可以革其命，而革命者必须具有汤、武这样的仁德，只有这两个条件同时具备，才可以革命。司马光规劝君王要行仁政，同时也告诫百姓不能有"革命"的非分之想，强调"君臣之位犹天地之不可易也"②。

实际上，儒家认为革命的形式既可以是暴力手段，也可以是非暴力手段，例如禅让，就是不少儒家思想家所推崇的一种形式。据儒家经典《尚书》记载，尧把帝位禅让给舜，不但经过了四岳的推荐，而且还经过了三年的考察。③ 东晋史学家干宝对此有自己的论述："帝王之兴，必俟天命……文质异时，兴建不同。故古之有天下者，柏皇、栗陆以前，为而不有，应而不求，执大象也。鸿黄世及，以

---

① 《资治通鉴·周纪一》。
② 《资治通鉴·周纪一》。
③ 《尚书·虞书·舜典》。

一民也。尧舜内禅，体文德也。汉魏外禅，顺大名也。汤武革命，应天人也。高光征伐，定功业也，各因其运而天下随时，随时之义大矣哉！"①干宝根据《易经》随卦的"随时之义"（适应时代要求）的理论，为晋武帝受禅寻找法理依据，说他是"革命"，认为"禅让""征伐"都是"革命"。

众所周知，马克思、恩格斯主张的阶级斗争同样是将暴力视为很重要的一种革命手段。马克思在《资本论》中指出："暴力是每一个孕育着新社会的旧社会的助产婆。暴力本身就是一种经济力。"②马克思和恩格斯在《共产党宣言》中指出："至今所有一切社会的历史，都是阶级斗争的历史。"③恩格斯进一步指出："新的事实迫使人们对以往的全部历史作一番新的研究，结果发现：以往的全部历史，除原始状态外，都是阶级斗争的历史。"④"一个革命的政党也必须懂得斗争：革命有朝一日或许会降临到它的面前。"⑤通过对人类社会发展的历史进行回顾，恩格斯发现："到目前

---

① 《文选》（卷四十九）。
② 马克思：《资本论》，《马克思恩格斯全集》（第二十三卷），人民出版社1972年版，第819页。
③ 马克思、恩格斯：《共产党宣言》，《马克思恩格斯全集》（第四卷），人民出版社1958年版，第465页。
④ 恩格斯：《社会主义从空想到科学的发展（二）》，《马克思恩格斯全集》（第十九卷），人民出版社1963年版，第225页。
⑤ 恩格斯：《〈反杜林论〉的准备材料·第二编·第三章》，《马克思恩格斯全集》（第二十卷），人民出版社1971年版，第677页。

为止，一切社会形式为了保存自己都需要暴力，甚至有一部分是通过暴力建立的。"①

恩格斯对暴力进行了长期而又系统的研究，直到晚年，还对欧洲历史上的暴力进行了研究，写下了《暴力在历史中的作用》②的鸿文。他用辩证唯物主义的方法分析了暴力产生的根本原因，从表面上看，是军队创造了暴力，实际上暴力依赖于生产力的发展。恩格斯指出："暴力创造一个时代、一个民族等等的经济的、政治的以及其他等等的生存条件。但是谁创造暴力？有组织的暴力首先是军队。没有任何东西比军队的编成、编制、装备、战略和战术更加依赖于经济条件了。装备是基础，而它又直接地取决于生产的阶段。石制的、青铜制的、铁制的武器、盔甲，骑术，火药以及大工业通过后装的线膛枪和火炮在战争中所造成的巨大变革——这些枪炮都是只有大工业用其等速工作的并且生产几乎绝对同样的产品的机器才能制造出的产品。编成和编制，战略和战术，又取决于装备。战术还取决于道路的状况——耶拿会战的计划和成就在当前公路的状况下是不可能的——更何况还有铁路！因而，正是暴力比其

---

① 恩格斯：《〈反杜林论〉的准备材料·第三编·第一章》，《马克思恩格斯全集》（第二十卷），人民出版社1971年版，第681页。
② 恩格斯：《暴力在历史中的作用》，《马克思恩格斯全集》（第二十一卷），人民出版社1965年版，第461—536页。

他一切都更加依赖于现有的生产条件。"①在《共产党宣言》中，他们郑重指出："共产党人到处都支持一切旨在反对现存社会制度的革命运动……他们公开宣布：他们的目的，只有用暴力推翻全部现存的社会制度才能达到。"②

他们虽然对暴力这种形式高度重视，但是认为必须谨慎使用这种形式。恩格斯指出："暴力也起着革命的作用，并且是在一切决定性的'关键'时期，如在向共同社会过渡时，但是即使在这时它也只是作为反对外来的反动敌人的自卫——这一点必须承认。"③

马克思主义的"革命观"是广义的社会革命，其革命的表现形式，除了暴力革命，也包括与社会革命相适应的非暴力的变革形式。这与他们对"社会"的理论是密切相关的。在马克思主义理论中，社会的本质就是生产方式和生产过程。人类的生产活动，尤其是物质生产，实际上是社会活动。马克思主义认为，人类社会基本上是生产社会，是人在生产活动中的"社会关系"。马克思在《政治经济学批判》中指出："物质生活的生产方式制约着整个社会生活、

---

① 恩格斯：《〈反杜林论〉的准备材料·第三编·第一章》，《马克思恩格斯全集》（第二十卷），人民出版社1971年版，第684页。
② 马克思、恩格斯：《共产党宣言》，《马克思恩格斯全集》（第四卷），人民出版社1958年版，第504页。
③ 恩格斯：《〈反杜林论〉的准备材料·第二编·第四章》，《马克思恩格斯全集》（第二十卷），人民出版社1971年版，第677—678页。

政治生活和精神生活的过程。"①也就是说，马克思认为生产社会关系构成社会的"基础"，各种"意识形态的形式"（宗教、哲学、艺术等）都是建立在这一基础之上的。恩格斯也指出："社会主义现在已经不再被看作某个天才头脑的偶然发现，而被看做两个历史地产生的阶级无产阶级和资产阶级间斗争的必然产物。它的任务不再是想出一个尽可能完善的社会制度，而是研究必然产生这两个阶级及其相互斗争的那种历史的经济的过程；并在由此造成的经济状况中找出解决冲突的手段。"②可见，马克思、恩格斯界定的社会革命是生产方式的变化以及随之发生的社会复合体的一切从属要素的变化。

儒家"革命论"同样也具有广义性的特点。按照汉代今文经学家理论，儒家革命论包括《齐诗》"五际"革命说③、

---

① 马克思：《政治经济学批判·序言》，《马克思恩格斯全集》（第十三卷），人民出版社1962年版，第8页。
② 恩格斯：《社会主义从空想到科学的发展（二）》，《马克思恩格斯全集》（第十九卷），人民出版社1963年版，第226页。
③ 汉初，讲说《诗经》分齐、鲁、韩三派，《齐诗》传自辕固生。《齐诗》有所谓"五际"的学说：午亥之际为革命，卯酉之际为改正（一本作革正，正，同政）。卯，《天保》也；酉，《祈父》也；午，《采芑》也；亥，《大明》也，然则亥为革命，一际也。亥又为天门，出入候听，二际也。卯为阴阳交际，三际也。午为阳谢阴兴，四际也。酉为阴盛阳微，五际也。《齐诗》所说"亥为革命"的"革命"，与《易传·革卦》中的"汤武革命"的"革命"是一致的。见蒙文通：《孔子和今文学》，《经史抉原》，巴蜀书社1995年版，第168—169页。

《京房易传》"四时"革命说①和公羊家的孔子"素王"革命论。刘小枫认为,"四时""五际"革命说依据的仍然是自然秩序的时变,革命法理不过是天地通气,是天时的自然法理所为,还是《易传·革卦》"天地革而四时成"的思想类型。而公羊家的孔子"素王"革命论则是儒家革命精神超越了"汤武革命"的境界。汤武革命是"贵族革暴君之命",而孔子身为一介布衣,其革命身份就具有了民主革命的意味,这是儒家革命论发展史上一次亘古未有的大变革。而陆王心学认为人人皆可成圣人,促成儒家革命精神的个体性转化,其率性造命论改造了儒家革命精神的气质,可看成儒家精神史上又一大变局。②从儒家革命精神的演变看,其革命精神具有广义的特性,这与马克思主义革命观的广义性是一致的。

值得注意的是,儒家关于"革命"的释义与马克思、恩格斯对"革命"的解释,有不少一致的地方,但不能忽视二者的差异。其最大的差异就在于对革命产生的根本原因的认识。

---

① 《京房易传》现已失传,从其留下的只言片语中可见其革命思想。《京房易传》载:"凡为王者,恶者去之,弱者夺之,易姓改代,天命靡(原讹作应)常,人谋鬼谋,百姓与能。""易姓改代,天命靡常"也正是汤武受命的理论。蒙文通据此认为京房也是主张"革命"学说的。见蒙文通:《孔子和今文学》,《经史抉原》,巴蜀书社1995年版,第169页。
② 刘小枫:《儒家革命精神源流考》,上海三联书店2000年版,第75页。

孟子对汤武革命的释义完全是道义性的解释，其革命论也自然是道义正当性的革命论。荀子也认为："汤、武非取天下也，修其道，行其义，兴天下之同利，除天下之同害，而天下归之也。"① 显然孟子、荀子都主张道义革命论，革命的对象就是独夫民贼，革命者就是顺应民心的有德之人。儒家将革命根源追溯到天命，正所谓"革命的根据在天命、受命。天命之根据在积德。积德而民归之，天应之，是即天命之也。德衰而失民，则天废之也"②。

需要注意的是，儒家所谓天命并不是玄妙虚无的东西，在很大程度上，天命就是民心，而民心就是对美好生活的向往，包括政治、经济、文化等多方面的需求。除了重视精神文化和道德伦理的作用外，在古圣先贤那里，也有一个重视发展经济的传统。从周公姬旦开始，到孔子、孟子，他们并不忽视人民群众的物质生活的需要。孟子从管理国家的需要出发，提出"恒产"理论，强调："无恒产而有恒心者，惟士为能。若民，则无恒产，因无恒心。苟无恒心，放辟邪侈，无不为已。及陷于罪，然后从而刑之，是罔民也。焉有仁人在位，罔民而可为也！是故明君制民之产，必使仰足以事父母，俯足以畜妻子，乐岁终身饱，凶年免

---

① 《荀子·正论》。
② 吴兴文（主编）：《牟宗三：政道与治道》，吉林出版集团有限公司2010年版，第13页。

于死亡；然后驱而之善，故民之从之也轻。"并提出发展经济民生的具体方法："……五亩之宅，树之以桑，五十者可以衣帛矣；鸡豚狗彘之畜，无失其时，七十者可以食肉矣；百亩之田，勿夺其时，八口之家，可以无饥矣；谨庠序之教，申之以孝悌之义，颁白者不负戴于道路矣。老者衣帛食肉，黎民不饥不寒，然而不王者，未之有也。"[1]可见，儒家对革命原因的解释，虽然没有明确将经济发展和物质生产作为根本原因，但是也很重视百姓对基本民生的需要和追求。

恩格斯敏锐地看到了从道德层面去解释革命产生根源的局限性。他在《社会主义从空想到科学的发展》一文中明确指出："以往的社会主义固然批判过现存的资本主义生产方式及其后果，但是它不能说明这个生产方式，因而也就不能对付这个生产方式；它只能简单地把它当作坏的东西抛弃掉。它愈是义愤填膺地反对这种生产方式必然产生的对工人阶级的剥削，就愈是不能明白指出这种剥削在哪里产生和怎样发生。"[2] "问题是在于：一方面说明资本主义生产力方式的历史联系和它对一定历史时期的必然性，从而说明它灭亡的必然性，另一方面揭露这种生产方式内部

---

[1] 《孟子·梁惠王章句上》。
[2] 恩格斯：《社会主义从空想到科学的发展（二）》，《马克思恩格斯全集》（第十九卷），人民出版社1963年版，第226页。

的一直还隐藏着的性质。这已经由于剩余价值的发现而完成了。"①

恩格斯在批判前人的基础上，不仅提出问题，而且从经济关系去探究革命产生的根本原因。他指出："一切社会变迁和政治变革的终极原因，不应当在人们的头脑中，在人们对永恒的真理和正义的日益增进的认识中去寻找，而应当在生产方式和交换方式的变更中去寻找；不应当在有关的时代的哲学中去寻找，而应当在有关的时代的经济学中去寻找。"②恩格斯进一步分析："无偿劳动的占有是资本主义生产方式和通过这种生产方式对工人进行的剥削的基本形式；即使资本主义按照劳动力作为商品在市场上所具有的全部价值来购买他的工人的劳动力，他从这劳动力榨取的价值仍然比他作为劳动力付出的多；这种剩余价值归根到底构成了有产阶级手中日益增加的资本量所积累而成的价值总量。这样就说明了资本主义生产和资本生产的过程。"③"这些相互斗争的社会阶级在任何时候都是生产关系和交换关系的产物，一句话，都是自己时代的经济关系的

---

① 恩格斯：《社会主义从空想到科学的发展（二）》，《马克思恩格斯全集》（第十九卷），人民出版社1963年版，第226页。
② 恩格斯：《社会主义从空想到科学的发展（三）》，《马克思恩格斯全集》（第十九卷），人民出版社1963年版，第228页。
③ 恩格斯：《社会主义从空想到科学的发展（二）》，《马克思恩格斯全集》（第十九卷），人民出版社1963年版，第226—227页。

产物；因而每一时代的社会经济结构形成的现实基础，每一个历史时期由法律设施和政治设施以及宗教的、哲学的和其他的观点所构成的全部上层建筑，归根到底都是由这个基础来说明的。"①

二、儒家革命思想的历史演进

革命论是儒家思想的传统论说，溯源于商周时期，形成于春秋战国，彰显于两汉时期。汉代之后，儒家革命思想受到历代统治者的打压而不显，但是不少儒家学者都对革命思想进行了阐发。到明末、清末的"大变局"中，儒家革命思想再度受到重视，逐渐成为显论。正如著名学者杨宪邦所言："从汤放桀、武王伐纣，到……商鞅在秦国的变法，韩非变法主张在秦统一中国的实现，一直到宋朝范仲淹变法、王安石变法、叶适改革主张，明朝张居正的变法、东林党人的议政，清末龚自珍、魏源的变法主张，等等。""中华民族是一个有光荣革命文化传统和革新文化传统的民族。"②

---

① 恩格斯:《社会主义从空想到科学的发展（二）》,《马克思恩格斯全集》（第十九卷），人民出版社1963年版，第225—226页。
② 杨宪邦:《对中国传统文化的再评价》,《传统文化与现代化》，中国人民大学出版社1987年版，第10—11页。

1.周革殷命和周公制礼

关于商周的关系，虽然有不少学者注意到二者文化上的延续性，学界有"周承殷制"的观点。①但是从文献和考古资料看，周与商的关系不仅仅是政权变革那么简单，而是一场深刻的社会革命。

王国维在《殷周制度论》的开篇就说："中国政治与文化之变革，莫剧于殷周之际。"②认为殷周之变具有格外重大的意义，他进一步论述："殷周间之大变革，自其表言之，不过一姓一家之兴亡与都邑之移转，自其里言之，则旧制度废而新制度兴，旧文化废而新文化兴。又自其表言之，则古圣人之所以取天下及所以守之者，若无以异于后世之帝王；而自其里言之，则其制度文物与其立制之本意，乃出于万世治安之大计，其心术与规摹，迥非后世帝王所能梦见也。"③王国维所说的殷周之际的变革，既有表层的政权更迭，也有深层次的文化更新，是名副其实的一场革命。

关于这一点，著名学者王和这样解释：武王克商以后，所做主要不过是"释百姓之囚，表商容之闾，封比干之墓"，其后不久便"罢兵西归"。对于作为亡国之余的殷

---

① 此论以郭沫若最具代表性。在《古代研究的自我批判》一文中，他指出："西周的文化大体上是承继殷人的遗产。"参见刘源：《周承殷制的新证据及其启示》，《历史研究》2016年第2期。
② 王国维：《观堂集林》，中华书局1959年版，第451页。
③ 王国维：《观堂集林》，中华书局1959年版，第453页。

人，反而倒是"封纣王子武庚禄父，以续殷祀，令修盘庚之政"。说明周人还是按照夏商以来的惯例，打败敌国之后令其服从即可，并没有消灭殷国，而仅仅是让殷人作为邦国联合体之一员服从周。①《尚书·洛诰》载："王肇称殷礼，祀于新邑，咸秩无文。"是说周王在新邑祭祀时亦采用殷礼。考古资料也支持了此方面的论述，春秋早期应公鼎铭："应公作尊彝簠鼎，珷帝日丁子子孙孙永宝"，明确显示武王日名为"日丁"。②说明周初武王在很多重要场合使用殷礼，并沿用商传统的"日名"。

武王灭商后第二年因病去世，太子诵继位，是为成王。周公摄政，管叔、蔡叔等与武庚禄父一起发动叛乱。周公奉成王之命平定叛乱，诛杀武庚、管叔，流放蔡叔。待政权稳定后，周公实行了一系列深层次的改革，即周公制礼。王国维系统论述道："是故有立子之制，而君位定；有封建子弟之制，而异姓之势弱，天子之位尊；有嫡庶之制，於是有宗法，有服术，而自国以至天下合为一家；有卿大夫不世之制，而贤才得以进；有同姓不婚之制，而男女之别严。且异姓之国，非宗法之所能统者，以婚媾甥舅之谊通

---

① 王和：《历史的轨迹——基于夏商周三代的考察》，商务印书馆2013年版，第290页。
② 河南省文物考古研究所、平顶山市文物管理局：《河南平顶山应国墓地八号墓发掘简报》，《华夏考古》2007年第1期。

之，于是天下之国，大都王之兄弟甥舅，而诸国之间，亦皆有兄弟甥舅之亲，周人一统之策实存于是。且古之所谓国家者，非徒政治之枢机，亦道德之枢机也。使天子、诸侯、大夫、士各奉其制度、典礼，以亲亲、尊尊、贤贤，明男女之别于上，而民风化于下，此之谓治；反是，则谓之乱。是故天子、诸侯、卿、大夫、士者，民之表也；制度、典礼者，道德之器也。周人为政之精髓，实存于此。"①

对于周公"制礼作乐"，传世文献多有记载②，在考古学上也有明显的体现。考古学者曹斌教授通过翔实的考古资料提出，在成王六年之后，原来武王沿用殷商礼仪制度的做法有了显著变化：一方面，西周国家开始推崇立国前"西土"风格和"西土"因素的铜器。菱格乳钉纹盆形簋开始流行，新的食器铜盨出现，大小相次的列鼎和列簋制度雏形形成，食器组合开始取代酒器组合并成为周礼的选择。以鼎、簋为核心的食器组合取代晚商以觚、爵为核心的酒器组合。③据殷墟、关中及邻近地区的数据，西周早期鼎、簋占墓葬出土铜礼器的比例分别为32%和21%，而殷墟时期占据主导地位、在殷墟铜器第四期依然占铜器总

---

① 王国维：《观堂集林》，中华书局1959年版，第453—454页。
② 见于《逸周书·明堂解》《礼记·明堂位》《尚书大传》，为周初的礼制变革提供了有力支撑。
③ 曹斌：《多学科视野下的西周国家礼制变革和社会转型研究》，《中国史研究动态》2023年第1期。

数20.9%、23.7%比例的觚、爵在西周早期锐减为2.59%、9.39%[1]，这不得不用巨变来形容。鼎、簋核心地位突出，并形成的列鼎、列簋制度是西周国家的一项重要礼制变革。不仅铜器上如此，代表最广泛使用人群的陶器组合也从晚商的以觚、爵为核心的酒器组合转变为鬲、罐为核心的食器组合，并且陶器组合的变化更快、更普遍，大约在成王时期已在整个周王朝统治范围内占据相当地位，并且与商文化迥异的特点在各封国都体现得相当明显[2]。另一方面，周公的变革是在有意识地创新，通过推广周文化来实现对于商文化礼、俗两个方面的彻底变革，所以在这个时期会看到许多"创新"现象。如果说铜鼎在商代铜器中就有重要的地位，那么铜簋的核心地位则是成王时期塑造起来的。此外，周人立国前的祥瑞图腾凤鸟也出现了多种表现形式，并最终在昭穆时期形成了垂冠凤鸟纹的典型纹样。同时，另一种西周时期的主流纹饰波曲纹在穆王时期已经成熟。[3]

周公制礼作乐带来的变化还体现在对于殷礼的变革，也就是史学者常言的"周承殷制"中的"损益"。殷礼铜

---

[1] 岳洪彬:《殷墟青铜礼器研究》，中国社会科学出版社2006年版，第334—336页。
[2] 曹斌:《多学科视野下的西周国家礼制变革和社会转型研究》，《中国史研究动态》2023年第1期。
[3] 曹斌:《多学科视野下的西周国家礼制变革和社会转型研究》，《中国史研究动态》2023年第1期。

器的核心组合尊、卣、觚、爵，在成康时期发生重大变化。据不完全统计，殷墟墓葬出土铜器千余件，酒器就占724件，其中爵、觚两器达到476件。[1]但是在进入成王时期后，觚几乎在周系墓葬中消失，而细体觯在商系墓葬中大量流行并取代了觚的地位，在尊、卣、觯、爵组合出现一段时间后，爵、觯的基本组合成为酒器的绝对核心，致使殷礼在西周时期发生重要变革。[2]

总之，在商周时期，我们的先祖不仅具备了革命观念，并且有了革命行动。武王伐纣只是周革殷命的开始，真正深层次的革命是通过周公制礼实现的。经过一系列军事、政治和文化举措，周文化的统治秩序才真正稳固，周文化和周礼的正统地位才得以确立，并形成了以"周礼"为中心的礼乐文明。

2.孔孟的革命思想

众所周知，孔子是春秋时期鲁国人，是儒家学派的创始人。其学源于三代（夏、商、周）的礼制思想，正如孔子自己所说："夏礼吾能言之，杞不足徵也，殷礼吾能言

---

[1] 岳洪彬：《殷墟青铜礼器研究》，中国社会科学出版社2006年版，第450—454页。
[2] 曹斌：《多学科视野下的西周国家礼制变革和社会转型研究》，《中国史研究动态》2023年第1期。

之，宋不足徵也。"并明确说："周监于二代，郁郁乎文哉！吾从周。"①

孔子这样说，有实实在在的依据。一方面，孔子十分好学，学无常师。《史记》记载："孔子之所严事：于周则老子；于卫，蘧伯玉；于齐，晏平仲；于楚，老莱子；于郑，子产；于鲁，孟公绰。数称臧文仲、柳下惠、铜鞮伯华、介山子然，孔子皆后之，不并世。"②相传，孔子曾问礼于老聃，访乐于苌弘，学琴于师襄。另一方面，孔子家学渊远，家风淳厚。孔子的先祖为宋国人，是商的后裔。七世祖正考父，曾辅佐宋戴公、宋武公、宋宣公三位国君治理国家。他在铸鼎上镌刻铭文警示自己："一命而偻，再命而伛，三命而俯。循墙而走，亦莫余敢侮。"③作为几朝元老，正考父不但没有居功自傲，反而越来越谦恭节俭。在为学方面，正考父曾校正《商颂》，为商文化传之后世，贡献甚大。《国语》记载："昔正考父校商之名《颂》十二篇于周太

---

① 《论语·八佾》。
② 《史记》(卷六十七)。
③ 《左传·昭公七年》里记载了《正考父庙鼎铭文》，原文为："一命而偻，再命而伛，三命而俯。循墙而走，亦莫余敢侮。饘于是，鬻于是，以糊余口。其恭俭也如此。"铭文记录的是正考父受到宋国国君三次任命时的样子，第一次是弯腰受命，第二次是鞠躬受命，第三次是俯身受命，自己平时总是顺着墙根走。鼎铸好之后并没有被供奉起来，而是用来煮粥，供家人糊口。如此恭敬节俭。

师。"① 正考父在校《商颂》的过程中费了大量心血，最终使商朝的《商颂》十二篇得以完整保留下来，可惜的是，到孔子时，"《商颂》止有五篇，明是孔子录《诗》之时已亡其七篇，唯得此五篇而已"。② 先祖为人、为官、为学的作风潜移默化地影响了孔子，正如《左传》评论："臧孙纥有言曰：'圣人有明德者，若不当世，其后必有达人。'今其将在孔丘乎？"③ 孔子家族的家国情怀和文化担当也深深地融入中华民族的文化基因当中，直到今天仍然是激励我们前行的精神动力。④

春秋时期，面对"礼崩乐坏"的局面，孔子主张"克己复礼"，致力于复兴周礼。周公制礼是一场全方位、深层次的革命行动，同样，孔子复兴周礼也是一场深刻的社会革命。正如毛泽东指出："郭沫若曾经用很多材料证明，孔夫子所以成为圣人，是因为他是革命党，到处参加造反。说孔夫子著春秋'而乱臣贼子惧'，那是孟子讲的。其实当时孔夫子周游列国，就是哪里造反他就到哪里去，哪里想革命他就到哪里去。所以此人不可一笔抹杀，不能简单地

---

① 《国语·鲁语下》。
② 《毛诗正义》(卷二十)。
③ 《左传·昭公七年》。
④ 2013年6月28日，习近平总书记在全国组织工作会议上的讲话中，引用了正考父"三命而俯"的故事，指出："我看了这个故事之后，很有感触。我们的干部都是党的干部，权力都是党和人民赋予的，更应该在工作中敢作敢为、锐意进取，在做人上谦虚谨慎、戒骄戒躁。"

就是'打倒孔家店'。"①

毛泽东特意强调"郭沫若曾经用很多材料证明",表明这是郭沫若的研究成果,但他是赞同的。郭沫若早在20世纪40年代就提出了"革命儒家"的观点,以其古史研究《十批判书》《青铜时代》《屈原研究》为代表。他将春秋战国时代描绘成一个革命时代,这不仅仅是"生产方式"的革命,而且是一场"人民解放"的革命。②在收入《十批判书》的《孔墨的批判》中,直接针对五四以来进步文化尤其是左翼内部的"儒墨比较",提出了孔子和儒家的革命性这一命题。在郭沫若看来,"孔子是生在这种革命潮流中的人"③,"孔子的基本立场既是顺应着当时的社会变革的潮流的……大体上他是站在代表人民利益的方面的,他很想积极地利用文化的力量来增进人民的幸福。对于过去的文化于部分地整理接受之外,也部分地批判改造,企图建立一个新的体系以为新来的封建社会的韧带。"④

实际上,对孔子革命思想进行阐发,在孔子之后的各个时代,都不乏其人。第一个关注并对孔子革命思想进行

---

① 毛泽东:《关于辛亥革命的评价》(1954年9月14日),《毛泽东文集》(第六卷),人民出版社1999年版,第345页。
② 王璞:《孔夫子与"人民":郭沫若和革命儒家的浮沉》,澎湃新闻,2018年8月30日。
③ 郭沫若:《十批判书》,人民出版社1954年版,第92页。
④ 郭沫若:《十批判书》,人民出版社1954年版,第74页。

阐发的人是孟子。孟子在描述了尧、舜、禹、文、武、周公之"王"天下的历史过程后，以孔子著《春秋》而继之："《春秋》，天子之事也，是故孔子曰：'知我者，其惟《春秋》乎，罪我者，其惟《春秋》乎！'"①这里的"知我""罪我"，体现了孔子进退两难的复杂心境：按照礼制，治《春秋》是天子的事情，孔子没有资格"作《春秋》"。面对"礼崩乐坏"的乱局，为维护道统，孔子"为《春秋》，笔则笔，削则削"②。

可不要小看孔子这一举动，看似就是编史书，实则是为天下的是非道德立标准。孟子对此高度评价，将孔子与大禹、周公的德业相提并论，指出："昔者，禹抑洪水而天下平，周公兼夷狄，驱猛兽而百姓宁，孔子成《春秋》而乱臣贼子惧。"③陈柱对孔子作《春秋》所蕴含的革命思想说得明白："革命之义，是否为《春秋》条例，亦当别论，而孔子之富于革命思想，则亦显而易见，非可厚污也。"④

孔子的春秋笔法被归纳为"其法有五焉：微而显，志而晦，婉而成章，尽而不污，惩恶而劝善"⑤。不易被人理解，幸有《公羊传》对《春秋》的革命之旨进行了阐发。

---

① 《孟子·滕文公下》。
② 《史记·孔子世家》。
③ 《孟子·滕文公下》。
④ 陈柱：《公羊家哲学》，华东师范大学出版社2014年版，第11页。
⑤ 《金史·逆臣传·序》。

陈柱以"隐公元年春王正月"为例,指出:"孔子独于春秋之首,著王正月之文,公羊以为王指文王,盖以文王为受命之君,武王革命,实基于文王。"[①]所以孔子的"笔削"本身就是革命行动,这对中国后世文人影响十分深远。不要以为文人没有带兵打仗就不是干革命,写作也是一种革命手段,以手中的笔为武器,远如孔子作《春秋》,近如鲁迅写《狂人日记》。既然鲁迅被尊称为"伟大革命家"[②],那么给予孔夫子革命者身份就是顺理成章的事情了。

不只作《春秋》,孔子"其功皆在删定六经"[③],革命精神隐含其中。孔子言:"假我数年,五十以学《易》,可以无大过。"[④]可知,孔子曾精研《周易》,并且阐发《周易》的《易传》体现了孔子的思想。[⑤]《易传·革卦》"彖辞"曰:

---

① 陈柱:《公羊家哲学》,华东师范大学出版社2014年版,第13页。
② 早在1940年,毛泽东在《新民主主义论》一文中指出:"鲁迅是中国文化革命的主将,他不但是伟大的文学家,而且是伟大的思想家和伟大的革命家。"见《毛泽东选集》(第二卷),人民出版社1991年版,第698页。
③ 关于孔子删定六经有不同的说法。司马迁谓"六艺者折中于夫子,可谓至圣",董仲舒主张"不在六艺之科,孔子之术者……勿使并进"。但是也有人"不尽以经为孔子所作",如主张"《易》则为文王作卦辞,周公作爻辞"。说孔子删定六经,不免笼统,但是孔子对六经都做过整理研究工作是站得住脚的,并且对六经的整理研究的程度是有差别的,一般可称为"删《诗》书、定礼乐、赞《周易》、作《春秋》"。参见皮锡瑞:《经学通论》,中华书局1954年版,第1页。
④ 《论语·述而》。
⑤ 王中江:《孔子好〈易〉和追寻"德义"考论——以帛书〈易传〉中的"子曰"之言为中心》,《河北学刊》2019年第4期。

"天地革而四时成，汤武革命，顺乎天而应乎人，革之时义大矣哉!"这是儒家关于"革命"理论的起点。《礼记》言："为人臣之礼，不显谏，三谏而不听则逃之。"①《论语》中，孔子曾说："邦有道则仕，邦无道则可卷而怀之。"②《诗经》也发出了"逝将去汝，适彼乐土"③的呼号，无不体现出革命的精神。

孔子的革命精神对后世有深远影响，尤其是孟子的言论更为直接，更具革命力量。关于"汤武革命"，孟子敢于说出"闻诛一夫纣矣，未闻弑君"的言论。孟子甚至还说："君之视臣如手足，则臣视君如腹心；君之视臣如犬马，则臣视君如国人；君之视臣如土芥，则臣视君如寇雠。"④孟子的言论太有鼓动性了，秦末农民起义领袖陈胜振臂高呼"王侯将相，宁有种乎"⑤，汉末农民起义领袖张角也发出"苍天已死，黄天当立"⑥的呼喊，很难说不是受到孟子的影响。农民起义者从孟子那里找到革命依据，但是一旦夺得天下，他们也感到了这些言论对政权稳定的危害，通过农民起义夺天下的朱元璋在读《孟子》时，不禁感到后背一

---

① 《礼记·曲礼》。
② 《论语·卫灵公》。
③ 《诗经·硕鼠》。
④ 《孟子·离娄下》。
⑤ 《史记·陈涉世家》。
⑥ 《资治通鉴·汉纪五十》。

阵发凉,诏令把亚圣孟子牌位撤出文庙。①

这也充分说明了孔孟思想不仅具有革命精神,而且对后世之影响巨大且深远。

3.汉代今文家的"素王"革命论

"素王"本为道家术语。《庄子·天道》云:"夫虚静恬淡寂漠无为者,万物之本也。明此以南向,尧之为君也;明此以北面,舜之为臣也。以此处上,帝王天子之德也,以此处下,玄圣素王之道也。"唐成玄英疏云:"夫有其道而无其爵者,所谓玄圣素王自贵者也,即老君尼父是也。"②这是在孔子素王论流行之后,试图调和儒道关系的折中解释。尽管如此,该解释还是抓住了"素王"一词的基本含义——"有道无位"。考汉初文献,贾谊《新书》最早提及"素王"一词,为"有德无位"之意,自汉武帝时期大儒董仲舒③开始,"素王"专指孔子,意为"无位之王"。④

---

① 《明史》(列传·卷二十七,《钱唐传》)云:"帝尝览《孟子》,至'草芥''寇仇'语,谓'非臣子所宜言',议罢其配享。"还下诏:"有谏者以大不敬论。"见《明史》(第十二册),中华书局1974年版,第3982页。
② 郭庆藩:《庄子集释》。
③ 董仲舒是今文经学大家,专治《春秋公羊传》,著有《春秋繁露》,主张"罢黜百家,独尊儒术",对儒学以至中国思想文化的发展,有着深远而复杂的影响。
④ 王光松:《汉初"孔子素王论"考》,《广东教育学院学报》2008年第2期。

今文经是与古文经[①]相对的一个概念。由于秦始皇"焚书坑儒",到汉初,由幸存的儒家学者相传口述,用今文(汉代通行的隶书)记录儒家经典。研究今文经的学者称为今文家,研究古文经的学者称为古文家。从表面上看,二者研究的经典只是书写文字不一样;从实质上看,他们对儒家经典的理解和阐释也有很大区别,对古代制度和人物评价都很不同,因而形成两大派别。两派对儒家经典"六经"的看法不同,由此对儒家创始人孔子的认识也不同。古文家重考究史实,向阐释古制、训诂考据方向发展,认为孔子是史学家、教育家,孔子的精神即在"六经"本身。而今文家重视阐发"六经"的微言大义,重视《春秋公羊传》,并且与纬书结合,阐发其义理,认为孔子主要是教育家、哲学家、政治家,甚至是"受命"的"素王"。

今文家认为孔子的德是可以为王的,但没有实际的王位,而寓王法于《春秋》,所以称为"素王"。"素王"虽为今文家的主要学说,然而这一学说当导源于墨家。墨家尚贤,主张贤人政治,尚贤的极致便主张"选天下之贤可者,立以为天子……又选择天下之贤可者,置立之以

---

① 古文经是指战国时代用东方六国文字书写的儒家经典。汉代古文经有三个来源:一是汉武帝末年鲁恭王扩建宫室时在孔子旧宅墙壁中发现的《古文尚书》《逸礼》;二是流传于民间的《毛诗》和费直、高相所传的《易》;三是秘府中所藏的《周官》和《春秋左氏传》。参见张岂之(主编):《中国思想史》(上卷),西北大学出版社2012年版,第279—280页。

为三公"①，而成为尚同说的基础。墨家这一"选天子"学说，后来被儒家所接受。儒家既已接受选天子学说，巨子制度当也同时被接受。《墨子》记载，公孟子谓墨子曰："昔者圣王之列也，上圣立为天子，其次立为卿大夫。今孔子博于《诗》《书》，察于礼、乐，详于万物。若使孔子当圣王，则岂不以孔子为天子哉。"②公孟子正是根据墨家理论而提出来的，"孔子为天子"正是墨家"巨子"、儒家"素王"的说法。公羊家的"素王"学说，正是从这里继承下来的。③

孟子曾说："《春秋》，天子之事也。"其意正是以《春秋》当"新王"，他又说："匹夫而有天下者，德必若舜、禹，而又有天子荐之者，故仲尼不有天下。"④这不正是公孟子"使孔子当（遇）圣王，则岂不以孔子为天子"的翻版吗？这说明孟子也是主张"素王"说的。

今文家的孔子"素王"革命论的革命中心形象不是汤、武而是孔子。儒家革命精神的主导形象从汤武转换为孔子，在儒家思想史上具有重大意义：汤武革命只是受天命行道，而孔子革命是受天命立法。也就是说，孔子通过作《春秋》

---

① 《墨子·尚同上》。
② 《墨子·公孟》。
③ 蒙文通:《孔子和今文学》，《经史抉原》，巴蜀书社1995年版，第172—173页。
④ 《孟子·万章上》。

为后世革命立法,其意义远非"汤武革命"可比。有了"素王"的一王大法,"易姓改代"和圣人受命而王都有了正当依据。刘小枫对此高度评价,认为与汤武不同,孔子是有德无位的"素王",也就是布衣革命立法家"受命"改制,可以说是旷古以来所未有:孔子取代汤武成为儒家革命精神的典范,成为后世一切革命家的精神之源。①

4.明末清初"三大儒"的革命思想

自汉代以降到清末民初,儒家革命思想受到统治者的压制,儒家革命思想以一种隐蔽的方式,即以纬书②为载体进行传播。有学者认为纬书家才是汉代今文家革命思想的集成者,纬书家的说《易》比京房更具革命精神。③但是纬

---

① 刘小枫:《儒家革命精神源流考》,上海三联书店2000年版,第50页。
② 纬书是与经书相对的一个概念,产生于西汉中后期,用神学观点解释儒家经典之书,往往伴随着神学和迷信思想,但也有丰富的革命思想。历代对纬书一直有两种相反看法,一派认为是妄言邪说,非圣人之意,应予摈除;一派认为纬书承载了儒家的真精神,是圣人的微言大义所在。纬书是儒家经学神学化的产物,但又保留有大量经说、天文、历法、天体及各门自然科学的素材。南朝宋时开始明令禁止纬书流行,隋炀帝更遣使搜烧天下纬书。
③ 刘小枫:《儒家革命精神源流考》,上海三联书店2000年版,第48—49页。见安居香山(著)、田人隆(译):《纬书与中国神秘思想》,河北人民出版社1991年版,第130—138页;余敦康:《内圣外王的贯通:北宋易学的现代阐释》,学林出版社1997年版,第455—470页。

书历遭统治者禁毁，其革命思想也随之埋没不彰。①

到了明朝，朱元璋、朱棣在政治、思想和文化上进一步强化了专制制度。其中一项重要措施就是朝廷垄断了对儒学经典的解释权，确立了朱学（朱熹经注思想）的统治地位。②在这样的高压文化政策下，朱学依靠官学地位而盛极一时，极大地禁锢了人们的思想，自身也丧失了创新活力。在这样的情况下，以陆九渊、王阳明为代表的心学迅速崛起，也激发了敢于蔑视"正统"的"异端"学说的产生。晚明是大变局时期，文化控制不再有效，思想领域日趋活

---

① 古代帝王靠革命起家，但是当政后就忌讳谈革命。《史记》记载了今文家辕固生与黄生展开关于汤武革命的精彩辩论，但被汉景帝叫停的故事，黄生曰："汤武非受命，乃弑也。"辕固生曰："不然，夫桀纣虐乱，天下之心皆归汤武，汤武与天下之心而诛桀纣，桀纣之民不为之使而归汤武，汤武不得已而立，非受命而何？"黄生曰："冠虽敝，必加于首，履虽新，必关于足，何者？上下之分也。今桀纣虽失道，然君上也。汤武虽圣，臣下也。夫主有失行，臣下不能正言匡过，以尊天子，反因过而诛之，代立践南面，非弑而何也？"辕固生曰："必若所云，是高帝代秦即天子位，非邪？"景帝曰："食肉不食马肝，不为不知味，言学者无言汤武受命，不为愚。"（《史记·儒林列传》）这场争论使汉景帝也进退维谷：赞同黄生的观点，高祖刘邦夺天下便名不正言不顺；承认辕固生的学说，则自己的（或子孙的）帝位就难保全。只好果断禁止汤武革命的讨论，儒家革命思想只好转入隐蔽形态。
② 明洪武年间，大学士解缙上万言书，建议由朝廷编一部广集"关、闽、濂、洛"诸家学说的丛书，开启了官修理学丛书的先声。明成祖朱棣为了使"家不异政、国不殊俗"，下令编撰《五经大全》《四书大全》《性理大全》三部理学巨著。这几部理学巨著都是以朱熹及其弟子的经注为标准。这样的做法虽然对巩固统治地位能够起到立竿见影的效果，但从长远看，此举导致思想僵化，士子丧失创造力，既不利于学术发展，也成为明王朝走向衰落的重要原因。详见张岂之（主编）：《中国思想史》（下卷），西北大学出版社2012年版，第729—732页。

跃。这些思想学说中都包含了革命的主张。限于篇幅，本文主要集中论述明末清初"三大儒"的革命思想。①

明末清初，整个社会正经历着各种各样的变革，人们的思想也开始觉醒。学术界将这些社会思潮称为中国的"早期启蒙思潮"。②被称为明末"三大儒"的黄宗羲、顾炎武、王夫之最具代表性，提出了一些具有近代意义的命题、思想，对封建社会展开了系统的批判，不少论说富有革命精神。他们对革命的理解，不局限于对暴君的反抗，而是对专制制度的反抗。相比孟子、荀子对"汤武革命"的理解，更为深刻和进步。正如熊十力所言："孟荀虽立言革命，而只谓暴君可革，却不言君主制度可废……惟礼运天下为公……此乃革命真义。"③他们明确将"君"和天下、国家分开，强调"天下为主，君为客"，国家治理不能限于"一姓之私"，而应体现出"天下之公"，具有朦胧的民主意识，标志着中国早期启蒙思潮的萌芽。④

---

① 关于心学成圣论与儒家革命精神的论述，见刘小枫：《儒家革命精神源流考》，上海三联书店2000年版，第61—75页。关于明末异端思想中的革命精神，参见张岂之（主编）：《中国思想史》（下卷），西北大学出版社2012年版，第775—790页。
② 张岂之（主编）：《中国思想史》（下卷），西北大学出版社2012年版，第792页。
③ 熊十力：《原儒》，中国人民大学出版社2006年版，第162页。
④ 张岂之（主编）：《中国思想史》（下卷），西北大学出版社2012年版，第793—794页。

黄宗羲是一位博学的思想家，其代表作《明夷待访录》对封建专制制度进行了批判。"明夷"二字，取自《周易》卦名，卦辞为"利艰贞"，"象辞"解释为"晦其明也，内难而能正其志，箕子以之"，也就是说"明夷"卦喻贤人出于艰难之境而志气不衰，这正是黄宗羲抗清斗争失败后的心态。他将自己对现实社会的批判和未来社会的构想书写下来，传之后世，以待来者。

黄宗羲对封建君权做了剖析，他说："古者以天下为主，君为客，凡君之所毕世而经营者，为天下也。"又说："今也以君为主，天下为客，凡天下之无地而得安宁者，为君也。"君主没有得到天下的时候，不惜"屠毒天下之肝脑，离散天下之子女"，以博取个人的"产业"；得到天下后，又不惜"敲剥天下之骨髓"，压榨这份"产业"的"花息"，据此得出结论："为天下之大害者，君而已矣。"[①]黄宗羲提出"天下为主，君为客"的命题，大胆怀疑封建君主制度。黄宗羲还批评了"君为臣纲"的封建伦理纲常。他指出，臣不是君之臣，不能"私其一人一姓"。主张出仕是"为天下，非为君也；为万民，非为一姓也"[②]。黄宗羲还批判封建主义法律为"一家之法而非天下之法也"[③]。针对明朝宦

---

① 《明夷待访录·原君》。
② 《明夷待访录·原臣》。
③ 《明夷待访录·原法》。

官专权的流毒，黄宗羲做了淋漓尽致的揭露，并提出了理想的政治方案："宰相一人，参知政事无常员。每日便殿议政，天子南面，宰相、六卿、谏官东西面以次坐。其执事皆用士人。凡章奏进呈，六科给事中主之，给事中以白宰相，宰相以白天子，同议可否。"①黄宗羲尤其重视学校的作用，在其代表作《明夷待访录》中，就专列"学校"一节深加讨论。他十分推崇"三代遗风"，认为学校不仅是培养人才（"养士"）的地方，而且是师生参政议政的地方，甚至可以起到限制君权的作用。他说："古之圣王，其意不仅此（养士）也，必使治天下之具皆出于学校，而后设学校之意始备……天子之所是未必是，天子之所非未必非；天子遂不敢自为非，而公其非是于学校。"②黄宗羲认为东汉太学生的清议和宋朝诸生的伏阙上书与他心目中的"三代遗风"最为接近。他说："东汉太学三万人，危言深论，不隐豪强，公卿避其贬议。宋诸生伏阙捶鼓，请起李纲。三代遗风，惟此犹为相近。"③黄宗羲的这些主张，既是对儒家革命精神的总结，也有不少具有启蒙精神的思想，对后

---

① 《明夷待访录·置相》。
② 《明夷待访录·学校》。
③ 《明夷待访录·学校》。

世产生了深远的影响。①

顾炎武的思想主要反映在其代表作《日知录》《天下郡国利病书》等著作中。《日知录》是他最主要的代表作，其学术思想、社会政治思想在这部书中都得到了比较充分的发挥，也体现了他的革命主张。在该书中，他对"亡国"和"亡天下"做了区分："易姓改号，谓之亡国；仁义充塞，而至于率兽食人，人将相食，谓之亡天下……保国者，其君其臣肉食者谋之；保天下者，匹夫之贱，与有责焉耳矣。"② 由此可以看出，顾炎武"保天下"的主张，不仅有反对清政府民族压迫与野蛮屠杀的具体思想内容，而且更上升到具有反对专制与暴政的意义。③ 顾炎武在突出的改革方案中，最为重视"风俗"的作用。他说："治乱之关必在人心风俗。"④ 他所说的风俗，范围相当广泛，涉及道德、人才、家庭、吏风、迷信等社会生活的许多方面，类似于今天我们所说的"社会风气"。他认为风俗中最重要的内容是

---

① 清末维新派代表人物梁启超就曾评价黄宗羲的《明夷待访录》，在"我们当学生时代，实为刺激青年最有力之兴奋剂"，"我自己的政治运动，可以说是受这部书的影响最早而最深"。他还曾与谭嗣同一起将《明夷待访录》节抄，"印数万本，秘密散布"。（见梁启超：《清代学术概论》，上海古籍出版社2000年版，第18页。）
② 《日知录》（卷十三）。
③ 张岂之（主编）：《中国思想史》（下卷），西北大学出版社2012年版，第805页。
④ 《亭林文集》（卷四），《与人书（九）》。

所谓"清议",间接地反对了封建专制主义对言论自由的压制,主张封建士大夫有权议论政治的得失。

王夫之对封建专制主义的批判,虽不如黄宗羲的《明夷待访录》那样集中,但他的《读通鉴论》《噩梦》《黄书》《搔首问》等著作中,却含有丰富的反封建专制主义的内容。首先,他反对专制主义统治。他说:"生民以来未有之祸,秦开之而宋成之也。"[①]又说:"救天地之祸,非大反孤秦陋宋之为不得延。"[②]王夫之反对秦始皇把天下看成一己之私产,因此他称之为"孤秦";宋太祖以杯酒释兵权,强化中央集权统治,但结果并没有使宋朝强大,而是在北方强敌面前"形势解散",因此他称之为"陋宋"。王夫之认为,以天下为一人之私,最终必不能治理好天下,秦、宋都是典型的例子。因此,他提出:"以天下论者,必循天下之公,天下非夷狄盗逆之所可尸,而抑非一姓之私也。"[③]

黄宗羲、顾炎武、王夫之是明末大儒,其思想博大精深,蕴含的革命思想体现在方方面面。限于篇幅,笔者仅仅从其反对封建专制制度方面的论述探究,难免盲人摸象,但是从其中也能看出其革命思想的时代性和进步性。

---

① 《黄书·古仪》。
② 《黄书·宰制》。
③ 《读通鉴论·叙论一》。

5.清末民初儒家革命思想的近代化转型

从明代开始，西方传教士就陆续将西方的宗教、思想、科学、艺术等介绍进来，但是其影响并不明显。鸦片战争以后，在西方坚船利炮的护持下，西学开始大规模传入中国。由于中西两种文明的巨大差异，思想界产生了剧烈的冲突，但是由此也使得中国人加强对西学的认识和学习。中国传统儒家的革命思想受到西方资产阶级革命观念的影响，两者不断融合，逐渐形成了维新变法思想和资产阶级民主革命思想。

维新变法思想主要体现在康有为的《新学伪经考》《孔子改制考》、梁启超的《变法通议》、谭嗣同的《仁学》、严复翻译的《天演论》等著作中。维新派的代表人物都浸染过儒家革命精神，后来又接触到西方的近代革命思想，其革命观既有传统儒家革命的底色，又带有西方近代革命的特点。

《新学伪经考》和《孔子改制考》是康有为为变法构建理论基础的著作。从学术视角看，其考证是经不起推敲的，但是为变法找到了思想依据。他以公羊学派的"三世说"为思想武器，维护了今文经学的正统地位，把孔子塑造为"托古改制"的素王，时时都在维新。康有为的目的就是为维新变法鸣锣开道，其政治意义远大于学术意义。[1]值得注

---

[1] 张岂之（主编）:《中国思想史》（下卷），西北大学出版社2012年版，第929—930页。

意的是，康有为不同于传统的公羊学派，而是用西学的观念，如民主、君主、民权、君权等概念阐发儒学。康有为改制的合法性基于传统儒家思想，但是在改制的操作层面则是仿自西学理论。

《变法通议》集中反映了梁启超的变法思想。梁启超是康有为的学生，在戊戌变法前后，二人思想是一致的，后来，梁启超的变法思想进一步发展。例如，对公羊学派"三世说"的解释，梁启超已与康有为有所不同，具有近代化的社会发展史的含义。[①]梁启超在政治主张上多次变化，常常以"今日之我"否定"昨日之我"，从"保皇"到提倡"新民"，从支持袁世凯到反对复辟帝制，从同情革命到否定革命，他的思想一直处在变动之中，但是梁启超主张革新，大力推进中国社会和思想文化近代化转型，是始终没有改变的。

谭嗣同的代表作《仁学》，反映了坚决的变法态度和彻底的改革主张。他认为要医治中国的病症，必须从根本上进行变法，提出"冲决网罗"，用资产阶级民主来代替封建专制主义。在《仁学》中，谭嗣同用"通"对儒学核心概念"仁"进行新的解释。"通"的基本点是平等，必须扫除三纲五常、君臣父子、传统礼教等"通"的障碍，进而为

---

① 张岂之（主编）:《中国思想史》（下卷），西北大学出版社2012年版，第932页。

经济、政治、社会、文化的改革创造条件。关于变法，谭嗣同认为在具体的方法上，要向西方学习，但必须从儒家思想中寻找变法的依据。

严复翻译的《天演论》对变法影响极大。《天演论》译自赫胥黎的《进化论与伦理学》，严复在翻译的时候，删除了伦理学部分，对达尔文的进化论进行了阐发，认为进化论同样适用于人类社会。自此，"物竞天择，适者生存"成为绝大部分中国人接受的"公理"。严复对西学的了解比同时代的其他人要透彻得多，而中学功底又极为深厚。他强调"学"为"天下公理公器"，主张中西会通，"道通为一"。他提出，只要能救治中国，就无须区分中西，划分新旧，要兼通中西，统合新旧。[①]这种思想在当时既不同于保守派，与变法派中其他人也有区别，极具革命性。

随着维新变法的失败，革命派逐渐发展壮大，革命派的思想主张日益成为潮流。章太炎、孙中山等人的革命思想是这一潮流的精华。

章太炎既是大学者也是革命家，其革命思想很有代表性。章太炎的革命思想中，反清排满始终是主线，他主张的革命属于民族革命。由于他对中国的历史有深入研究，对中国的问题有深入思考，所以他的革命主张与当时其他

[①] 张岂之（主编）：《中国思想史》（下卷），西北大学出版社2012年版，第960—966页。

革命派不同。对当时革命派宣扬的西方代议制民主理论和直接民主理论，章太炎明确反对，从而提出了自己的"专制民主论"。①他的具体设想，部分受到西方近代政治学说的启发，更多地来自中国传统政治遗产。如司法与行政相制衡，并不是来自西方的司法独立学说，而是来自明代布政使与按察使相错制的实践。在章太炎的论争中，宏观理论受到欧美理念的影响，但是在具体实践上，则表现出中国传统政治思想的底蕴。这正好反映出他以学术论革命的特色。②

孙中山是中国民主革命的先行者，他的革命思想是一个庞大的思想体系，既有对西方文明审视后所产生的世界格局和国际眼光，也包含对中华传统文化深刻体认后所涵养的深厚底蕴和传统根基。孙中山的民主共和国理想源自美国③，但是其革命思想表现出鲜明的民族特色，"天下为公"是孙中山毕生追求的理想，出自儒家典籍《礼记·礼运》。继承传统文化的民族观，提出"民族主义"理论；继

---

① 张岂之（主编）：《中国思想史》（下卷），西北大学出版社2012年版，第978—980页。
② 张岂之（主编）：《中国思想史》（下卷），西北大学出版社2012年版，第980页。
③ 正如他说"革命成功之日，效法美国选举总统，废除专制，实行共和"。见孙中山：《在檀香山正埠的演说》，《孙中山全集》（第一卷），人民出版社2015年版，第227页。

承传统文化"均平平等"思想，提出"民生主义"理论。①孙中山在谈话、演讲、政文、论战中还多次引用传统典籍中的"天视自我民视，天听自我民听""民惟邦本，本固邦宁"等箴言。这一切充分表明孙中山为了革命斗争需要，努力在中华传统文化中找寻所需思想文化资源。

孙中山既是革命活动家也是革命理论家。他的革命思想是中华民族思想宝库中的宝贵遗产，对中国共产党的革命实践和革命理论有重要影响。毛泽东曾指出："从孔夫子到孙中山，我们应当给以总结，承继这一份珍贵的遗产。这对于指导当前的伟大的运动，是有重要的帮助的。"②

三、两种"革命观"的有机结合
——以毛泽东的革命观为例

早期马克思主义者都有从传统的儒家革命观向马克思主义革命观转变的过程，也充分说明了两种革命观在他们身上相融相通。毛泽东的革命观是一种新型的革命观，其

---

① 桂署钦：《孙中山革命思想对中华传统文化的传承与超越》，《广西社会科学》2013年第6期。
② 毛泽东：《中国共产党在民族战争中的地位（一九三八年十月十四日）》，《毛泽东选集》（第二卷），人民出版社1991年版，第534页。

形成和发展具有代表性。①毛泽东一生对革命情有独钟,坚信"哪里有压迫,哪里就有反抗"。"压迫—反抗"模式构成了毛泽东对革命起源的基本解释框架②,这既是马克思主义阶级斗争理论的中国化表达,也与他自幼从传统文化中受到的影响有关。从毛泽东革命观的发展轨迹,可以清晰地看到马克思主义革命观与中国传统革命观的有机融合。

1. 确立马克思主义信仰之前:深受儒家革命精神影响

根据毛泽东的回忆,他是在第二次来北京后,"到了1920年夏天,在理论上,而且在某种程度的行动上,我已成为一个马克思主义者了,而且从此我也认为自己是一个马克思主义者了"③。在这之前,中国传统革命思想对他产生了较大影响,奠定了他的革命观形成的基础。在16岁前的学龄期,除了中间有两年在家务农,他先后在韶山一带的

---

① 毛泽东在其革命观形成的过程中,受到了中国古代土生土长的革命文化思想的影响,批判继承了传统的"民本"思想,认识到了广大农民阶级的重要性。同时,他又吸纳了西方资产阶级的革命思想。在确立了马克思主义信仰后,他成为一名无产阶级革命家,以马克思主义革命观为指导,借鉴了苏俄的革命经验,开辟出了一条中国特色的革命道路。新中国成立后,毛泽东进一步发展了他的革命理论和社会主义建设革命实践,使其革命观进一步丰富完善。
② 何云峰:《试论晚年毛泽东的革命观》,《河南大学学报(社会科学版)》2014年第4期。
③ 埃德加·斯诺(著)、董乐山(译):《西行漫记》,生活·读书·新知三联书店1979年版,第131页。

南岸、关公桥、桥头湾、钟家湾、井湾里、乌龟井、东茅塘数处私塾读书。毛泽东将这段上学经历概括为"六年孔夫子"[1]。"四书五经"等儒家经典中包含的民本思想,无疑对他产生了潜移默化的影响。

但是影响更为直接的是《水浒传》《西游记》《三国演义》《精忠岳传》《隋唐演义》等课外书籍。毛泽东对小说里面具有反叛精神的人物很喜欢。1936年,他对斯诺回忆,《水浒传》《三国演义》里面所有人物都是"武将、文官、书生",这些主人公"是不必种田的,因为土地归他们所有和控制,显然让农民替他们种田"[2]。他认为这样不公平,并且把《水浒传》中聚集在梁山造反的人物视为英雄。孙悟空的英雄气概和大无畏精神始终感染着毛泽东,从他的诗

---

[1] 中共中央文献研究室(编):《毛泽东传》(一),中央文献出版社2011年版,第6页。
[2] 埃德加·斯诺(著)、董乐山(译):《西行漫记》,生活·读书·新知三联书店1979年版,第109页。

文中就可体现出来。①

在现实生活中,毛泽东从小就同情穷苦农民,并力所能及地帮助他们。11岁那年,父亲买进堂弟毛菊生的田产,毛泽东劝父亲应该设法周济毛菊生渡过难关,不应该乘机

---

① 1935年10月,毛泽东在长征路上创作了《念奴娇·昆仑》:"横空出世,莽昆仑,阅尽人间春色。飞起玉龙三百万,搅得周天寒彻。夏日消溶,江河横溢,人或为鱼鳖。千秋功罪,谁人曾与评说?而今我谓昆仑:不要这高,不要这多雪。安得倚天抽宝剑,把汝裁为三截?一截遗欧,一截赠美,一截还东国。太平世界,环球同此凉热。"该词最早发表在1957年1月号《诗刊》上。在"飞起玉龙三百万"一句末,作者自注:"前人所谓'战罢玉龙三百万,败鳞残甲满天飞',说的是飞雪。这里借用一句,说的是雪山。夏日登岷山远望,群山飞舞,一片皆白。老百姓说,当年孙行者过此,都是火焰山,就是他借了芭蕉扇扇灭了火,所以变白了。"1958年12月21日,作者批注:"昆仑:主题思想是反对帝国主义,不是别的。"由此可见,毛泽东同志从孙悟空把山"变白"的神话故事中得到启发,认为帝国主义并不可怕,"安得倚天抽宝剑,把汝裁为三截",分别"遗欧""赠美""还东国",充分体现了作者革命乐观主义精神和浪漫主义情怀。
1961年10月18日,浙江绍剧团进京演出,表演了《西游记》中的《孙悟空三打白骨精》。郭沫若观戏后,写了《七律·看〈孙悟空三打白骨精〉》:"人妖颠倒是非淆,对敌慈悲对友刁。咒念金箍闻万遍,精逃白骨累三遭。千刀当剐唐僧肉,一拔何亏大圣毛。教育及时堪赞赏,猪犹智慧胜愚曹。"11月17日,毛泽东写下《七律·和郭沫若同志》:"一从大地起风雷,便有精生白骨堆。僧是愚氓犹可训,妖为鬼蜮必成灾。金猴奋起千钧棒,玉宇澄清万里埃。今日欢呼孙大圣,只缘妖雾又重来。"[见《毛泽东年谱(1949—1976)》(第五卷),中央文献出版社2013年版,第52页。]在这首诗中,毛泽东除了表示对孙悟空英雄气概的赞赏外,认为唐僧"犹可训",不应该"千刀当剐",真正需要消灭的是白骨精。这充分体现了毛泽东的革命思想,即首先要分清谁是敌人,谁是朋友,谁又是中间派,对于敌人,要消灭务尽,而对于中间派,则要尽量团结,把他们拉过来,才能争取更多的朋友,最大限度地孤立敌人。

买他赖以活命的土地。①1910年4月，湖南粮荒，长沙饥民暴动，许多无辜百姓惨遭杀害。毛泽东和同学们对这件事议论多日，对"谋反者"所受冤屈深感不平。多年后，他在延安跟斯诺谈话时，回忆这件事还感慨地说："这件事影响了我的一生。"②1939年，毛泽东在《中国革命和中国共产党》一文中指出："封建社会的主要矛盾，是农民阶级和地主阶级的矛盾……地主阶级对于农民的残酷的经济剥削和政治压迫，迫使农民多次地举行起义，以反抗地主阶级的统治……在中国的封建社会里，只有这种农民的阶级斗争、农民起义和农民的战争，才是历史发展的真正动力。"③

在接受了几年私塾教育后，毛泽东开始接受新学教育，接触到了康有为、梁启超的维新思想，还学习到了西方资产阶级的革命思想。系统接受了中国传统教育的毛泽东，对中国的封建礼教、宗法制度和旧道德、旧思想有很多道义上的批判，但是针对当时全盘否定中国传统文化的倾向，明确指出："东方思想均不切于实际生活，诚哉斯言！吾意即西方思想亦未必尽是，几多之部分，亦应与东方思想同

---

① 中共中央文献研究室（编）：《毛泽东传》（一），中央文献出版社2011年版，第4页。
② 埃德加·斯诺（著）、董乐山（译）：《西行漫记》，生活·读书·新知三联书店1979年版，第110页。
③ 毛泽东：《中国革命和中国共产党》（1939年12月），《毛泽东选集》（第二卷），人民出版社1991年版，第625页。

时改造也。"[1] 此时的毛泽东，为了寻求革命道路，先后接触过多种西方传来的思想，正如他自己所说："在这个时期，我的头脑是自由主义、民主改良主义即空想社会主义的有趣的混合物。"[2]

但真正主导青年毛泽东的革命思想，仍然是中国传统儒家文化中"内圣外王"的思想。在湖南一师读书期间，毛泽东对世界变革根本动力的理解，完全与王阳明的"心学成圣论"是一致的。他在给老师黎锦熙的信中说："动其心者，当具大本大源……夫本源者，宇宙之真理。天下之生民，各为宇宙之一体，即宇宙之真理，各具于人人之心中……吾今以大本大源为号召，天下之心其有不动者乎？天下之心皆动，天下之事能有不能者乎？"[3] 如何寻求"大本大源"呢？毛泽东认为："当今之世，宜有大气量人，从哲学、伦理学入手，改造哲学，改造伦理学，根本上变换全国之思想。"[4]

1919年7月，毛泽东在《民众的大联合》中指出："历

---

[1] 毛泽东:《致蔡和森等（一九二〇年十二月一日）》，《毛泽东书信选集》，人民出版社1983年版，第6页。
[2] 埃德加·斯诺（笔录）、汪衡（译）:《毛泽东自传》，中国青年出版社2013年版，第49页。
[3] 毛泽东:《致黎锦熙信（一九一七年八月二十三日）》，《毛泽东早期文稿（1912—1920）》，湖南人民出版社2013年版，第73页。
[4] 毛泽东:《致黎锦熙信（一九一七年八月二十三日）》，《毛泽东早期文稿（1912—1920）》，湖南人民出版社2013年版，第73页。

来宗教的改革和反抗，学术的改革和反抗，政治的改革和反抗，社会的改革和反抗，两者必有大联合……到了近世，强权者，贵族、资本家的联合到了极点，因之国家也坏到了极点，人类也苦到了极点，会社（社会）也黑暗到了极点。于是乎起了改革，起了反抗。于是乎有（民）众的大联合。"[1]写这篇文章时，青年毛泽东刚刚从北京大学回到湖南长沙。此前，在北京大学，他受到李大钊等人的影响，开始接触俄国十月革命和马克思主义，但是并没有完全确立马克思主义信仰。所以他说："联合以后的行动，有一派很激烈的……这一派的首领，是一个生在德国的，叫做马克斯。一派是较为温和的……人人要有互助的道德和自愿工作……这派的首领，为一个生于俄国的，叫做克鲁泡特金。"[2]他当时倾向于克鲁泡特金的互助论，认为"这派人的意思，更广，更深远"[3]。

这一时期，毛泽东的革命观还比较矛盾，一方面同情农民，认识到民众的力量，但是又将希望寄托在圣人、英雄身上。虽然开始关注俄国十月革命，但是更倾向于克鲁

---

[1] 毛泽东：《民众的大联合（一）（一九一九年七月二十一日）》，《毛泽东早期文稿（1912—1920）》，湖南人民出版社2013年版，第312—313页。
[2] 毛泽东：《民众的大联合（一）（一九一九年七月二十一日）》，《毛泽东早期文稿（1912—1920）》，湖南人民出版社2013年版，第314页。
[3] 毛泽东：《民众的大联合（一）（一九一九年七月二十一日）》，《毛泽东早期文稿（1912—1920）》，湖南人民出版社2013年版，第314页。

泡特金的互助论。在《民众的大联合》中，毛泽东已经从阶级的视角思考革命的动力问题，但是并没有从经济上去分析，更多的是道义层面的呐喊。

2. 新民主主义革命时期：毛泽东革命观的发展成熟

青年毛泽东曾两次来京，并在李大钊的影响下，于1920年夏正式确立了马克思主义信仰。1921年7月，毛泽东作为长沙共产主义小组代表出席了中国共产党第一次全国代表大会。在新民主主义革命时期，毛泽东逐渐明确了革命对象。在《中国社会各阶级的分析》中，毛泽东明确提出了"分清敌友"这一至关重要的问题，并阐明了哪个阶级是敌人，哪个阶级是领导力量，哪个阶级是朋友，哪个阶级是摇摆不定的。在艰苦卓绝的革命斗争实践中，毛泽东的革命观逐渐走向成熟。

第一次国内革命战争期间，毛泽东革命观有两个重要的发展，一个是关于革命领导权问题的阐述，一个是关于农民在革命中的重要性的分析。在《中国社会各阶级的分析》一文中，毛泽东分析了中国社会各阶级对革命的政治态度，论述了中国革命的对象、动力、性质和前途等一系列问题。该文开篇就明确提出了"谁是我们的敌人？谁是我们的朋友？这个问题是革命的首要问题"[1]。在对地主阶级和买办阶级、中产阶级、小资产阶级、半无产阶级、无产阶级等各阶级进行分析的基础上，明确指出："工业无产阶级人数虽不多，却是中国新的生产力的代表者，是近代中国最进步的阶级，做了革命运动的领导力量。"[2]认为工业无产阶级才是革命的领导力量。关于农民问题的分析，毛泽东根据实地调查，写出了一篇鸿文《湖南农民运动考察报告》。在报告中，毛泽东对"农民在乡里造反"的举动，评价说："完全是对的，他们的举动好得很！"并告诫说："国民革命需要一个大的农村变动。辛亥革命没有这个变动，所以失败了。现在有了这个变动，乃是革命完成的重要因素。"[3]毛泽东对农民革命给予了高度肯定和热烈赞颂，是后来毛泽东创造性探索出农村包围城市的道路的先声。

大革命失败后，毛泽东带领队伍开辟了井冈山革命根据地，将农民运动与武装斗争结合起来，找到了"农村包围城市"的道路。这一时期开展的土地革命满足了广大贫苦农民的利益需求，为建立工农联盟、取得革命胜利打下

---

[1] 毛泽东：《中国社会各阶级的分析（一九二五年十二月一日）》，《毛泽东选集》（第一卷），人民出版社1991年版，第3页。
[2] 毛泽东：《中国社会各阶级的分析（一九二五年十二月一日）》，《毛泽东选集》（第一卷），人民出版社1991年版，第8页。
[3] 毛泽东：《湖南农民运动考察报告（一九二七年三月）》，《毛泽东选集》（第一卷），人民出版社1991年版，第16页。

了坚实的基础。在1930年的《兴国调查》中，毛泽东对位于兴国第十区（永丰区）的8个家庭详细了解，并对该区的"田地分配""人口成分""剥削状况"等方面做了深入调查。[①]对"剥削状况"的调查，尤为细致深入。毛泽东在报告中，将剥削状况分为地租剥削、高利剥削、税捐剥削。其中高利剥削又分为钱利、谷利、牛利、猪利、油利、当利、盐利等类。在调查钱利时，他分析了由于本区没有地主，而富农较多，"因此本区贫农向地主借钱的完全没有，向富农借钱的占百分之八十，百分之二十向公堂借。中农不要借钱，雇农不能借钱，要借钱而又有抵押品能借钱的，只有贫农。另一方面，把钱出借的主要是富农。因此土地革命中贫农与富农的决斗，无疑是剧烈的"[②]。毛泽东通过广泛深入的调查研究，"因此得出结论，只有两个字：革命。因而也益增加革命的信心"[③]。此时的毛泽东从阶级和经济的视角去分析革命产生的根源，已经从儒家革命精神转变为马克思主义革命观了。

在接受马克思主义革命思想后，毛泽东认识到"互助

[①] 毛泽东《兴国调查（一九三〇年十月）》，《毛泽东农村调查文集》，人民出版社1982年版，第182—251页。
[②] 毛泽东《兴国调查（一九三〇年十月）》，《毛泽东农村调查文集》，人民出版社1982年版，第182—202页。
[③] 毛泽东：《关于农村调查（一九四一年九月十三日）》，《毛泽东农村调查文集》，人民出版社1982年版，第26页。

论"解决不了中国的问题,而暴力革命成为了他明确的革命话语。毛泽东用了一句中国老百姓能听懂的话,对马克思主义革命思想进行归纳:"马克思主义的道理千条万绪,归根结底,就是一句话:'造反有理。'几千年来总是说,压迫有理,剥削有理,造反无理。自从马克思主义出来,就把这个旧案翻过来了。这是一个大功劳。"[1]从中不难看出,毛泽东掌握了马克思主义革命观的精髓,同时梁山好汉的造反精神对毛泽东的革命意识的形成产生了潜移默化的影响。由此可见,中国传统文化中,不仅儒家经典中包含着革命思想,而且体现儒家思想的文学作品也不乏革命意识,这种影响是不可低估的。

随着中国全民族抗日战争的爆发,中国革命的形势发生了巨大变化,革命的主要矛盾、革命对象都发生了变化。在此期间,毛泽东先后发表了《中国革命和中国共产党》《新民主主义论》等著作。在《中国革命和中国共产党》中,毛泽东在对中国社会进行全面深入分析的基础上,系统论述了中国革命的对象、革命的任务、革命的动力、革命的性质、革命的前途等问题。[2]在《新民主主义论》中,毛泽东

---

[1] 邬国义:《毛泽东〈斯大林是中国人民的朋友〉及〈讲话〉两文本的历史考察》,《史林》2022年第6期。
[2] 毛泽东:《中国革命和中国共产党(一九三九年十二月)》,《毛泽东选集》(第二卷),人民出版社1991年版,第621—652页。

对未来的新民主主义共和国做了展望，强调在新民主主义革命胜利后，要建立一个"在无产阶级领导下的一切反帝反封建的人们联合专政的民主共和国，也就是新民主主义共和国"。① 关于新民主主义国家，毛泽东从政治、经济、文化等方面进行了论述，形成了一整套较为成熟的理论体系。到了解放战争时期，毛泽东进一步总结了经验教训，提出了人民民主专政这一科学概念。

这一阶段的毛泽东是中国共产党的领导核心，是有着成功革命实践的马克思主义者，形成了成熟的革命思想。毛泽东不仅用这种思想指导中国革命实践，并且将其与中国革命实践相结合，丰富和发展了马克思主义革命观，形成了一整套符合中国革命实际的革命理论。

3. 社会主义建设时期：毛泽东革命观的进一步完善

新中国成立后，随着社会主义制度在我国基本建立，毛泽东对社会主义制度建立后还要不要继续革命，在新形势下要进行怎样的革命，如何进行新的革命，进行了深入思考和探索。

1956年11月15日，毛泽东在中共八届二中全会上向全党敲响了警钟："我们一定要警惕，不要滋长官僚主义作

---

① 毛泽东：《新民主主义论（一九四〇年一月）》，《毛泽东选集》（第二卷），人民出版社1991年版，第75页。

风，不要形成一个脱离人民的贵族阶层。谁犯了官僚主义，不去解决群众的问题，骂群众，压群众，总是不改，群众就有理由把他革掉。我说革掉很好，应当革掉。"①毛泽东认为整风运动是行之有效的方法，"以后凡是人民内部的事情，党内的事情，都要用整风的方法，开展批评和自我批评的方法来解决，而不是用武力来解决"②。但是在实际工作中，毛泽东发现这些运动遭到了各种抵制，收效甚微。

经过认真观察和思考，毛泽东认为原因是党内走资本主义道路的当权派在抵制干扰。毛泽东指出："一些同志，主要是老同志思想还停止在资产阶级民主革命阶段，对社会主义革命不理解、有抵触，甚至反对。"③并提出"一百年后还要不要革命？一千年后要不要革命？总还是要革命的"④。毛泽东指出了深层次原因："一部分党员却不想前进了，有些人后退了，反对革命了。为什么呢？作了大官了，要保护大官们的利益。他们有了好房子，有汽车，薪水高，还有服务员，比资本家还厉害。社会主义革命革到自己头

---

① 中共中央文献研究室（编）：《毛泽东年谱（1949—1976）》（第三卷），中央文献出版社2013年版，第34页。
② 中共中央文献研究室（编）：《毛泽东年谱（1949—1976）》（第三卷），中央文献出版社2013年版，第34页。
③ 中共中央文献研究室（编）：《建国以来毛泽东文稿》（第十三册），中央文献出版社1998年版，第487页。
④ 中共中央文献研究室（编）：《建国以来毛泽东文稿》（第十三册），中央文献出版社1998年版，第487—488页。

上了，合作化时党内就有人反对，批资产阶级法权他们有反感。搞社会主义革命，不知道资产阶级在哪里，就在共产党内，党内走资本主义道路的当权派。走资派还在走。"① 在这里，毛泽东提供了社会主义社会建立以后为什么还要继续革命的基本根据。

在具体实践中，毛泽东继续革命的思想发展成为"以阶级斗争为纲"的极"左"路线，使中国的社会主义建设事业遭遇了极大挫折。但是，毛泽东当年的担忧并非杞人忧天。国际共产主义运动的实践已经证明，在社会主义社会制度确立以后，发生政治权力蜕化变质的可能性依然存在，如果不采取有效的措施加以防范，就会出现新的压迫人民的强权，理论上的"人民公仆"就会成为现实生活中的官老爷。②

这一时期，毛泽东对革命的思考，除涉及政治领域，还涉及经济、文化等各个领域。1954年9月14日，毛泽东在中央人民政府委员会临时会议通过《中华人民共和国宪法草案》后，发表讲话指出："在人类历史上，有过几次性质不同的大的革命。第一次，是奴隶主推翻原始共产主义

---

① 中共中央文献研究室（编）：《建国以来毛泽东文稿》（第十三册），中央文献出版社1998年版，第487页。
② 何云峰：《试论晚年毛泽东的革命观》，《河南大学学报（社会科学版）》2014年第4期。

社会……第二次，是封建地主革掉奴隶主的命……第三次，是资产阶级革封建地主阶级的命。也就是民主主义革封建主义的命。在中国，就是辛亥革命。"①毛泽东并没有将历史上的农民起义归为历史上大的革命之列，这可以说是深得马克思主义革命观的精义。1959年12月，毛泽东在读苏联《政治经济学教科书》时指出："社会主义制度下，虽然没有一个阶级推翻另一个阶级的革命，但是还有革命，技术革命，文化革命，也是革命。从社会主义过渡到共产主义是革命，从共产主义的这一个阶段过渡到另一个阶段，也是革命。共产主义一定会有很多阶段，因此也一定会有很多革命。"②马克思主义革命观认为，革命是指社会革命，暴力革命只是革命的一种形式，一些非暴力的形式，如生产力发展引起生产关系变动，引起阶级关系变动，是更深层次的社会革命。

这一时期，毛泽东除了重视阶级斗争外，还常论述技术革命和文化革命。1957年3月19日，毛泽东在南京、上海党员干部会议上指出："现在处在转变时期：由阶级斗争向自然界斗争，由革命到建设，由过去的革命到技术革命

---

① 毛泽东：《关于辛亥革命的评价（一九五四年九月十四日）》，《毛泽东文集》（第六卷），人民出版社1999年版，第344—345页。
② 毛泽东：《读苏联〈政治经济学教科书〉的谈话（节选）（一九六〇年二月）》，《毛泽东文集》（第八卷），人民出版社1999年版，第108—109页。

和文化革命。"[1]第二天，毛泽东在上海市党员干部会议上再次强调："建设也是一种革命，这就是技术革命和文化革命。"[2]毛泽东几乎总是将技术革命和文化革命并提，表明毛泽东所追求的发展是包括物质文明和精神文明在内的社会全面进步。

可惜到了后来，文化革命的意义发生了变化，从建设意义上的文化革命转变为阶级斗争意义上的文化革命，进一步演变成为以一个阶级推翻另一个阶级为标志的"无产阶级专政下的继续革命"。这与毛泽东在新中国成立初期对革命的理解和论述是背道而驰的，这也是值得深思的。

总之，中国古代儒家关于革命的主张产生在两千多年前，强调人民的重要性，是其民本思想的具体体现，闪耀着思想的光芒，但是此后没有明显的发展，也没有提出改造社会的具体方案。而马克思、恩格斯的革命论产生在资本主义发展，并且资产阶级与无产阶级矛盾尖锐对立的时代，建立在对以前革命论批判继承的基础上，把道德法律只看作经济事实的反映，从经济关系去探究革命产生的根本原因，体现出其理论的科学性。但是，马克思主义和中

---

[1] 毛泽东：《在南京、上海党员干部会议上讲话的提纲（一九五七年三月十九日）》，《毛泽东文集》（第七卷），人民出版社1999年版，第289页。
[2] 逄先知、金冲及：《毛泽东传（1949—1976）》（上），中央文献出版社2003年版，第650页。

国古代儒家思想关于"革命"的释义在很多方面都是一致的，有内在的相通性。正是由于这种内在的相通性，以毛泽东为代表的早期马克思主义者，接受马克思主义革命理论似乎是水到渠成的，这与儒家革命精神打下的坚实的文化基础密不可分。

第六章　马克思论人的本质与儒家人性论

对人的研究是哲学的一个重要命题。在中国哲学界，一般都认为人性就意味着人的本质，甚至认为人的本质论和人性论是相同的概念[①]，即使二者并不完全相同，也承认二者所指的核心内容是一致的。[②] 从马克思、恩格斯的著作和儒学有关文献看，马克思、恩格斯著作主要谈论人的本质，而关于人性的论述是儒家学者们热衷探讨的重要内容。

[①] 高清海主编的《文史哲百科辞典》，认为二者是完全相同的概念。该书对"人性"词条的解释，明确指出："人区别于人自身之外的一切物并所以为人的本质规定性，亦称人的本性或人的本质。"见高清海：《文史哲百科辞典》，吉林大学出版社1988年版，第17页。宋志明、向世陵、姜日天所著的《中国古代哲学研究》，也认为"人性即人的本质属性"。见宋志明、向世陵、姜日天：《中国古代哲学研究》，中国人民大学出版社2000年版，第248页。

[②] 黄楠森、欧顺军认为人的本质是人性中最根本的规定，是将人从动物中划分出来的根本属性。张奎良认为人的本性是人所具有的文明特性，包括社会、物质、精神三个方面，人的本质是人的根本规定。陈志尚认为人性包括人的属性、特性、本质三个组成部分，其中人的本质是核心与基础。见张奎良：《马克思人的本质概念的演绎程序》，《马克思主义研究》2014年第11期；陈志尚等：《人学新论：马克思主义人学基本理论和重大现实问题研究》，人民出版社2015年版，第55页。

第六章 马克思论人的本质与儒家人性论

马克思关于人的本质论和儒家人性论,虽然在表述方式上不同,但是二者在关于人的地位、人的本质属性、人性的完善等方面,都具有内在的相通性。

一、高度重视对人的本质和人性的探究

纵观马克思、恩格斯的全部思想,都是围绕"人"展开的。马克思主张无神论,明确指出"因为无神论是对神的否定,并且正是通过这种否定而肯定人的存在"。[①]在他们的著作中,有大量对人的本质的论述。与马克思、恩格斯对人的本质的论述相比,儒家学说中有大量关于"人性"的论述,甚至可以说,儒学就是围绕人性的研究而展开,是名副其实关于"人"的学说。

1. 马克思、恩格斯关于人的本质认识的发展

马克思对人的本质的理解是通过批判德国古典哲学完

---

① 马克思:《1844年经济学哲学手稿》,《马克思恩格斯全集》(第四十二卷),人民出版社1979年版,第131页。

成的。①正如恩格斯所言,马克思在批判地继承前人的基础上,所创立的唯物史观是"关于现实的人及其历史发展的科学"②。现实的人,在马克思看来,既不是黑格尔所理解的抽象的自我意识,也不是费尔巴哈的"抽象的人",而是"现实的、活生生的人""历史中行动的人"③。早在青年时期,马克思就意识到青年的职业应当诉诸人类的幸福和发展。他说,"在选择职业时,我们应该遵循的主要指针是人类的幸福和我们自身的完美"。④马克思在后来的整个哲学生命中都在思考并试图解答人的问题。

在读大学期间,马克思大量阅读了黑格尔的著作,成为青年黑格尔派。在博士论文中,马克思认为,从本质上

---

① 德国古典哲学家代表人物康德、黑格尔等人的哲学思想,向人们展示了人的丰富的本质。康德认为,人作为认识的主体在一切经验之先已固有某种认识的形式或认识的结构,并借以整理质料,建构现象,取得必然性的知识。这种理智的先天法则不是理智从自然界中得来的,而是理智给自然界规定的。因此,人的认识永远无法摆脱主体的性质。但是,康德并没有把人的主体性与实践活动结合起来,而是陷入了主、客体二元对立的二律背反之中。黑格尔通过对劳动的分析,阐述了劳动对于确立活动主体本质的重要意义,指出人只有通过劳动与外物发生关系,才能取得自身的独立。但黑格尔理解的劳动并不是人的现实的生产活动,而是抽象的精神活动。只有马克思才真正把握了人的实践本质,并解决了人与历史的关系问题。
② 恩格斯:《路德维希·费尔巴哈和德国古典哲学的终结》,《马克思恩格斯全集》(第二十一卷),人民出版社1965年版,第334页。
③ 恩格斯:《路德维希·费尔巴哈和德国古典哲学的终结》,《马克思恩格斯全集》(第二十一卷),人民出版社1965年版,第334页。
④ 马克思:《青年在选择职业时的考虑》,《马克思恩格斯全集》(第四十卷),人民出版社1982年版,第7页。

来说，伊壁鸠鲁的学说就是关于人及人的自由的学说，因为世间的一切（包括人）都是由原子构成的，只要证明原子的自由本性，也就直接证明了人的自由本性。由此可见，这时的马克思接受了黑格尔关于人的本质是理性精神（自我意识）的抽象人性思想。大学毕业后，马克思到《莱茵报》工作，对社会生活有了进一步了解。这一时期，马克思清醒地认识到普鲁士专制政府统治下国家与法律之间的巨大冲突，发现法律倡导的自由只是普鲁士封建贵族的自由，推动了马克思从"抽象人性论"中清醒过来，开始关注人的现实境遇。当他看到德国人民在政治生活中没有言论自由的时候，便首先把矛头指向了当时的普鲁士书报检查制度。在《关于林木盗窃法的辩论》中，马克思第一次探讨物质利益问题。在林木盗窃案中，林木条例违反者与林木所有者都是国家的公民，应当受到同样的保护，但事实却是物质利益才是衡量双方立场及其对法律的态度的标准。马克思认为这样的法律使得物质利益成为国家的灵魂，是对真正的国家和法律的侮辱。在这一时期，马克思对人的认识仍然带有黑格尔的抽象人性论的印记。但是社会现实逐渐使马克思对抽象的人性规定产生了质疑，已经呈现出逐渐摆脱黑格尔的抽象人性论的倾向。

1843年1月，《莱茵报》被普鲁士政府查封。之后，马克思回到"书斋"中，深入研究和批判黑格尔法哲学，意识到在黑格尔抽象的精神领域中无法揭示人的真正本质，必须进入人的现实生活领域，才能获知真正的人的本质规定。这一时期，是马克思对人本质认识的转折阶段，主要体现在其《黑格尔法哲学批判》《1844年经济学哲学手稿》等著作中。在《黑格尔法哲学批判》中，马克思深刻地揭示了人的本质在市民社会中的异化。马克思指出，人是市民社会中的现实存在，人的本质存在于现实的社会关系之中。在《1844年经济学哲学手稿》中，马克思人的本质思想也产生重大突破。他明确指出："自然界的人的本质只有对社会的人来说才是存在的；因为只有在社会中，自然界对人说来才是人与人联系的纽带，才是他为别人的存在和别人为他的存在，才是人的现实的生活要素；只有在社会中，自然界才是人自己的人的存在的基础。"[1] "个人是社会存在物。因此，他的生命表现，即使不采取共同的、同其他人一起完成的生命表现这种直接形式，也是社会生活的表现和确证。"[2] 马克思着手从人的活动、人的社会关系（尤其是经济关系）出发考察人的本质，在批判地继承黑格尔与费尔巴哈抽象人性论的基础上，提出人的本质是自由自

---

[1] 马克思：《1844年经济学哲学手稿》，《马克思恩格斯全集》（第四十二卷），人民出版社1979年版，第122页。
[2] 马克思：《1844年经济学哲学手稿》，《马克思恩格斯全集》（第四十二卷），人民出版社1979年版，第122—123页。

第六章 马克思论人的本质与儒家人性论

觉的活动,完成了从抽象人性向具体人性的转折。

1845年至1846年,《关于费尔巴哈的提纲》《德意志意识形态》两部著作相继完成,标志着马克思主义科学世界观的形成,同时也标志着马克思关于人的本质的思想的成熟。这一阶段,马克思破解了人的真正的奥秘,系统论述了人的本质内容,实现了从抽象人性到现实人性的超越。尽管如此,马克思对人的本质的探讨并没有止步,而是进一步丰富与发展了对人的本质的认识。在《共产党宣言》中,马克思把科学社会主义、政治经济学与人的本质相结合,试图找到"人往何处去"的根本价值指向,即人的自由全面的发展,由此马克思进一步丰富与发展了对人的本质的认识。

马克思从无产阶级的立场出发,用了极大的精力写出了《资本论》。《资本论》不仅仅是一本经济学著作,而且是"工人阶级圣经"。正如恩格斯在该书的英文版序言中所说的那样:"各地的工人阶级都越来越把这些结论看成是对自己的状况和自己的期望所作的最真切的表述。"[1]而恩格斯则"抛弃了社交活动和宴会,抛弃了资产阶级的葡萄牙红葡萄酒和香槟酒,把自己的空闲时间几乎都用来和普通的

---

[1] 恩格斯:《〈资本论〉英文版序言》,《马克思恩格斯全集》(第二十三卷),人民出版社1972年版,第36页。

工人交往"①，"在二十一个月内从亲身的观察和亲身的交往中直接研究英国的无产阶级，研究了他们的要求、他们的痛苦和快乐，同时又以必要的可靠的材料补充了自己的观察"②，写下了世界上第一部反映工人阶级状况的书籍《英国工人阶级状况》。书中揭露，无产阶级在法律和事实上都是资产阶级的奴隶。他们为了生存不得不把自己零星出卖，沦为劳动工具，并成为大机器的单纯的附属品。面对资产阶级及其政治统治的贪婪和残暴，马克思和恩格斯以鲜明而强烈的人民立场揭示，资产阶级首先生产的是它自身的掘墓人，无产阶级构成了全体社会成员的大多数，从这个阶级中将产生出必须实行彻底革命的意识，并宣告"资产阶级的灭亡和无产阶级的胜利是同样不可避免的"，"无产者在这个革命中失去的只是自己颈上的锁链"，"而他们所能获得的却是整个世界"。③

在人类思想史上，没有一种思想理论像马克思主义那样对人类产生如此广泛而深刻的影响，也没有一种理论如此深深植根于人民。纵观马克思关于人的本质的论述，可

---

① 恩格斯:《英国工人阶级状况》,《马克思恩格斯全集》(第二卷)，人民出版社1957年版，第273页。
② 恩格斯:《英国工人阶级状况》,《马克思恩格斯全集》(第二卷)，人民出版社1957年版，第278页。
③ 马克思、恩格斯:《共产党宣言》,《马克思恩格斯全集》(第四卷)，人民出版社1958年版，第504页。

以发现马克思视域中人的本质不是僵化的、一成不变的抽象本质,而是随着社会历史的发展而不断变化着的现实本质。

2.儒家丰富多样的人性论

以儒学为核心的中华传统文化中,尽管学说思想各异,但重视人的作用和人的价值是共同的特点。关于孔子儒学的核心是"人学"的观点,著名学者张岂之有过系统论述。[①]

中国哲学对人性的思考,发端于孔子。孔子提出"性相近也,习相远也"[②]的著名论断,但是并没有对这个观点加以阐发。子贡甚至不无感慨地说:"夫子之言性与天道,不可得而闻也。"[③]孔子之后,关于人本性"善"与"恶"的探讨,逐渐成为儒学的一个十分重要的论题。

战国初期,孔子再传弟子世硕提出人性有善有恶的看法,产生了一定影响。[④]到了战国中期,人性的争论更加激烈。《孟子》记述,当时有人认为"性可以为善,可以为不善。是故文武兴则民好善,幽厉兴则民好暴";又有人认为:"有性善,有性不善。是故以尧为君而有象,以瞽瞍为

---

① 张岂之(主编):《中国思想史》(上卷),西北大学出版社2012年版,第44—51页。
② 《论语·阳货》。
③ 《论语·公冶长》。
④ 王充在《论衡》(卷三,"本性"篇)中记述:"周人世硕,以为人性有善有恶。""宓子贱、漆雕开、公孙尼子之徒,并论情性,与世子相出入,皆言性有善有恶。"

父而有舜，以纣为兄之子，且以为君，而有微子启、王子比干。"①这些说法与世硕的观点如出一辙。而同时期的告子则把人性比为湍急的河水，从东方决口则东流，从西方决口则西流，不可把人性固定为善与不善。即所谓"人性之无分于善不善也，犹水之无分于东西也"②。

针对告子的人性"无善无恶"论，孟子提出性善论。孟子的"性善"中的"性"指人不同于动物的东西，是人的本质。告子说："生之谓性。"而孟子用反证法进行反诘："生之谓性也，犹白之谓白与？""白羽之白也，犹白雪之白，犹白玉之白与？""然则犬之性犹牛之性，牛之性犹人之性与？"③从而证明告子"生之谓性"的命题是错误的。告子强调人与动物的共同点，而孟子强调人与动物的区别。孟子所讲的"性"，是人之所以为人的、与动物相区别的特性，即人性。孟子认为："恻隐之心，人皆有之；羞恶之心，人皆有之；恭敬之心，人皆有之；是非之心，人皆有之。"④"四心"又称"四端"，"四端"发展成了仁义礼智"四德"，是处理"五伦"（即君臣、父子、兄弟、夫妇、朋友五种关系）的规范。所以说，仁义礼智是人生而具有的东

---

① 《孟子·告子上》。
② 《孟子·告子上》。
③ 《孟子·告子上》。
④ 《孟子·告子上》。

西，也是人性善的主要内容。

儒家的另一位代表人物荀子则主张性恶论，提出"人之性恶，其善者伪也"①的观点。与孟子不同，荀子把人性规定为人的自然性，即"生之所以然者谓之性"②。把人受后天环境影响和经主观修习获得的品质称为"伪"，"可学而能，可事而成之在人者谓之伪"③。"性伪之分"是荀子"明于天人之分"观点在人性学说方面的应用，"性伪之分"也就是人性方面的"天人之分"。与性恶论密切相关的是，荀子在社会思想方面提出"明分使群"的思想。"群"即社会群体，"分"即划分不同的等级。他提出规定不同等级的权利义务，从而使社会群体有序运行，即所谓"救患除祸，莫若明分使群矣"④。与性恶论密切相关，荀子还提出"礼法"并重的政治主张。荀子的礼法思想既继承了儒家传统的礼治思想，又有法家法治思想的因素。

到了汉代，著名思想家董仲舒发展了儒家人性论，在儒家人性论发展史上发挥了承上启下的作用。董仲舒提出了"性三品"说，并且将"情"引入其人性论，所以也有人将董仲舒的人性论称为性善情恶论。他把人性做了区分：

---

① 《荀子·性恶》。
② 《荀子·性恶》。
③ 《荀子·性恶》。
④ 《荀子·富国》。

"圣人之性，不可名性。斗筲之性，又不可以名性。名性者，中民之性。"①虽然董仲舒说只有"中民之性"才可称为"性"，但他实际上把人性分为"圣人之性""斗筲之性""中民之性"的"三品"。先秦儒家人性论中，对"性"与"情"没有明确区分。从董仲舒开始，儒家人性论有了明确的"性""情"之分，并提出了性善情恶的理论。"性善情恶"也属于"中民之性"的一部分内容，即"中民之性"是有善有恶，"有贪有仁"，人之身是被天施以"阴阳"两个方面，因为阳总是处于主导的方面，所以"任德不任刑"或"德主刑辅"也仍适用于"性善情恶"。他说，"臣闻命者天之令也，性者生之质也，情者人之欲也"，"天令之谓命，命非圣人不行，质朴之谓性，性非教化不成，人欲之谓情，情非度制不节"。②

董仲舒还从"性善情恶"论推导出如何处理"义利"或"理欲"关系的问题。人之有"义与利"，与人之有"性与情"相联系。董仲舒说："天之生人也，使人生义与利，利以养其体，义以养其心……义者，心之养也；利者，体之养也。体莫贵于心，故养莫重于义，义之养生人大于利。"③因为"体莫贵于心"，所以"义"之养心要比"利"

---

① 《春秋繁露·实性》。
② 《汉书·董仲舒传》。
③ 《春秋繁露·身之养重于义》。

之养体更为重要。从"性善情恶"说,"义"出于性之善,"利"出于情之贪。

董仲舒的人性论是孟子性善论和荀子性恶论的综合和发展,推出了"性善情恶"的性情论,这在儒家人性论的发展史上起到了承前启后的重要作用。性三品说后来成为汉唐儒学乃至宋初儒家人性论的主流。后世的扬雄、王充、韩愈以及宋明思想家,在探讨人性论时,或多或少受到董仲舒性情思想的影响。

扬雄调和了"性善论"和"性恶论",提出"性善混恶论"。他指出"人之性也,善混恶,修其善则为善人,修其恶则为恶人"[①]。"修其善"即修性中之善,"修其恶"即修性中之恶。扬雄继承儒家重视"人禽之辨"的传统,认为人的天性是向善的,但是善不足而恶有余,应当通过"修性",从而抑恶扬善。扬雄性善混恶的理论,发展了儒家强调教化作用的人性论。

东汉时期的王充说:"无分于善恶,可推移者,谓中人也,不善不恶,须教成者也……至于极善、极恶,非复在习。"[②]这里的"不善不恶,须教成者"是讲"中人之性",而"极善、极恶"相当于董仲舒说的"圣人之性"与"斗筲之性"。王充又说:"孟轲言人性善者,中人以上者也;

---

① 《法言·修身卷第三》。
② 《论衡·本性》。

孙（荀）卿言人性恶者，中人以下者也；扬雄言人性善恶混者，中人也。"[1]这是用"性三品"说来品评人性论的不同学说。汉末的荀悦说："或问天命、人事，曰：有三品焉，上、下不移，其中则人事存焉尔。"[2]荀悦对人性发展出"九品"之说，并提出"教扶其善，法抑其恶，得施之九品"[3]。

唐代的韩愈说："性之品有上中下三。上焉者，善焉而已矣；中焉者，可导而上下也；下焉者，恶焉而已矣。"[4]与性相对应，韩愈认为情也有三品，提出"性情相应"的观点。他说："性也者，与生俱生者也；情也者，接于物而生也……性之于情，视其品。情之品，有上中下三，其所以为情者七：曰喜、曰怒、曰哀、曰惧、曰爱、曰恶、曰欲。上焉者之于七也，动而处其中。中焉者之于七也，有所甚，有所亡，然而求合其中者也。下焉者之于七也，亡与甚，直情而行者也。情之于性，视其品。"[5]也就是说，情之善恶是由性之三品所决定的。韩愈的学生李翱主张"性善情恶"说，指出："人之所以为圣人者，性也；人之所以惑其性者，情也。""情者，妄也，邪也……"[6]由此得出结论：人们必

---

[1]《论衡·本性》。
[2]《申鉴·杂言下》。
[3]《申鉴·杂言下》。
[4]《韩昌黎集·原性》。
[5]《韩昌黎集·原性》。
[6]《复性书》。

须去除生活的情欲,才能恢复本性,即所谓"灭情复性"。

"性三品"说及与之相应的"性善情恶"说,在汉唐乃至宋初的人性论史上占有主流地位。而在宋代"新儒学"兴起之后,它才被理学家张载、二程提出的"天地(天命)之性"与"气质之性"之说所取代。

北宋的张载将"性"与"气"相联系,在理学家中第一次提出了"天地之性"与"气质之性"的哲学命题。他吸取了王充的"天地之性"说,李翱的"性善情恶"说,佛教和道教的"真性""自性"说,等等,把完美无缺的人性称为"天地之性";受"气"不同所产生的人性叫"气质之性",是一种不完美的人性。张载主张,通过"变化气质",把人的生理、欲望置于某种道德观念的控制下,使气质"变好"[①],使人由"气质之性"逐渐达到"天地之性"。张载的人性论既继承和发展了孟子的"性善论",又解释了不善的来源及其克服的办法,在中国伦理学史上起到承前启后的作用,因此受到二程、朱熹等人的一致赞赏。

二程把张载的"天地之性"改为"天命之性",从而提出人性有"天命之性"与"气质之性"的区别。前者是天理在人性中的体现,是至善无瑕的;后者是气化而生的,不可避免地具有恶的因素。在二程的理论中,"恶"被称为

---

① 《经学理窟·气质》。

"人欲"或"私欲"。"人欲"是"天理"的对立面,"甚矣,欲之害人也。人之为不善,欲诱之也。诱之而弗知,则至于天理灭而不知反,故目则欲色,耳则欲声,以至鼻则欲香,口则欲味,体则欲安,此皆有以使之也"①。二程把人的正常生理需求也排在"人欲"之列,在一定程度上,导致了对人性的束缚。

明清时期的儒家学者,在人性论上有自己的阐发,尤其是一些具有唯物主义思想的学者,如王廷相、王夫之等人,针对朱熹等理学家人性论带来的弊端,承认人正常的生理欲望,并有重视后天"习""行"的倾向。

由此可见,儒家思想十分重视人性的探讨,在几千年的历史中,形成了丰富多彩的人性论学说。其中,有的观点与马克思关于人的本质的思想,是相一致的。

二、人的本质是社会属性

马克思、恩格斯关于人的本质的论述和儒家关于人的本性的阐述,都将社会属性看成人的本质。在《关于费尔巴哈的提纲》中,马克思做出了人的本质"是一切社会关系的总和"的论断,并且在《德意志意识形态》中明确指

---

① 《河南程氏遗书》(卷二十五)。

出，现实的个人是研究人的问题的根本前提，认为人的存在、人的社会历史的第一个前提就是现实的个人的物质实践活动。归纳起来，马克思关于人的本质的核心观点，就是人的本质是一切社会关系的总和，实践是形成人的本质的根本前提。如上文所述，儒家关于人性论的论说，大体上有性善论、性恶论、无善无恶论、有善有恶论、性三品（性善情恶）说、天地（命）之性与气质之性、性成于习、继善成性等学说。一些儒家学者在论说人性论时，所提出的一些观点与马克思主义对人的本质的核心观点是一致的。

1. 马克思：人的本质是一切社会关系的总和

如前所述，马克思撰写的《关于费尔巴哈的提纲》，马克思、恩格斯合作撰写的《德意志意识形态》，标志着马克思人的本质思想的成熟。

关于人的本质，有一种旧唯物主义认为人是自然环境和教育的产物。针对这种说法，马克思在《关于费尔巴哈的提纲》第三条明确指出："有一种唯物主义学说，认为人是环境和教育的产物，因而认为改变了的人是另一种环境和改变了的教育的产物——这种学说忘记了：环境正是由人类改变的，而教育者本人一定是受教育的。因此，这种学说必然会把社会分成两部分，其中一部分高出社会之上（例如在罗伯特·欧文那里就是如此）。环境的改变和人的活动的一致，只能被看作是并合理地理解为革命的实践。"①在《德意志意识形态》中，马克思、恩格斯进一步发挥了这一思想。他们认为，环境就是人们的实际存在的物质生活条件。人们要生存就必须具有一定的物质生活条件，而物质生活条件作为社会存在的总和，"包括他们得到的现成的和由他们自己的活动所创造出来的物质生活条件"②。马克思认为无论是已有的"结果"还是当代人所创造的"结果"，都是"人"实践的结果。

在《关于费尔巴哈的提纲》中，马克思人的本质思想主要体现在该文第六条："人的本质并不是单个人所固有的抽象物，实际上，它是一切社会关系的总和。"③这句话概括了马克思关于人的本质的全部奥义：首先，人在本质上不是单个人固有的抽象物，这是在批判费尔巴哈抽象人性的基础上提出的。④不可否认，人类生存和发展都是以自然界

---

① 马克思：《关于费尔巴哈的提纲》，《马克思恩格斯全集》（第三卷），人民出版社1960年版，第4页。
② 马克思、恩格斯：《德意志意识形态》，《马克思恩格斯全集》（第三卷），人民出版社1960年版，第23页。
③ 马克思：《关于费尔巴哈的提纲》，《马克思恩格斯全集》（第三卷），人民出版社1960年版，第5页。
④ 费尔巴哈用人的本质的异化说明神，把宗教归结于人，从根本上颠覆了宗教的权威，这是值得肯定的。然而，费尔巴哈虽然提高了人作为感性存在的权威，却只局限于从人与自然的关系考察人的本质，把人看作异于自然界其他生物的一个种类，并力图从中抽象出来人作为一个种类的特性，即人的类本质。因此，费尔巴哈势必在人的问题上重新陷入唯心史观是

为基础的，但是人的实践活动必须以一定的社会关系为前提，同时，人的社会关系也以人的实践为依托。离开人的实践活动理解人的本质，只能把人的本质理解为单个的抽象物。同时，人的本质是具体的、历史的。人的社会关系是在人的活动中历史地产生的，又伴随着历史的发展而不断变化，不同历史时期，人的本质内容不尽相同。而且，人的各种社会关系不是简单的拼凑，而是作为一个整体发挥作用。

基于《关于费尔巴哈的提纲》所列的观点，马克思在《德意志意识形态》中对人的本质展开了系统的论述。

第一，马克思克服了抽象人性论的缺陷，将"现实的个人"作为研究人的本质的基本前提。马克思批判施蒂纳、鲍威尔等人把现实的、有生命的人变成抽象概念的误区，指出人的现实性体现在人的物质生产活动中。马克思指出："以一定的方式进行生产活动的一定的个人，发生一定的社会关系和政治关系……这里所说的个人不是他们自己或别人想象中的那种个人，而是现实中的个人，也就是说，这些个人是从事活动的，进行物质生产的，因而是在一定的物质的、不受他们任意支配的界限、前提和条件下能动地表现自己的。"[①]因此，当我们考察人的本质时，应当聚焦现实的个人，研究他们的物质活动及其生产的物质条件。

---

① 马克思、恩格斯:《德意志意识形态》,《马克思恩格斯全集》(第三卷),人民出版社1960年版，第28—29页。

第二，马克思对人的社会关系展开了详细的论述。马克思指出，人的社会关系不是由概念引申而来的，而是生发于人的生产活动之中。马克思指出："对于各个个人来说，出发点总是他们自己，当然是在一定历史条件和关系中的个人，而不是思想家们所理解的'纯粹的'个人。"[1]马克思还考察了资本主义社会中的人："如果从整体上考察资产阶级社会，那么社会本身，即处于社会关系中的人本身，总是表现为社会生产过程的最终结果。""生产过程的条件和物化本身也同样是它的要素，而作为它的主体出现的只是个人，不过是出于相互关系中的个人。"[2]马克思还指出，以交换价值为生产目的的资本主义制度从一开始就包含着对个人的强制，"个人的直接产品不是为个人的产品，只有在社会过程中它才成为这样的产品"，"个人只是作为交换价值的生产者才能存在，而这种情况就已经包含着对个人的自然存在的完全否定，因而个人完全是由社会决定的"[3]。现实的个人在生产实践中相互联系，由此产生的经济关系就是生产关系，或称为物质的社会关系。经济关系是其他

---

[1] 马克思、恩格斯：《德意志意识形态》，《马克思恩格斯全集》（第三卷），人民出版社1960年版，第86页。
[2] 马克思：《政治经济学批判》，《马克思恩格斯全集》（第四十六卷下），人民出版社1980年版，第226页。
[3] 马克思：《政治经济学批判》，《马克思恩格斯全集》（第四十六卷上），人民出版社1979年版，第200页。

一切社会关系的基础，在此之上，马克思区分了人的家庭关系、民族关系、阶级关系、政治关系、法律关系等。由此可见，马克思所说的社会关系是一个具有主从序列的关系体系。这一关系体系涉及人的全部社会生活的方方面面。

第三，马克思指出人的历史性。马克思指出："一切人类生存的第一个前提也就是一切历史的第一个前提，这个前提就是：人们为了能够'创造历史'，必须能够生活。但是为了生活，首先就需要衣、食、住以及其他东西。因此第一个历史活动就是生产满足这些需要的资料，即生产物质生活本身。同时这也是人们仅仅为了能够生活就必须每日每时都要进行的（现在也和几千年前一样）一种历史活动，即一切历史的一种基本条件……因此任何历史观的第一件事情就是必须注意上述基本事实的全部意义和全部范围，并给予应有的重视。"[1]人的本质在一定历史条件下，随着物质生产状况的发展而发展，因此在阶级社会里，人的本质也无可避免地被盖上了阶级的烙印。

马克思和恩格斯考察了无产阶级人性的问题，并指出无产阶级必须推翻资产阶级，才能获得人性的恢复。他们指出："由于在已经形成的无产阶级身上实际上已完全丧失了一切合乎人性的东西，甚至完全丧失了合乎人性的外观，

---

[1] 马克思、恩格斯：《德意志意识形态》，《马克思恩格斯全集》（第三卷），人民出版社1960年版，第31—32页。

由于在无产阶级的生活条件中现代社会的一切生活条件达到了违反人性的顶点，由于在无产阶级身上人失去了自己，同时他不仅在理论上意识到了这种损失，而且还直接由于不可避免的、无法掩饰的、绝对不可抗拒的贫困——必然性的这种实际表现——的逼迫，不得不愤怒地反对这种违反人性的现象，由于这一切，所以无产阶级能够而且必须自己解放自己。但是，如果它不消灭它本身的生活条件，他就不能解放自己。"[1]

马克思、恩格斯这段关于无产阶级的人性变化的论述，似乎与宋儒关于人性的论述有相似的地方。宋儒认为人有"天命之性"和"气质之性"，前者是一种未受污染的纯然之性，然而在实际生活中，难免会受到"恶"因素的影响，但是通过后天的努力，通过"变化气质"，能够恢复到之前的状态。从上面的论述中可知，马克思和恩格斯认为无产阶级的人性原本有一个"自己"的状态，但是由于在"现代社会的一切生活条件"中，违反了人性，在意识到这种情形后，需要通过消灭外在的条件，从而解放自己。只不过在改变人性的方法上，二者有本质不同：宋儒主张从内而外不断地进行"修炼"；马克思和恩格斯主张通过改变客观环境、推翻不合理制度，从而实现解放自己的目标。

---

[1] 马克思、恩格斯：《神圣家族》，《马克思恩格斯全集》（第二卷），人民出版社1957年版，第45页。

马克思对政治经济学的研究从1843年开始至1883年逝世为止,《资本论》是马克思从事政治经济学研究的思想结晶。长期以来,不少学者仅把《资本论》当作经济学著作加以研究,但实际上《资本论》并非"见物不见人",透过"物",我们能够看到现实的人与人的关系及其本质,《资本论》也因此被称为"工人阶级圣经"。[①]在《资本论》第一版序言(1867)中,马克思指出他此时的政治经济学研究所涉及的人"只是经济范畴的人格化,是一定的阶级关系和利益的承担者"[②]。这是马克思对资本主义特殊社会形态下人的本质的具体表述,是他从经济学视角出发对人的本质的研究之结晶。

马克思、恩格斯关于人的本质的理论是科学的理论,认为人是"现实的人",是一定社会历史条件的产物,而且认为人是一切社会关系的总和,而这种社会关系的核心是建立在生产实践基础上的物质生产关系。

2.儒家:"天下无伦外之人""人能群"

在某种程度上,儒家学说就是以人为中心的"处世"

---

① 恩格斯:《〈资本论〉英文版序言》,《马克思恩格斯全集》(第二十三卷),人民出版社1972年版,第36页。
② 马克思:《〈资本论〉第一版序言》,《马克思恩格斯全集》(第二十三卷),人民出版社1972年版,第12页。

的学说。所谓"处世"就是一个在社会中的人,在"明分"(明确自己的角色定位)的基础上,如何处理好各种社会关系。虽然儒家的社会关系与马克思、恩格斯的社会关系有很大不同:马克思、恩格斯的社会关系是以物质生产关系为基础的各种社会关系,如人的家庭关系、民族关系、阶级关系、政治关系、法律关系等;而儒家的社会关系说到底是人的社会伦理关系,就是大家熟知的"五伦",即君臣、父子、夫妇、兄弟、朋友5种社会关系。尽管在具体内容上有不同,但是马克思主义关于人的本质属性是人的社会性的思想,在儒家人性论中有类似的表达。

清人陈宏谋[①]曾指出:"学也者,所以学为人也,天下无伦外之人,故自无伦外之学。"[②]这句话既指出了儒学的本质,是关于人的学问,也指出了儒家人性论的本质。其"天下无伦外之人"与马克思"人是一切社会关系的总和"的论断,在强调人的本性是社会属性上,有异曲同工之妙。陈宏谋认为天下所有的人都处在"五伦"的关系中,并进一步指出:"朱子首列五教,所以揭明学之本指,而因及为

[①] 陈宏谋曾用名弘谋,因避乾隆帝"弘历"之名讳,而改名宏谋。他官至东阁大学士兼工部尚书,同时,还是著名儒家学者,于公务之余,采录儒家先贤著述事迹,辑录朱熹等儒家代表人物关于养性、修身、治家、为官、处世、教育等方面的著述事迹,分别辑为《养正遗规》《教女遗规》《训俗遗规》《从政遗规》《在官法戒录》,总称为《五种遗规》。
[②] 陈宏谋(辑):《五种遗规》,线装书局2015年版,第3页。

第六章 马克思论人的本质与儒家人性论

学之序。""尧、舜使契为司徒,敬敷五教,即此是也。学者学此而已。"[①] "五教"就是进行"五达道,即五伦"。"五教"出自儒家经典《中庸》:"天下之达道五,曰:君臣也,父子也,夫妇也,昆弟也,朋友之交也。五者,天下之达道也。知、仁、勇三者,天下之达德也。"[②] 关于"五达道,即五教",朱子的注解是:孟子所谓父子有亲,君臣有义,夫妇有别,长幼有序,朋友有信是也。可见,陈宏谋所谓"天下无伦外之人",是对前代儒家人性论中人的社会属性的归纳和总结。

在中国传统思想中,一个与"社会"近似的概念就是"群"。"群"的本义是羊群、兽群。《诗经》有云:"谁谓尔无羊,三百维群。"[③] 由此引申为人群、族群等意。《礼记》载:"吾离群而索居,亦已久矣。"[④] 在《论语》中,"群"出现了4次:"群居终日,言不及义,好行小慧,难矣哉!"[⑤] "君子矜而不争,群而不党。"[⑥] "诗,可以兴,可以观,可以群,可以怨。"[⑦] "鸟兽不可与同群,吾非斯人之徒与而谁

---

① 陈宏谋(辑):《五种遗规》,线装书局2015年版,第3页。
② 《中庸章句·第二十章》。
③ 《诗经·小雅·无羊》。
④ 《礼记·檀弓上》。
⑤ 《论语·卫灵公》。
⑥ 《论语·卫灵公》。
⑦ 《论语·阳货》。

与?"①可见,在《论语》中,"群"乃是指有别于禽兽等生物群体的人类生活组织形式,指人群,人类社会。

在孔子的思想里,"群"与儒家思想的核心理念"仁"是相契合的。《论语》中多处论"仁"。樊迟问"仁",孔子回答说"爱人"②,一方面是"己所不欲,勿施于人"③,另一方面是"己欲立而立人,己欲达而达人"④。《汉书》有云:"故不仁爱则不能群,不能群则不胜物,不胜物则养不足。"⑤可见,在为政者心里,"仁"与"群"是因果关系,不仁则不能群,就无法维护正常的社会秩序。

荀子在社会思想方面提出"明分使群""人能群"的主张。他说"(人类)离居不相待则穷,群而无分则争。穷者患也,争者祸也。救患除祸,则莫若明分使群矣"⑥,"人能群,彼不能群也","人生不能无群,群而无分则争"⑦,等等。从社会学的角度解释,人之所以为人,或者说人与其他动物的区别,就是人是群体动物,是处在社会关系之中的物种。

荀子看到,人类必须依靠群体合作,才能解决生产生

---

① 《论语·微子》。
② 《论语·颜渊》。
③ 《论语·颜渊》。
④ 《论语·雍也》。
⑤ 《汉书·刑法志》。
⑥ 《荀子·富国》。
⑦ 《荀子·王制》。

活中遇到的问题，但是又带来了新的问题，这就是人与人之间的争夺，怎样使人类结成社会群体，又避免争端呢？荀子提出了必须有"分"，即划分不同的等级，规定不同等级的权利和义务，这就是"明分使群"的主张。荀子说，"君者，善群也"[①]，这里的"群"就不单指与兽群相分的人类社会，而且也指战国后期的"国群"，即以家族为主体而组建的国家社会，就具有明显的政治意味，其背后传达的是一种与家族社会、宗法国家相匹配的伦理、政治思想。荀子进一步解释礼产生的社会根源："人生而有欲，欲而不得，则不能无求。求而无度量分界，则不能不争；争则乱，乱则穷。先王恶其乱也，故制礼义以分之，以养人之欲，给人之求。使欲必不穷于物，物必不屈于欲。两者相持而长，是礼之所起也。"[②]虽然这个理论把礼法制度归结为"先王"的创造是不对的，但是强调了人类与其他动物的区别就在于"人能群"，即人类具有社会组织，还从人类物质生活的角度来解决人类物质欲望的需求问题，具有唯物主义色彩，与马克思主义关于人的本质的理论是相一致的。

荀子关于"群"的思想，在近代得到严复等一批思想家的重视，并被赋予近代意义。严复翻译约翰·穆勒（今译密尔）《论自由》时，将书名译作《群己权界论》。但这

---

① 《荀子·王制》。
② 《荀子·礼论》。

绝不单纯是对密尔原著的照搬，而实际在很大程度上得益于荀子"群学"的启发，并且借用了荀子"群"的概念，来指称西学中的"社会"。在《〈群学肄言〉译余赘语》中，他指出："荀卿曰：民生有群。群也者，人道所不能外也。群有数等。社会者，有法之群也。社会，商工政学莫不有之；而最重之义，极于成国。尝考六书文义，而知古人之说与西学合。何以言之？西学'社会'之界说曰：民聚而有所部勒（东学称组织）祈向者，曰社会。而字书曰：邑，人聚会之称也；从口，有区域也；从卪，有法度也。西学'国'之界说曰：有土地之区域，而其民任战守者，曰国。而字书曰：国，古文'或'；从一，地也；从口；以戈守之。观此可知中西字义之冥合矣。"①

对照原著发现，严复没有将密尔原著中的"society"或"civil society"译为"社会"或"公民社会"，而是译为"国群""国""国人"。这里的"群"是指社会、国家等人群集体；"己"是指个人；群己权界论即关于社会和个人权利、义务关系的论述。严复的"群"概念有人类社会、国群、市民社会和政治国家的含义。②

---

① 严复：《〈群学肄言〉译余赘语》，《群学肄言》，朝华出版社2017年版，第12—13页。
② 郭萍：《澄清不同层面的"群己权界"——基于严复〈群己权界论〉的分析》，《中国哲学史》2019年第1期。

关于"群"与"己"的关系，也就是社会与个人的关系，儒家道德规范是注重群体，克制自己，为维护群体利益可牺牲自己的生命。中国古代涌现出许多仁人志士，以天下为己任，并为后世留下了许多脍炙人口的至理名言，如"先天下之忧而忧，后天下之乐而乐"，"天下兴亡，匹夫有责"，"鞠躬尽瘁，死而后已"，等等。这些都高度体现了我们中华民族的群体意识和民族精神，是我们中华民族这一伟大群体得以稳定发展和不断壮大的保证。关于重视集体，并把个人置于集体之中，马克思、恩格斯有类似的论述："只有在集体中，个人才能获得全面发展其才能的手段，也就是说，只有在集体中才可能有个人自由。……在真实集体的条件下，各个个人在自己的联合中并通过这种联合获得自由。"[1]

严复通过引进西方近代资产阶级民主思想，对中国古代的"群""己"关系进行了近代化改造。从古代重视"群"的传统，发展到将"群"和"己"都纳入法制的保护，进而构成一种平等的关系。

毛泽东在《民众的大联合》中，将"群"与"社会"等同起来。他指出："我们人类本有联合的天才，就是能群的天才，能够组织社会的天才。'群'和'社会'就是我所

---

[1] 马克思、恩格斯：《德意志意识形态》，《马克思恩格斯全集》（第三卷），人民出版社1960年版，第84页。

说的'联合'。有大群，有小群，有大社会，有小社会，有大联合，有小联合，是一样的东西换却名称。所以要有群，要有社会，要有联合，是因为想要求到我们的共同利益。"①毛泽东进一步提出，农夫、工人、学生、女子、警察、车夫，各色人等，要结成各种小联合，在此基础上，进而结成大联合。毛泽东所谓的大联合，是中国人民的大联合，是中华民族的大联合。他豪迈地预言："他日中华民族的改革，将较任何民族为彻底。中华民族的社会，将较任何民族为光明。中华民族的大联合，将较任何民族为彻底。"②可见，此时的毛泽东"民众大联合"的思想，既有社会主义思想的影响，也潜移默化地与儒家"群"的思想息息相关。

儒家不仅承认人的社会属性，而且还认为后天的"习"（近似于"实践"的概念）对人性养成、完善具有重要作用。这就涉及儒家人性论与马克思主义人的本质论的另一个相通点，即人性是可以改变的，是可以完善的。

3.人性是可改变、可完善的

马克思主义和儒家都重视塑造理想人格，即社会新人

---

① 毛泽东：《民众的大联合（二）（一九一九年七月二十八日）》，《毛泽东早期文稿（1912—1920）》，湖南人民出版社2013年版，第342页。
② 毛泽东：《民众的大联合（三）（一九一九年八月四日）》，《毛泽东早期文稿（1912—1920）》，湖南人民出版社2013年版，第359页。

第六章 马克思论人的本质与儒家人性论

和"君子",所以都认为人性是可以改变的,并且是可以完善的。马克思一再强调,人是现实的人,是处在一定社会关系中的人,而不是抽象的人、处在真空中的人,必然受外界环境的影响,随着物质生产的变化而变化。儒家人性论,无论主张性善、性恶,还是性善情恶、变化气质等,都注重个人的修行和后天的教化,以达到人性的完善。

马克思、恩格斯在多篇文章中都表达了人的本质、本性是可以改变的,是随社会关系和物质生产的变化而改变的,并且能够对社会产生反作用。马克思在《资本论》中指出:"首先要研究人的一般本性,然后要研究在每个时代历史地发生了变化的人的本性。"[①]马克思、恩格斯在《共产党宣言》中指出:"人们的观念、观点、概念,简短些说,人们的意识,是随着人民生活条件、人们的社会关系和人们的社会存在的改变而改变的——这一点难道需要有什么特别的深奥思想才能了解吗?"[②]既然人们的思想、意识是受社会物质生产方式制约的,那么人的本质必然是随之而变化的。所以,他们认为以往抽象人性论把人的本质看作永恒不变的东西,实际是经不起现实推敲的。

[①] 马克思:《资本论》,《马克思恩格斯全集》(第二十三卷),人民出版社1972年版,第669页。
[②] 马克思、恩格斯:《共产党宣言》,《马克思恩格斯全集》(第四卷),人民出版社1958年版,第488页。

马克思、恩格斯认为,改变人的决定因素是人所处的社会关系,归根到底是人所处社会的物质生产方式。正如马克思指出的:"只有当对象对人说来成为人的对象或者说成为对象性的人的时候,人才不致在自己的对象里面丧失自身。只有当对象对人说来成为社会的对象,人本身对自己说来成为社会的存在物,而社会在这个对象中对人说来成为本质的时候,这种情况才是可能的。"[1]作为历史的必然,生产方式必然从一个阶段提升到另一个阶段,正如人性的改变一样。从马克思主义的辩证观点来看,从一种经济的生产方式到另一种生产方式的改变就构成了质变或辩证的飞跃,这就意味着彻底的改变。

根据马克思、恩格斯的论述,在阶级社会里,所谓人们的外在条件、社会关系,也就是人们的阶级地位、阶级关系。他们在谈到资产阶级关于自由、教育、法制等见解时指出,资产阶级的这些"观念本身是资产阶级的生产关系和资产阶级的意志,而这种意志的内容是由资产阶级的物质生活条件所决定的"[2]。这就告诉我们,在阶级社会中,人的本质无不打上阶级的烙印。

---

[1] 马克思:《1844年经济学哲学手稿》,《马克思恩格斯全集》(第四十二卷),人民出版社1979年版,第125页。
[2] 马克思、恩格斯:《共产党宣言》,《马克思恩格斯全集》(第四卷),人民出版社1958年版,第485页。

第六章 马克思论人的本质与儒家人性论

按照马克思、恩格斯的观点,人类之所以从动物界走出来,是由于劳动,也就是说劳动创造了人类自身。人类之所以不像其他动物那样只受自然的驱使,是因为人类通过自己独有的劳动,积极认识自然,改造自然,并适应自然。但是在私有制社会中,出现了劳动"异化"的问题。

马克思在《1844年经济学哲学手稿》中着重分析劳动"异化"问题。马克思继承和改造了黑格尔关于"异化"的概念,形成了自己的劳动"异化"理论。在资本主义制度中,人与人的交换关系是以物的关系出现的,这种假象掩盖了其本质。马克思把政治经济学从一种物(商品、货币、工资、利润)的科学,转变为一种关于人在生产中的相互关系的分析。马克思认为,处在被剥削地位的人们,劳动越多归他们所有的东西就越少,而亲手创造出来反对自身的、异己的对象——世界的力量就越强大。他指出:"劳动为富人生产了奇迹般的东西,但是为工人生产了赤贫。劳动创造了宫殿,但是给工人创造了贫民窟。劳动创造了美,但是使工人变成畸形。劳动用机器代替了手工劳动,但是使一部分工人回到野蛮的劳动,并使另一部分工人变成机器。劳动产生了智慧,但是给工人产生了愚钝和痴呆。"[1] 也就是说,原本劳动创造了人,创造了人类的美好生活,但

---

[1] 马克思:《1844年经济学哲学手稿》,《马克思恩格斯全集》(第四十二卷),人民出版社1979年版,第93页。

是在私有制社会中，对被剥削者来说，劳动已经成了外在的东西、不属于它的本质的东西。马克思指出："他在自己的劳动中不是肯定自己，而是否定自己，不是感到幸福，而是感到不幸，不是自由地发挥自己的体力和智力，而是使自己的肉体受折磨，精神遭摧残……他的劳动不是自愿的劳动，而是被迫的强制劳动。"[1]在这样的情况下，只要外在强制一停止，人们就会逃避劳动，因为"这种劳动不是他自己的，而是别人的；劳动不属于他；他在劳动中不属于他自己，而是属于别人"[2]。

如何解决劳动"异化"的问题，马克思认为，个人不能脱离社会，脱离了社会的个人是抽象的个人；同样，社会也不能脱离个人，脱离了个人的社会就是抽象的社会。也就是要从社会的角度去解决人的问题。所以，马克思警告说："首先应当避免重新把'社会'当作抽象的东西同个人对立起来。"[3]如何解决在私有制社会出现的"异化劳动"问题，马克思认为，要回归人的本性，就必须对私有财产进行扬弃。他指出，"私有财产的扬弃，是人的一切感觉和

---

[1] 马克思:《1844年经济学哲学手稿》，《马克思恩格斯全集》（第四十二卷），人民出版社1979年版，第93—94页。
[2] 马克思:《1844年经济学哲学手稿》，《马克思恩格斯全集》（第四十二卷），人民出版社1979年版，第94页。
[3] 马克思:《1844年经济学哲学手稿》，《马克思恩格斯全集》（第四十二卷），人民出版社1979年版，第122页。

特性的彻底解放"①,"私有财产的积极扬弃,作为对人的生命的占有,是一切异化的积极的扬弃,从而是人从宗教、家庭、国家等等向自己的人的即社会的存在的复归"②。要回归人的本性,就必须对私有财产进行扬弃,根本途径就是建立共产主义。

但是关于人性改变的根本动力,马克思主义和儒家有不同的解释。马克思、恩格斯从经济活动和社会生活的角度去寻找答案,他们一再重申,人类行为的最终决定力量是人们借以维持生计和生产的方式,也就是马克思主义关于人的本质的完善,主要是通过社会实践、投身社会革命的"求诸外"的路径。而儒家认为人的本性,无论善恶,都是与生俱来的,主张从道德层面去完善,遵循"求诸内"的路径,正所谓:"性者,与身俱生而人之所皆有也。为君子者,修身治人而已,性之善恶不必究也。"③儒家认同"由内而外""推己及人""修齐治平",不断追求圆满的境界,即使不能成为圣人,也要向那个方向努力。

《尚书》载:"兹乃不义,习与性成。予弗狎于弗顺,

---

① 马克思:《1844年经济学哲学手稿》,《马克思恩格斯全集》(第四十二卷),人民出版社1979年版,第124页。
② 马克思:《1844年经济学哲学手稿》,《马克思恩格斯全集》(第四十二卷),人民出版社1979年版,第121页。
③ 欧阳修:《答李诩第二书》,《欧阳修集》,中州古籍出版社2010年版,第216页。

营于桐宫，密迩先王其训，无俾世迷。"①这是商初名相伊尹对太甲所说的话，意思是太甲的言行不能合于仁义，而且行为和品性已经养成。伊尹只能将太甲流放，在桐地营造宫殿，让他守护先王陵墓，在那里聆听先王的教诲，结果"王徂桐宫居忧，克终允德"，②从而改邪归正。太甲穿上丧服前往桐宫反省自己，最终养成了符合"义"的美德。这是通过后天的教化，让人修身养性，涵养良好德行的典型史例。

孔子罕言性，但是提出"性相近也，习相远也"，对后世影响极为深远。他将人的"性"与后天的"习"联系起来，强调后天实践对人性改变的重要作用。北宋大文豪欧阳修对之前儒家人性论进行总结，认为无论是性善论者、性恶论者，还是性善恶混论者，都强调修身。虽然学术观点不同，但是出发点和落脚点都是一样的：通过修身，达到人性的完善，即所谓"始异而终同也"③。他进一步阐释道："使孟子曰人性善矣，遂息而不教，则是过也；使荀子曰人性恶矣，遂弃而不教，则是过也；使扬子曰人性混矣，遂肆而不教，则是过也。""盖其意以谓善者一日不教，则失而

---

① 《尚书·太甲上》。
② 《尚书·太甲上》。
③ 欧阳修：《答李诩第二书》，《欧阳修集》，中州古籍出版社2010年版，第216页。

第六章 马克思论人的本质与儒家人性论

入于恶;恶者勤而教之,则可使至于善;混者驱而率之,则可使去恶而就善也。""夫三子者,推其言则殊,察其用心则一,故予以为推其言不过始异而终同也。"①所以,欧阳修提出,无论人性是善还是恶,都要通过"修身"而养成君子人格,"不修其身,虽君子而为小人""能修其身,虽小人而为君子"②。

在前辈儒家学人的基础上,以张载为代表的关中学派发展出"天地之性"和"气质之性"的人性论。提出通过"善反之"的途径来变化气质。"变化气质"就是以"天地之性"改造"气质之性",从而使人的气质变好。二程在张载的基础上,认为人性有"天命之性"和"气质之性"的区别。主张通过"天理"来克制"人欲"的"恶"。朱熹与张载、二程一样,也用"气禀"来解释"气质之性"及"恶"的来源。虽然对"气质"的解释不完全相同,但是都认为人性是可以完善的,而且提出了完善人性的具体修养方法。

明代王廷相、王夫之等思想家,在人性论上,都将人性的形成与后天的"习""行"联系起来,并强调了"习""行"对人性完善的重要作用。如王廷相提出"凡人

---

① 欧阳修:《答李诩第二书》,《欧阳修集》,中州古籍出版社2010年版,第216—217页。
② 欧阳修:《答李诩第二书》,《欧阳修集》,中州古籍出版社2010年版,第216页。

之性成于习"①，强调"接习"和"实历"的作用。所谓"接习"，就是指心借助器官与外界事物相接触；所谓"实历"，就是指亲身经历。王夫之在人性论上，提出"继善成性"的观点，把人性看成一个后天发展的过程，反对先验的、不变的人性。

由于儒家认为人性可以完善，所以十分重视教化的作用。孟子提出："善政不如善教之得民也。善政，民畏之；善教，民爱之。善政得民财，善教得民心。"②荀子认为人性恶，人性只有通过不断地规范纠正，才能归于善。他指出："不富无以养民情，不教无以理民性。"③荀子还提出通过"化性"，可以使人从"恶"向"善"转变，通过自己的努力，可以变成像禹一样的人。汉代董仲舒也提出"教化成性"的观点，认为政治的根本在于教化，指出"圣人之道，不能独以威势成政，必有教化"④，"教，政之本也"⑤，"性非教化不成"。⑥

在通过教化提升人性的方面，马克思也有相似的论述："要改变一般的人的本性，使它获得一定劳动部门的技能

---

① 《答薛君采论性书》。
② 《孟子·尽心上》。
③ 《荀子·大略》。
④ 《春秋繁露·为人者天》。
⑤ 《春秋繁露·精华》。
⑥ 《举贤良对策三》。

和技巧，成为发达的和专门的劳动力，就要有一定的教育和训练……劳动力的教育费随着劳动力性质的复杂程度而不同。"①

马克思关于人的本质的理论和儒家人性论，虽然在表述方式上不同，但是二者具有内在的相通性。它们都高度重视对人的本质和人性的探究：马克思从人的活动、人的社会关系（尤其是经济关系）出发考察人的本质，并且站在无产阶级的立场，把科学社会主义、政治经济学与人的本质相结合，提出人的自由全面发展的主张。儒家思想十分重视人性的探讨，形成了丰富多彩的人性论学说②。这些学说中有不少唯物主义的色彩，与马克思关于人的本质的论述有相一致的地方。马克思认为社会性是人的本质属性，儒家人性论中也有不少类似的论述。总之，这两大思想体系都关注对人的本质属性的探讨，而且都认为人的本质属性是社会属性。

---

① 马克思：《资本论》，《马克思恩格斯全集》（第二十三卷），人民出版社1972年版，第195页。
② 孔子之后，关于人性"善""恶"的探讨，逐渐成为儒学的一个十分重要的论题。大概有性善论、性恶论、无善无恶论、"性三品"说（也称"性善情恶"论）、"性善混恶"论、变化气质论（使人由"气质之性"逐渐达到"天地之性"）等理论。

第七章　马克思主义人民观与儒家民本思想

习近平总书记在纪念马克思诞辰200周年大会上的重要讲话中指出："马克思主义是人民的理论，第一次创立了人民实现自身解放的思想体系。马克思主义博大精深，归根到底就是一句话，为人类求解放。"[1]这是对马克思主义人民性的精辟概括，马克思主义是代表广大人民群众的理论。在中国古代，尽管儒家思想长期为统治阶级所改造、利用，但其丰富的民本思想，是儒家思想的精华所在。马克思主义人民观和儒家民本思想，是两种不同的思想[2]，但具有显而易见的一致性。

---

[1] 习近平:《在纪念马克思诞辰200周年大会上的讲话（2018年5月4日）》,《求是》2018年第10期。
[2] 在产生的时代背景、主要内容等方面，二者都有显著区别。尤其是其立场方面，马克思主义站在人民群众的立场，主张人民群众本身要组织起来，建立新的社会制度，成为社会的主人；儒家思想是站在统治阶级的立场，劝诫统治者成为明君，重视人民群众的作用，尊重人民群众的利益，人民群众要自觉地融入家国天下的体系中，从而达到"政通人和"的状态。

第七章 马克思主义人民观与儒家民本思想

一、关于历史创造主体

对人民群众创造历史地位和作用的肯定，是马克思主义人民立场的根本体现；阐发民众的重要作用，也是儒家民本思想一直所强调的重要内容。对人民主体地位的肯定，是两大思想体系相通性的一个重要体现。

1.马克思、恩格斯主张人民群众是历史的创造者

马克思、恩格斯高度重视历史，有大量关于历史和历史学的论述。他们甚至认为："我们仅仅知道一门唯一的科学，即历史科学。历史可以从两方面来考察，可以把它划分为自然史和人类史。但这两方面是不可分割的；只要有人存在，自然史和人类史就彼此相互制约。"[①]这一论述表明，马克思、恩格斯认为历史是自然史与人类史的统一，因而历史科学是关于人及其整个存在世界的科学。他们在深入考察人类个体与群体的历史作用基础上，科学阐释了人在历史中的作用。

马克思、恩格斯关于人在创造历史过程中的主体作用的观点，是建立在批判继承前代先贤哲人有关思想基础上

[①] 马克思、恩格斯：《德意志意识形态》，《马克思恩格斯全集》（第三卷），人民出版社1960年版，第20页。

的。随着西方文艺复兴、宗教改革、启蒙运动的相继展开,理性取代了神性,几乎统治了整个西方思想界。理性成为衡量一切的尺度,被视为人类交往活动的内在基础和动力。黑格尔认为:"理性向来统治着世界和世界历史。"[1]"世界历史可以说是'精神'在继续作出它潜伏在自己本身'精神'的表现。如像一粒萌芽中已经含有树木的全部性质和果实的滋味色相,所以'精神'在最初迹象中已经含有'历史'全体。"[2]这种将历史理性化、历史服从思想逻辑的看法受到了费尔巴哈的批判,他说:"黑格尔哲学乃是转化为一种逻辑过程的神学史。"[3]费尔巴哈的批评表明,他虽然已经看到黑格尔历史观的局限性,但是并没有做进一步阐明。费尔巴哈希望让人的交往活动回到感性的真实性上,但是,他"对事物、现实、感性,只是从客体的或者直观的形式去理解,而不是把它们当作感性的人的活动,当作实践去理解"[4]。因此,马克思、恩格斯批判费尔巴哈"从来没有看到

---

[1] 黑格尔(著)、王造时(译):《历史哲学》,世纪出版集团、上海书店出版社2001年版,第16页。
[2] 黑格尔(著)、王造时(译):《历史哲学》,世纪出版集团、上海书店出版社2001年版,第17—18页。
[3] 北京大学哲学系外国哲学史教研室(编):《西方哲学原著选读》(下),商务印书馆1982年版,第497页。
[4] 马克思:《关于费尔巴哈的提纲》,《马克思恩格斯全集》(第三卷),人民出版社1960年版,第6页。

真实存在着的、活动的人，而是停留在抽象的'人'上"①，他只能把人的本质"理解为'类'，理解为一种内在的、无声的、把许多个人纯粹自然地联系起来的共通性"②。

马克思将黑格尔和费尔巴哈的历史观分别称作"想象的主体的想象活动"和"僵死的史实的汇集"。他们甚至指出过去的一切历史观存在的局限性："不是完全忽视了历史的这一现实基础，就是把它仅仅看成与历史过程没有任何联系的附带因素。根据这种观点，历史总是遵照在它之外的某种尺度来编写的；现实的生活生产被描述成某种史前的东西，而历史的东西则被说成是某种脱离日常生活的东西，某种处于世界之外和超乎世界之上的东西。"③在马克思看来，只有物质生产活动才是解开全部历史秘密的钥匙。他认为只有生产劳动才是理解历史的正确路径，只有人民群众才是历史的创造者。

马克思和恩格斯早年曾参加过青年黑格尔运动，但他们很快发现青年黑格尔分子正走向人民群众的对立面。青年黑格尔派代表人物之一布鲁诺·鲍威尔宣扬"自我意识"

---

① 马克思、恩格斯：《德意志意识形态》，《马克思恩格斯全集》(第三卷)，人民出版社1960年版，第50页。
② 马克思：《关于费尔巴哈的提纲》，《马克思恩格斯全集》(第三卷)，人民出版社1960年版，第5页。
③ 马克思、恩格斯：《德意志意识形态》，《马克思恩格斯全集》(第三卷)，人民出版社1960年版，第44页。

是最强大的历史创造力，认为只有杰出人物才是历史的创造者，而人民群众似乎只是随意附和的存在。1844年，马克思、恩格斯在《神圣家族》中对布鲁诺进行了批驳，他们的态度十分鲜明，"历史活动是群众的活动，随着历史活动的深入，必将是群众队伍的扩大"。①

马克思、恩格斯认为，所谓人类历史，首先要有人类的存在，也就是说人类是历史存在的第一前提，当然也是历史的主体。他们指出："任何人类历史的第一个前提无疑是有生命的个人的存在。因此第一个需要确定的具体事实就是这些个人的肉体组织，以及受肉体组织制约的他们与自然界的关系……任何历史记载都应当从这些自然基础以及它们在历史进程中由于人们的活动而发生的变更出发。"②马克思、恩格斯从科学的角度论述了人类历史和人的关系，这与宗教、神话传说中的"神创论"是截然不同的，也不同于黑格尔认为世界是绝对精神的产物，将人放在一个至高无上的位置。

人类在产生的同时生产他们所必需的生活资料，同时也间接地生产着他们的物质生活本身。马克思和恩格斯指

---

① 马克思、恩格斯：《神圣家族》，《马克思恩格斯全集》（第二卷），人民出版社1957年版，第104页。
② 马克思、恩格斯：《德意志意识形态》，《马克思恩格斯全集》（第三卷），人民出版社1960年版，第24—25页。

出:"一切人类生存的第一个前提也就是一切历史的第一个前提,这个前提就是:人们为了能够'创造历史',必须能够生活。但是为了生活,首先就需要衣、食、住以及其他东西。因此第一个历史活动就是生产满足这些需要的资料,即生产物质生活本身。同时这也是人们仅仅为了能够生活就必须每日每时都要进行的(现在也和几千年前一样)一种历史活动,即一切历史的一种基本条件。"① 他们提出并论证了生产方式在人们的整个社会生活中的决定作用:"人们之间是有物质联系的。这种联系是由需要和生产方式决定的,它的历史和人的历史一样长久。"② 马克思和恩格斯揭示了人是推动社会进步的决定性力量。

在马克思、恩格斯看来,人民群众是实现社会革命的主要力量,任何革命,任何伟大的历史活动,只有代表群众的利益和唤起群众,才能获得成功。他们明确指出:"历史什么事情也没有做,它'并不拥有任何无穷尽的丰富性',它并'没有在任何战斗中作战'!创造这一切、拥有这一切并为这一切而斗争的,不是'历史',而正是人,现实的、活生生的人。'历史'并不是把人当作达到自己目的

---

① 马克思、恩格斯:《德意志意识形态》,《马克思恩格斯全集》(第三卷),人民出版社1960年版,第31—32页。
② 马克思、恩格斯:《德意志意识形态》,《马克思恩格斯全集》(第三卷),人民出版社1960年版,第34页。

的工具来利用的某种特殊的人格。历史不过是追求着自己目的的人的活动而已。"①也就是说,所谓历史,就是人的历史,是人民群众创造了历史。

但是在阶级对立的社会中,处于弱势的被统治阶级的历史作用往往被人忽视,而杰出人物或者英雄人物的作用往往被突显了出来。尤其是在马克思、恩格斯所处的资本主义社会中,随着科技的发展,无产阶级的作用仿佛变得更为弱小。当时社会上甚至出现了这种论调:"工人什么也没有制造,所以他们也就一无所有;他们之所以什么都没有制造,是因为他们的工作始终是为了满足他们自己的需要的某种单一的东西,是平凡的工作。"②马克思、恩格斯对这种论调进行了深入的批判:"在群众的历史中,工厂出现以前是没有任何工厂城市的……在真正的历史中,棉纺织业大发展主要是从哈格里沃斯的珍妮纺织机和阿克莱的纺纱机(水力纺纱机)运用到生产上以后才开始的,而克伦普顿的骡机只不过是运用了阿克莱发明的新原理来改进珍妮纺纱机而成的。"③他们用事实深入浅出地说明:群众是物

---

① 马克思、恩格斯:《神圣家族》,《马克思恩格斯全集》(第二卷),人民出版社1957年版,第118—119页。
② 马克思、恩格斯:《神圣家族》,《马克思恩格斯全集》(第二卷),人民出版社1957年版,第21页。
③ 马克思、恩格斯:《神圣家族》,《马克思恩格斯全集》(第二卷),人民出版社1957年版,第13—14页。

质财富的创造者,是工业革命的发起者。

他们进一步指出,无产阶级"它的目的和它的历史任务已由它自己的生活状况以及现代资产阶级社会的整个结构最明显地无可辩驳地预示出来了。英法两国的无产阶级中有很大一部分人已经意识到自己的历史任务,并且不断地努力使这种意识达到完全明显的地步"①。关于这一点,他们虽然说"没有必要多谈了",但是在文中,马克思、恩格斯进一步指出:"这些群众的共产主义的工人,例如在曼彻斯特和里昂的工场中做工的人,并不认为用'纯粹的思维'即单靠一些议论就可以摆脱自己的主人和自己实际上所处的屈辱地位。他们非常痛苦地感觉到存在和思维、意识和生活之间的差别。他们知道,财产、资本、金钱、雇佣劳动以及诸如此类的东西远不是想象中的幻影,而是工人自我异化的十分实际、十分具体的产物,因此也必须用实际的和具体的方式来消灭它们,以便使人不仅能在思维中、意识中,而且也能在群众的存在中、生活中真正成其为人。"②

在关于历史创造主体的问题上,马克思、恩格斯在批

---

① 马克思、恩格斯:《神圣家族》,《马克思恩格斯全集》(第二卷),人民出版社1957年版,第45页。
② 马克思、恩格斯:《神圣家族》,《马克思恩格斯全集》(第二卷),人民出版社1957年版,第66页。

判继承前人的基础上，以唯物史观为内核，站在广大人民群众的立场上，旗帜鲜明地给出了科学回答。那就是人类社会的全部物质财富和精神财富，归根结底，都是人民群众创造的，历史活动是群众的事业，人民群众是历史的主人。针对阶级矛盾日益激化的资本主义社会，马克思、恩格斯看到了推动历史前进的新动力，即无产阶级的革命性。在马克思、恩格斯看来，他们必将肩负起解放全人类的历史使命。

2.儒家关于历史创造主体的思想

我国古代思想并没有明确提出历史由谁创造的命题，但《易传》有"刚柔交错，天文也；文明以止，人文也。观乎天文，以察时变；观乎人文，以化成天下"[1]的说法。很显然，"化成"即有"创造"的含义。仅看字面意思，"天下"不能等同于"历史"，但是"文明化"的"天下"就与历史息息相关了。"文明"一词在我国先秦文献中屡有出现，从中可见其原始含义。《尚书》里讲"睿哲文明"，《易经》中也有"天下文明"的提法。可见，"文明"与"野蛮"相对，从广义来讲，文明包含人类在"历史"进程中所创造的全部成果。

---

[1] 《易传·贲卦》。

这里就涉及一个问题，在中国古人的思维中，"文明"是如何产生的？唐代孔颖达解释道："用此文明之道，裁止于人，是人之文德之教……'观乎人文，以化成天下'者，言圣人观察人文，则《诗》《书》《礼》《乐》之谓，当法此教而'化成天下'也。"[①]"文明"的核心内涵"人文"是与"天文"相对的概念，明确主张文明是由人创造的，肯定了人在历史进程中的主导地位。

我国古代的哲人们很早就理解到人独有的价值和特殊的地位。《尚书》载："惟天地万物父母，惟人万物之灵。"[②]这是从普遍意义上肯定了人的主体地位，将"人为万物之灵"的主张运用到政治领域，《尚书》明确提出了"民惟邦本，本固邦宁"[③]的主张。虽然《尚书》成书年代还没有定论，但"民本"观念是西周时期流传下来的，这一点是确信无疑的。

西周统治者认真总结了殷商兴亡的历史教训，认识到"天命靡常"的道理。周公等人认为："天惟时求民主。"[④]此处的"民主"不是人民当家做主的意思，而是"万民之主"。他们认为"天"一直都在寻找"民主"，代表"天"来统治

---

① 王弼（注），孔颖达（疏），李申、卢光明（整理）：《十三经注疏·周易正义》，北京大学出版社1999年版，第105页。
② 《尚书·泰誓上》。
③ 《尚书·五子之歌》。
④ 《尚书·多方》。

万民。"天"和"民"又是什么关系呢？先秦典籍对此多有论述，认为"民"是"天"所生，"民意"即"天意"。"天"是遥不可及的，而"民"就在身边，顺应了"民意"就是遵从了"天意"。《诗经》有"天生烝民"[①]的说法，《尚书》有"民之所欲，天必从之"[②]的观念。他们在寻找历史因果关系时，虽然没有摆脱神学的印记，承认天意主宰人事，但是人事制约着天意，肯定了人的重要地位。

周人在进一步探究人事是如何制约天命时，提出了"明德"的主张，其中具体包括敬天、孝祖、保民三项内容。周公反复说明，周人取代殷商，是修德所致。文王"明德慎罚"[③]，奠定了周朝的根基，武王效法文王，推行德政，受到天下的拥戴，建立周朝。周公告诫后继的周王，只有继续推行德政，才能维持天命不坠。但是，西周后期的统治者，并没有牢记周公的教诲，出现了周厉王与民争利，还不允许老百姓议论，从而导致自己身败名裂和西周王朝朝政衰微。《国语》记载了大夫芮良夫劝诫周厉王不要与民争利，指出："夫利，百物之所生也，天地之所载也，而或专之，其害多矣。"[④]但是周厉王不但不听，反而安排爪

[①]《诗经·大雅·烝民》。
[②]《尚书·泰誓》。
[③]《尚书·康诰》。
[④]《国语·周语上》。

牙来监视人民的言行，"国人莫敢言，道路以目"①。这个昏庸的君主竟然还沾沾自喜，告诉召公现在没人再敢发表议论了。召公当头棒喝："防民之口，甚于防川。川壅而溃，伤人必多，民亦如之。"并提出了自己的解决办法："为川者决之使导，为民者宣之使言。故天子听政，使公卿至于列士献诗，瞽献曲，史献书，师箴，瞍赋，蒙诵，百工谏，庶人传语，近臣尽规，亲戚补察，瞽、史教诲，耆、艾修之，而后王斟酌焉，是以事行而不悖。"②召公的主张与《尚书》"天视自我民视，天听自我民听"③的观念是一致的。

从以上论述可知，原始的儒家经典都主张统治者要善于倾听民意，"民意"是"天意"的体现和代表。遗憾的是，随着秦统一天下，秦始皇建立了中央集权的统治体系。在这个体系中，君主的权力至高无上，而"民"处于从属地位，后来进而演变到"三纲五常"的封建礼教，这显然与原始儒家"民本"主张是背道而驰的。但是儒家的民本思想仍深刻影响了其后两千多年中国政治思想的发展。

尽管秦及其后的统治者，总体上都在强化君主的权力，但是不乏开明的政治家，规劝君主要重视"民"的作用，甚至希望帝王要明白"天下非一人之天下"的道理。在秦

---

① 《国语·周语上》。
② 《国语·周语上》。
③ 《尚书·泰誓》。

始皇统一天下前夕，吕不韦召集门客编著了《吕氏春秋》。该书杂糅了诸子百家思想，难能可贵地提出了"天下，非一人之天下也，天下之天下也"①的主张。西汉初年的政论家、学者贾谊从国家治理的角度，进一步提出："闻之于政也，民无不为本也。"②汉成帝时期官员谷永在给皇帝的奏折中，劝谏皇帝"天下乃天下之天下，非一人之天下也"③。

汉唐经学、宋明理学建构的思想体系，都是将民本思想作为核心理念。特别是到了明末清初，王夫之、顾炎武、黄宗羲等思想家通过论述"民"与"天下"的关系，进一步丰富发展了民本思想。王夫之曾直截了当地说："不以天下私一人"④，还主张土地归天下人共有："若土，则非王者之所得私也。天地之间，有土而人生其上，因资以养焉。"⑤顾炎武也主张"天下之权，寄天下之人"⑥。他还辨析了"亡国"与"亡天下"的区别，并发出了"天下兴亡，匹夫有责"的呼声。

清初最负盛名的大儒黄宗羲不仅强调"盖天下之治乱，不在一姓之兴亡，而在万民之忧乐"⑦，他还强调："古者以

---

① 《吕氏春秋·贵公》。
② 《新书·大政上》。
③ 《汉书·谷永杜邺传》。
④ 《黄书·宰制》。
⑤ 《黄书·噩梦》。
⑥ 《日知录·守令》。
⑦ 《明夷待访录·原臣》。

天下为主，君为客，凡君之所毕世而经营者，为天下也。"[1] 他的"天下为主"就是以民为主，即肯定民众的主体地位。黄宗羲发展了儒家的民本思想，提出了"设学校""重相权"，对皇权进行制衡，具有近代民主的特点。可见，黄宗羲在继承先秦儒家民本思想的基础上已有超越，甚至有学者将其称为"中国政治思想史上从民本走向民主的第一人"[2]。

二、历史是怎样被创造出来的

马克思、恩格斯在其著作中考察了人类历史的发展，并从中发现人类历史发展规律，科学揭示了人类历史发展规律，尤其是深刻论述了人民群众如何创造历史的"历史之谜"。儒家思想虽然没有明确就这一命题进行系统论述，但是在很多地方都涉及这个论题。

1.马克思主义关于"历史如何被创造出来"的认识

在历史进程中，"人"发挥了什么样的作用呢？也就是说，人是如何创造历史的呢？在《1844年经济学哲学手稿》中，马克思对这个"历史之谜"做出了初步回答。他指出："黑格尔的《现象学》及其最后成果——辩证法，作为推动

---

[1] 《明夷待访录·原君》。
[2] 李存山:《中国的民本与民主》,《孔子研究》1997年第4期。

原则和创造原则的否定性——的伟大之处首先在于，黑格尔把人的自我产生看作一个过程，把对象化看作非对象化，看作外化和这种外化的扬弃；可见，他抓住了劳动的本质，把对象性的人、现实的因而是真正的人理解为他自己的劳动的结果。"[1]马克思进而简明扼要地强调："在社会主义的人看来，整个所有世界历史不外是通过人的劳动而诞生的过程。"[2]

马克思、恩格斯认为，人民群众的社会实践是历史发展和社会变革的巨大动力，社会历史发展的根本原因就是生产力和生产关系的矛盾运动。根据马克思、恩格斯的观点，人民群众不仅创造了赖以生存的物质财富，而且还创造了根植于物质基础而发展出来的精神财富。在《德意志意识形态》中，他们指出："以一定的方式进行生产活动的一定的个人，发生一定的社会关系和政治关系。""思想、观念、意识的生产最初是直接与人们的物质活动，与人们的物质交往，与现实生活的语言交织在一起的。观念、思维、人们的精神交往在这里还是人们物质关系的直接产物。"[3]

---

[1] 马克思：《1844年经济学哲学手稿》，《马克思恩格斯全集》（第四十二卷），人民出版社1979年版，第163页。
[2] 马克思：《1844年经济学哲学手稿》，《马克思恩格斯全集》（第四十二卷），人民出版社1979年版，第131页。
[3] 马克思、恩格斯：《德意志意识形态》，《马克思恩格斯全集》（第三卷），人民出版社1960年版，第28—29页。

恩格斯在马克思墓前的讲话中归纳指出:"历来为繁芜丛杂的意识形态所掩盖着的一个简单事实:人们首先必须吃、喝、住、穿,然后才能从事政治、科学、艺术、宗教等等;所以,直接的物质的生活资料的生产,从而一个民族或一个时代的一定的经济发展阶段,便构成基础,人们的国家设施、法的观点、艺术以至宗教观念,就是从这个基础上发展起来的,因而,也就必须由这个基础来解释,而不是像过去那样做的相反。"[1]无论处于任何社会形态,人民群众用双手创造出了物质财富,才使得人类能够有存在的条件,在此基础上,才使得人类能够从事政治、文化、科学等其他方面的活动。

马克思主义唯物史观认为,历史发展具有必然性,因为"历史中的决定性因素,归根结蒂是直接生活的生产和再生产"[2]。"个人是什么样的,这取决于他们进行生产的物质条件"[3]。但是针对当时已经出现的"经济决定论"的机械化倾向,马克思、恩格斯指出,人们在社会生产实践过程中,注重进行物质生产的同时,还要注意考虑政治、文化、

---

[1] 恩格斯:《卡尔·马克思的葬仪》,《马克思恩格斯全集》(第十九卷),人民出版社1963年版,第374—375页。
[2] 恩格斯:《〈家庭、私有制和国家的起源〉第一版序言》,《马克思恩格斯全集》(第二十一卷),人民出版社1965年版,第29页。
[3] 马克思、恩格斯:《德意志意识形态》,《马克思恩格斯全集》(第三卷),人民出版社1960年版,第24页。

传统等因素。马克思在《路易·波拿巴的雾月十八日》中指出:"人们自己创造自己的历史,但他们并不是随心所欲地创造,并不是在他们自己选定的条件下创造,而是在直接碰到的、既定的、从过去承继下来的条件下创造。"①恩格斯在《致约·布洛赫》中也表达了同样的观点:"我们自己创造着我们的历史,但是第一,我们是在十分确定的前提和条件下进行创造的。其中经济的前提和条件归根到底是决定性的。但是政治等等的前提和条件,甚至那些存在于人们头脑中的传统,也起着一定的作用,虽然不是决定性作用。"②

任何历史时期的发展都是建立在之前的历史、传统的基础上的,无论是已经发生的历史,还是即将发生的历史,都不是孤立的,而是整个链条中的一环。马克思、恩格斯指出:"历史的每一阶段都遇到有一定的物质结果、一定数量的生产力总和,人和自然以及人与人之间在历史上形成的关系,都遇到有前一代传给后一代的大量生产力、资金和环境,尽管一方面这些生产力、资金和环境为新一代所改变,但另一方面,它们也预先规定新的一代的生活条件,

---

① 马克思:《路易·波拿巴的雾月十八日》,《马克思恩格斯全集》(第八卷),人民出版社1961年版,第121页。
② 恩格斯:《致约·布洛赫》,《马克思恩格斯全集》(第三十七卷),人民出版社1971年版,第461页。

使它得到一定的发展和具有特殊的性质。"① "历史不外是各个世代的依次交替……好像后一个时期历史乃是前一个时期历史的目的。"② 关于历史"因""革"问题，也就是孔子所说的"损益"问题，是儒家思想的一个重要内容，已经深深融入中国文化的血液中。

马克思、恩格斯认为，虽然历史归根到底是由生产力和生产关系决定的，但是历史并不是千篇一律的，"最后出现的结果就是谁都没有希望过的事物"，也就是说表现出很明显的偶然性。对此，恩格斯在承认经济决定作用的同时，深刻而形象地论述道：

> 历史是这样创造的：最终的结果总是从许多单个的意志的相互冲突中产生出来的，而其中每一个意志，又是由于许多特殊的生活条件，才成为它所成为的那样。这样就有无数互相交错的力量，有无数个力的平行四边形，而由此就产生出一个总的结果，即历史事变，这个结果又可以看作一个作为整体的、不自觉地和不自主地起着作用的力量的产物。因为任何一个人

---

① 马克思、恩格斯：《德意志意识形态》，《马克思恩格斯全集》（第三卷），人民出版社1960年版，第43页。
② 马克思、恩格斯：《德意志意识形态》，《马克思恩格斯全集》（第三卷），人民出版社1960年版，第51页。

的愿望都会受到任何另一个人的妨碍，而最后出现的结果就是谁都没有希望过的事物。所以以往的历史总是像一种自然过程一样地进行，而且实质上也是服从于同一运动规律的。但是，各个人的意志——其中的每一个都希望得到他的体质和外部的、终归是经济的情况（或是他个人的，或是一般社会性的）使他向往的东西——虽然都达不到自己的愿望，而是融合为一个总的平均数，一个总的合力，然而从这一事实中决不应作出结论说，这些意志等于零。相反地，每个意志都对合力有所贡献，因而是包括在这个合力里面的。[①]

可见，马克思、恩格斯都认为，人民群众是历史的创造者，历史发展的原动力是以物质生产为内容的经济活动，但是并不意味着政治、文化、传统等因素不重要。在某些特定的历史条件下，非经济的因素甚至至关重要，因为历史往往是综合因素合力的结果。无论是何种因素，都是由人而发生、发展的。马克思甚至说："所谓彻底就是抓住事物的根本。但人的根本就是人本身。"[②]在马克思那里，关于

---

① 恩格斯:《致约·布洛赫》,《马克思恩格斯全集》(第三十七卷)，人民出版社1971年版，第461—462页。
② 马克思:《〈黑格尔法哲学批判〉导言》,《马克思恩格斯全集》(第一卷)，人民出版社1956年版，第460页。

人的主体地位，历史是由人创造的主张是彻底的，不打任何折扣的。

2.儒家关于"历史如何被创造出来"的论述

儒家思想虽然没有对历史是如何被创造出来的进行系统论述，但是高度重视"个人"在"家""国""天下"中的地位。儒家所讲的"人"是现实中的人，置身在"家""国""天下"中。这一点与马克思、恩格斯的论述有高度的契合性。在《德意志意识形态》中，他们论述了人与家庭在创造历史中的作用："家庭起初是唯一的社会关系。"①"因而也产生了所有制，它的萌芽和原始形态在家庭中已经出现。"②在《黑格尔法哲学批判》中，马克思认为，在考察家庭、市民社会和国家的关系时，必须从经验事实出发。这个事实就是：单个人以其各种原因和方式组成家庭和市民社会，家庭和市民社会又组成国家。马克思认为："政治国家没有家庭的天然基础和市民社会的人为基础，就不可能存在。"③这几乎是儒家"民惟邦本"的另一种表达。

---

① 马克思、恩格斯:《德意志意识形态》,《马克思恩格斯全集》(第三卷),人民出版社1960年版,第30页。
② 马克思、恩格斯:《德意志意识形态》,《马克思恩格斯全集》(第三卷),人民出版社1960年版,第36页。
③ 马克思:《黑格尔法哲学批判》,《马克思恩格斯全集》(第一卷),人民出版社1956年版,第252页。

"人"如何发挥主观能动性，来推动历史的进步呢？以孔子为代表的儒家将"弘道"作为自己的职责使命。孔子十分重视对"道"的追求和弘扬，论述"道"的言论甚多。有学者统计，《论语》中"道"字出现了89次，其中在孔子的言论中出现了59次，在其弟子等他人的言论中出现了30次。[①]孔子曾说："朝闻道，夕死可矣。"[②]可见，"道"对孔子而言，何其重要。结合不同的语境，孔子所谓"道"有不同含义，大都包含真理和价值的双重含义。从哲学抽象的高度看，孔子崇尚的"道"既指真理也指价值，是至上真理和终极价值合一的理想境界。孔子所崇尚的包含真理和价值双重含义的"道"，与马克思所说的人在实践中应遵循真理和价值双重尺度的思想是相契合的。

　　关于弘道的主体，孔子明确说："人能弘道，非道弘人。"[③]可见，孔子虽然崇尚"道"的独特价值，承认"道"至高无上的地位，但是强调"人"才是"弘道"的主体，充分肯定了人的主体地位。孔子的这一思想与老子关于"道"为宇宙的根本的道家思想截然不同。老子《道德经》有言："人法地，地法天，天法道，道法自然。"[④]还说："道

[①] 赵馥洁：《真理与价值合一的理想境界的弘扬——论孔子的弘道思想》，《当代中国价值观研究》2019年第3期。
[②] 《论语·里仁》。
[③] 《论语·卫灵公》。
[④] 《道德经》（第二十五章）。

常无为，而无不为。"①在老子的思想里，人只需要"法道"，实际上是"道弘人"的主张。

关于孔子"人能弘道，非道弘人"的观点，在马克思的著作中也能找到类似的表达。马克思在《神圣家族》中论述人民群众在历史中的地位时，指出："历史上的活动和思想都是'群众'的思想和活动。"②马克思认为人民群众是理论与实践的主体。在《〈黑格尔法哲学批判〉导言》中，马克思写道："批判的武器当然不能代替武器的批判，物质的力量只能用物质的力量来摧毁，但是理论一经掌握群众，也会变成物质力量。理论只要说服人，就能掌握群众；而理论只要彻底，就能说服人。"③从这段话可以看到，在实际活动中，马克思强调了理论与实践的结合。理论是实践的方向，实践是检验理论的标准。人民群众在掌握理论的基础上与实践相结合，成为理论与实践的主体，从而推动社会历史的前进与发展。

关于如何"弘道"，儒家学者提出了众多的解决方案，但都没有超出《大学》构建起的"三纲八目"的体系。"三纲"也称为"三纲领"，是儒家认为指导做人做事根本的

---

① 《道德经》(第三十七章)。
② 马克思、恩格斯：《神圣家族》，《马克思恩格斯全集》(第二卷)，人民出版社1957年版，第103页。
③ 马克思：《〈黑格尔法哲学批判〉导言》，《马克思恩格斯全集》(第一卷)，人民出版社1956年版，第460页。

方向问题，即"大学之道，在明明德，在亲民，在止于至善"①。"八目"也称为"八条目"，是实现"三纲领"的具体步骤。即"古之欲明明德于天下者，先治其国。欲治其国者，先齐其家。欲齐其家者，先修其身。欲修其身者，先正其心。欲正其心者，先诚其意。欲诚其意者，先致其知。致知在格物。物格而后知至，知至而后意诚，意诚而后心正，心正而后身修，身修而后家齐，家齐而后国治，国治而后天下平。"②儒家的使命是追求"大学之道"，如何才能达到这个境界呢？不是靠"神"，而是靠"人"的努力。

在这方面，孔夫子和马克思都为世人做出了表率。孔子阐发了以"仁"为核心的儒家思想，一生都致力于"弘道"，发掘人的价值和实现人的理想。马克思主义的形成是从马克思对人的科学认识开始的。马克思曾把自己的理论研究方向称为"人的科学"。马克思毕其一生关注人，关注人类解放，关注人的主观世界和客观世界，关注人的生存、人的发展，关注人的价值、人的自由等。

---

① 《大学》。
② 《大学》。

三、马克思主义人民观与儒家民本思想的早期结合——以李大钊"平民主义"形成为例

五四运动时期,在解放思想、解放个性的潮流下,在民主与科学的旗帜下,各种社会思潮传入中国。在这种背景下,李大钊率先在中国系统传播马克思主义,在他的影响下,一大批先进知识分子确立了马克思主义信仰,共同推动了中国共产党的建立。以李大钊等为代表的先进知识分子大都接受了系统的传统文化教育,儒家民本思想已经融入他们的骨髓中。他们确立了马克思主义信仰后,马克思主义人民观和儒家的民本思想在他们那里发生了"化学反应",形成了中国共产党人特有的人民观。李大钊在继承中国儒家民本思想的基础上,先后吸收了西方民主主义、科学社会主义思想,发展成为李大钊独特的民主主义思想,即平民主义思想。李大钊从中国传统的民本主义到"平民主义"的形成,大致经历了4个发展阶段。

1.第一阶段:接受传统的民本思想

李大钊幼年时便萌发了救国救民的思想意识,逐步走上了救国救民之路。他在《狱中自述》中言:"钊自束发受书,即矢志努力于民族解放之事业,实践其所信,励行其

所知，为功为罪，所不暇计。"[1]李大钊的少年时代，正是处于半殖民地半封建社会的清末。清王朝已经推行了几十年的"洋务运动"，西学已经在中国得到广泛传播，但是李大钊所在的直隶（后改为河北省）乐亭还是相对闭塞的地方。在广大的乡村地区，教育领域仍实行传统的私塾教育。这也使得他们都比较系统地接受了传统文化教育。李大钊说："幼时在乡村私校，曾读四书经史。"[2]幼时的教育为他打下了坚实的传统文化根底，儒家的民本思想、为民情怀在他的心里深深地扎下了根。

李大钊的私塾先生黄宝琳对他影响很大，不仅传授他传统文化，而且还引导他关注现实政治。李大钊11岁那年，1900年9月下旬，八国联军侵至乐亭附近，占据了昌黎、滦州等地。帝国主义的蛮横侵略，让饥寒交迫的底层百姓的生活更加雪上加霜。看到身边百姓的惨景，13岁的李大钊向塾师黄宝琳提出"为什么穷人没衣穿、没饭吃"的问题。[3]

青年时代的李大钊受传统民本思想的影响，开始心系人民，批判专制制度。1913年4月，他在《言治》月刊上

---

[1] 李大钊:《狱中自述》,《李大钊全集》(第五卷)，人民出版社2013年版，第297页。
[2] 李大钊:《狱中自述》,《李大钊全集》(第五卷)，人民出版社2013年版，第297页。
[3] 何宗禹:《李大钊的故事》，中国物资出版社2008年版，第61页。

发表了《大哀篇》一文，该文的副标题为"哀吾民之失所也"，体现了他"为民所忧"的"为民"情怀。在该文开篇，他就提出中国自秦以来延续几千年的封建专制制度，使"民"处在被奴役被压迫的境地。他说："斯民何辜！天胡厄之数千年而至今犹未苏也！暴秦以降，民贼迭起，虐焰日腾，陵轧黔首，残毁学术，范于一尊，护持元恶，抑塞士气，摧折人权，莫敢谁何！口谤腹诽，诛夷立至，侧身天地，荆棘如林，以暴易暴，传袭至今。……此君祸也，吾言之有余痛矣。"[①] 李大钊批判君主专制制度的言论，与明末清初黄宗羲在《原君》中的言论极为相似。

辛亥革命后，政党兴起，但李大钊对民国初年的政党政治极为不满，他站在民众的立场上批判："吾侪小民，固不识政党之作用奚似，但见吾国今之所谓党者，敲吾骨吸吾髓耳。夫何言哉！夫何言哉！"[②] 他痛批不顾人民幸福的腐败政治："然则所谓民政者，少数豪暴狡狯者之专政，非吾民自主之政也；民权者，少数豪暴狡狯者之窃权，非吾民自得之权也；幸福者，少数豪暴狡狯者掠夺之幸福，非吾民安享之幸福也。此少数豪暴狡狯者外，得其所者，有

---

① 李大钊：《大哀篇——（一）哀吾民之失所也》，《李大钊全集》（第一卷），人民出版社2013年版，第7页。
② 李大钊：《大哀篇——（一）哀吾民之失所也》，《李大钊全集》（第一卷），人民出版社2013年版，第8页。

几人哉?"①李大钊进一步指出:"则革命以前,吾民之患在一专制君主;革命以后,吾民之患在数十专制都督。"②李大钊站在广大老百姓的立场批判,这样的"共和"与封建专制制度相比没有丝毫进步,没有改变民众受剥削受奴役的地位,他一针见血地指出:"共和自共和,幸福何有于吾民也。"③这与黄宗羲批判封建君主"其既得之也,敲剥天下之骨髓,离散天下之子女,以奉我一人之淫乐"④的言论,何其相似。可见,传统民本思想对李大钊的影响是显而易见的。

李大钊强调民德在政治中的重要作用。儒家民本思想认为民德民风对国家的统治具有十分重要的作用,所以十分重视民德民风的建设。李大钊深受这一传统观念的影响,十分看重人民道德素质的力量。针对当时政治的腐败,李大钊一针见血地批判道:民德的衰退是一个重要原因。在1913年6月发表的《论民权之旁落》中,他"但哀叹民德之衰,民力之薄耳。民力宿于民德,民权荷于民力,无德之民,力于何有?无力之民,权于何有"⑤?李大钊认为,

---

① 李大钊:《大哀篇——(一)哀吾民之失所也》,《李大钊全集》(第一卷),人民出版社2013年版,第9—10页。
② 李大钊:《大哀篇——(一)哀吾民之失所也》,《李大钊全集》(第一卷),人民出版社2013年版,第8页。
③ 李大钊:《大哀篇——(一)哀吾民之失所也》,《李大钊全集》(第一卷),人民出版社2013年版,第7页。
④ 《原君》。
⑤ 李大钊:《论民权之旁落》,《李大钊全集》(第一卷),人民出版社2013年版,第74页。

重建民德成为解决民权问题的根本方法，而重建民德的办法就是发展教育。所以李大钊十分重视教育，尤其是通过先进知识分子发展国民教育，提高国民素质。这可以说是中国儒家重视教育的传统内化在李大钊的心里的表现。

当时的李大钊虽然看到了民众处在不平等地位的制度原因，但还没有找到废除专制制度的办法。从他的"为民"立场和对剥削制度的批判看，他的言论与中国古代儒家民本思想完全一致。同时，李大钊并没有停留在批判上，认为通过教育，唤起民众的觉醒，一定能改变中国的现状。他说："夫国家之成，由人创造，宇宙之大，自我主宰，宇宙之间，而容有我同类之人，而克造国。我则何独不然？吾人苟不自薄，惟有本其自觉力，黾勉奋进，以向所志，何时得达，不遑问也。"[①]儒家思想对人的主观能动性的肯定深深地影响了李大钊，为李大钊接受马克思主义学说提供了内在依据。

2.第二阶段：形成"民彝"思想，主张"惟民主义"

"民""彝"二字均为非常古老的汉字，最早可以追溯到殷商时期的甲骨卜辞，西周金文里出现的次数就更多了。

---

① 李大钊：《厌世心与自觉心——致〈甲寅〉杂志记者》，《李大钊全集》（第一卷），人民出版社2013年版，第250页。

"民"在甲骨文中为"🔲",在金文中为"🔲",其本义为一只被刺伤的眼睛,引申为被刺瞎眼睛的奴隶,后指平民百姓。"彝"在甲骨文中为"🔲""🔲",在金文中为"🔲""🔲",本义为被砍掉头颅的反缚两手的俘虏,由此引申为刑罚,进而引申为常理法则。① "民彝"指普通民众坚持的彝理、常道。李大钊借用了中国古代"民彝"一词,并赋予其时代内涵,形成了他这个阶段的民主思想。

1916年5月,李大钊在《民彝》创刊号上发表了《民彝与政治》一文,系统阐释了其"民彝"思想。在讨论李大钊这篇文章之前,先考察李大钊与刊物《民彝》的关系。《民彝》仅发行三期,但在反对袁世凯专制,呼吁共和,支持民主等方面起到了重要作用。1916年1月16日,中国留日学生重新组织起被解散的中华民国留日学生总会(以下简称"总会"),下设评议部、执行部和经费委员会、文事委员会。李大钊被选为文事委员会"主编辑",李大钊、张梓芳、陈溥贤、黄觉、刘明敏、申欧龙6位委员组成编辑部具体负责刊物的编撰工作。②

作为主编辑,李大钊对办刊宗旨、目标理念的确定都

---

① 詹鄞鑫:《释甲骨文"彝"字》,《北京大学学报(哲学社会科学版)》,1986年第2期。
② 李墨卿及中华民国留日学生总会文事委员会:《会务》,《民彝》(创刊号)1916年第1期。

发挥了主要作用，为杂志的发展打下了坚实的基础。杂志对征文要求严格，《特别启事》指出："本志朴实说理，不饰藻华，立意遣词，务求精审。有所商榷，皆经以国情，纬以学理，不作偏激之谈，不尚空疏之论。"①《民彝》鼓励学人把国情与学理结合起来，不作空洞无味之文，不作无病呻吟之言，要"主持正义，昌明学术，灌输近世文明，增进国民福利"。②《民彝》最重要的任务就是"倒袁"，文章把枪口对准了破坏共和的袁世凯，反对专制，倡导民主共和观念。

在李大钊的努力下，《民彝》杂志创刊号于1916年5月15日面世。在创刊号上，李大钊发表了《民彝与政治》一文，系统阐发他的"民彝"思想。为了阐发其"民彝"思想，他从中国历史传统的视角对"彝"进行训诂："诠'彝'之义，古有殊训。一训器：宗彝者宗庙之常器也。"③"彝亦训常……彝伦者，伦常也。"④"彝又训法。"⑤从李大钊对"彝"

---

① 中华民国留日学生总会文事委员会:《特别启事》,《民彝》(创刊号) 1916年第1期。
② 中华民国留日学生总会文事委员会:《本志征文启事》,《民彝》(创刊号) 1916年第1期。
③ 李大钊:《民彝与政治》,《李大钊全集》(第一卷), 人民出版社2013年版, 第268页。
④ 李大钊:《民彝与政治》,《李大钊全集》(第一卷), 人民出版社2013年版, 第269页。
⑤ 李大钊:《民彝与政治》,《李大钊全集》(第一卷), 人民出版社2013年版, 第270页。

的考证，可见其深厚的历史功底，也能看到他对前人研究成果的继承。从器物层面对"彝"的考证，极有可能受国学大师王国维的影响。王国维认为，商周青铜器皆云："作宝尊彝"或"宝尊"、"宝彝"，"尊彝皆礼器之总名"，而"彝"为礼器的"共名"，①代指礼器，象征王朝的权威。李大钊也认为"器亦莫重于宗彝也，故称其重者以概其余为百器之总名"，"是器乃国家神明尊严之所托，有敢窥窃神器者，律以叛逆"。②

从李大钊对"民彝"一词的考证，可见其对古代典籍的熟稔。他从《诗经》《尚书》等先秦儒家经典进行考证。《诗经》有言："天生烝民，有物有则。民之秉彝，好是懿德。"③意思是上天赋予人民土地和财富，人民所秉持的礼仪美德，也是善良美好的。"民彝"在此处表述为："民之秉彝"，意思是人民所秉持的美德。《尚书》载："惟吊兹，不于我政人得罪，天惟与我民彝大泯乱，曰：乃其速由文王作罚，刑兹无赦。"④此文是周公代周成王诰康叔治民之道。西周非常重视人伦纲常，唯恐出现"不孝不友"等现象。人伦纲常与民彝紧密结合在一起，孔颖达将"民彝"解释

---

① 王国维：《说彝》，《观堂集林》（一），中华书局1959年版，第158页。
② 李大钊：《民彝与政治》，《李大钊全集》（第一卷），人民出版社2013年版，第268页。
③ 《诗经·大雅·烝民》。
④ 《尚书·康诰》。

为"五常,使父义、母慈、兄友、弟恭、子孝"。"民彝大泯乱"也即父不义、母不慈、兄不友、弟不恭、子不孝等行为发生,应该迅速地按照文王制定的刑法,对这些人严加惩罚而不要稍有宽恕。王国维指出:"周之制度典礼,乃道德之器械。尊尊、亲亲、贤贤、男女有别四者之结体也,此之谓'民彝'。"[1]在西周时期,民彝与人伦道德紧密相连,是人民应该遵守的道德、伦常即法则。

李大钊在传统的基础上,又赋予了"民彝"以时代价值。此时他受西方资产阶级民主思想的影响,对英国的代议制民主十分推崇,他认为:"英伦宪法之美,世称为最。……英人固有之本能,即英之民彝也。"[2]首先指出,所谓"民彝"就是"民本",就是"惟民主义"。他说:"民彝者,民宪之基础也。"[3]这种"民彝"政治,"则惟民主义为其精神、代议制度为其形质之政治,易辞表之,即国法与民彝间之连络愈易疏通之政治也"[4]。李大钊认为"民彝"是"民权自由之华","兹世文明先进之国民,莫不争求适宜之

---

[1] 王国维:《殷周制度论》,《观堂集林》(二),中华书局1959年版,第477页。
[2] 李大钊:《民彝与政治》,《李大钊全集》(第一卷),人民出版社2013年版,第270—271页。
[3] 李大钊:《民彝与政治》,《李大钊全集》(第一卷),人民出版社2013年版,第270页。
[4] 李大钊:《民彝与政治》,《李大钊全集》(第一卷),人民出版社2013年版,第271页。

政治，以信民彝，彰其民彝。吾民于此，其当鼓勇奋力，以趋从此时代之精神，而求此适宜之政治也"①。在这里，李大钊认为"民彝"就是"民宪""民权自由""代议制度"政治，也就是"惟民主义"。

为了进一步论证"惟民主义"的合理性，李大钊批判了与之相对的"英雄主义"。李大钊并不否定古圣先贤在历史上的作用，但是他反对迷信他们。他说："真能学孔孟者，真能遵孔孟之言者，但学其有我，遵其自重之精神，以行立身、问学从政而已足。"②李大钊所处的中国，人们还没有认识到国民自身的作用，而是将国家的前途命运寄托在"英雄"人物身上。他说"例证不远，即在袁氏。两三年前，吾民脑中所宿之'神武'人物，曾几何时，人人倾心之华、拿，忽变而为人人切齿之操、莽"③。他将矛头直指袁世凯背共和而复辟帝制，开历史倒车的做法。他不无担忧地说道："今日吾国之国民，几于人人尽丧其为我，而甘为圣哲之虚声劫夺以去，长此不反，国人犹举相讳忌噤口

---

① 李大钊：《民彝与政治》，《李大钊全集》（第一卷），人民出版社2013年版，第271页。
② 李大钊：《民彝与政治》，《李大钊全集》（第一卷），人民出版社2013年版，第274页。
③ 李大钊：《民彝与政治》，《李大钊全集》（第一卷），人民出版社2013年版，第278页。

而无敢昌说，则我之既无，国于何有？"①

李大钊不仅提出问题，还给出了问题的答案，那就是"惟民主义"。他说："盖惟民主义乃立宪之本，英雄主义乃专制之源。"②李大钊认为中国文化中的民本思想是"有我"的，主张个人创造创新，是需要继承的。他认为孔子、孟子都主张"有我"，尊重个人的创造和解放。李大钊论述："孔子云：'舜何人也，予何人也，有为者亦若是。'是孔子尝示人有我矣。孟子云：'当今之世，舍我其谁。'是孟子亦示人有我矣。"③但是仅仅继承是不够的，还需要在继承传统文化精髓的基础上，学习西方先进思想文化，进行创造创新。他说："惟有秘契先民创造之灵，而以创造新国民之新历史。"④

如何在弘扬传统文化精髓的基础上，创造新国民之新历史？李大钊着重强调"自由之保障"⑤。他认为不仅要有法制去保障言论自由，也要有良好的舆论氛围。他以明代的

---

① 李大钊：《民彝与政治》，《李大钊全集》（第一卷），人民出版社2013年版，第274页。
② 李大钊：《民彝与政治》，《李大钊全集》（第一卷），人民出版社2013年版，第280页。
③ 李大钊：《民彝与政治》，《李大钊全集》（第一卷），人民出版社2013年版，第274页。
④ 李大钊：《民彝与政治》，《李大钊全集》（第一卷），人民出版社2013年版，第277页。
⑤ 李大钊：《民彝与政治》，《李大钊全集》（第一卷），人民出版社2013年版，第282页。

李卓吾为例，李卓吾为泰州学派代表人物，但在当时其思想被诋为异端。"（李卓吾）身陷囹圄，而书亦成灰烬。呜呼！其群之对于言论之虐，其视专制之一人何如也。"[①]所以，李大钊强调在自己享受"言论自由"的同时，也要尊重别人的言论，共同营造良好的大环境。

在李大钊的设想中，在这样良好的大环境中，每个人的创造得到尊重，每个人的潜力得到激发，"苟吾四亿同胞之心力，稍有活泼之机，创造改造之业，姑且莫论，但能顺应此环境而利用之，已足以雄视五洲威震欧亚矣"[②]。在当时的中国，袁世凯复辟帝制，国家仍处在半殖民地半封建社会的泥沼中，谈"自由之保障"是不现实的，但是李大钊主张的"惟民主义"无疑是黑暗之中的一盏明灯，闪耀着璀璨的思想光芒。

3.第三阶段：主张"民主主义"

1917年，第一次世界大战激战正酣。中国社会各界都在关注这场战争，并围绕着是否应该参战展开激烈讨论。从年初开始，李大钊连续写了几篇文章讨论中国参战的问

---

① 李大钊：《民彝与政治》，《李大钊全集》（第一卷），人民出版社2013年版，第282页。
② 李大钊：《民彝与政治》，《李大钊全集》（第一卷），人民出版社2013年版，第286—287页。

第七章　马克思主义人民观与儒家民本思想

题。自1917年2月7日到月底，几乎每天都有文章讨论这个问题，如《中国与中立国》(1917年2月7日)、《美德邦交既绝，我国不可不有所表示》(1917年2月9日)、《我国外交之曙光》(1917年2月9日)、《黄金累累之日本》(1917年2月10日)、《今后国民之责任》(1917年2月10日)、《威尔逊与和平》(1917年2月11日)、《中德绝交后宜注意西北》(1917年2月12日)、《战争与铜》(1917年2月14日)、《德皇之欺世论》(1917年2月14日)、《论国人不可以外交问题为攘权之武器》(1917年2月17日)、《外交研究会》(1917年2月17日)、《北美之风云儿——罗斯福请愿出征》(1917年2月18日)、《一致与民望》(1917年2月21日)、《极东们罗主义》(1917年2月21日)。李大钊的观点很明确：中国应参加联盟国（即协约国）一方。而且提出，中国参战的方式，即派劳工帮助协约国一方。他说："联盟国之所缺……惟人力耳！而人力之供，乃我之特长，以我之特长，供彼急需，是我对于联盟诸国已尽一分至要之职务。"[①]

李大钊为什么积极主张中国参加协约国一方，对德宣战？除了考虑中国的国家利益外，李大钊还有道义方面的考量：德国代表军国主义，而英、美代表民主主义。李大钊在《大战中之民主主义》一文中，开篇即言："欧战初起，

---

① 李大钊：《我国外交之曙光》，《李大钊全集》（第一卷），人民出版社2013年版，第450页。

一时民主主义几陷于危,世之论者,咸谓德之雄强,将使官僚主义对于民主主义大获胜利,虽联合军侧,标帜树义,莫不以执民主之大义,以殄灭军国主义、官僚主义为言。"①

自此时期,李大钊用"民主主义"来表述他的民主思想。什么是民主主义?李大钊认为:"民主主义之特征,乃在国家与人民之意思为充分之疏通。"②后来,他在《战后之妇人问题》中,进一步发挥说:"现代民主主义的精神,就是令凡在一个共同生活组织中的人无论他是什么种族、什么属性、什么阶级、什么地域,都能在政治上、社会上、经济上、教育上得一个均等的机会,去发展他们的个性,享有他们的权利。"③可见在这个时期,李大钊的民主思想仍然没有超出资产阶级民主主义范畴。

但是,此时李大钊把民主主义与广大工人、农民等劳工阶级联系起来,为他后来系统研究马克思主义,并在中国传播马克思主义奠定了思想基础。此时,李大钊已经关注到工人这个群体。1917年2月10日,他在《甲寅》日刊上发表了《可怜之人力车夫》一文。他在文中写道:"北京

---

① 李大钊:《大战中之民主主义》,《李大钊全集》(第二卷),人民出版社2013年版,第98页。
② 李大钊:《大战中之民主主义》,《李大钊全集》(第二卷),人民出版社2013年版,第98页。
③ 李大钊:《战后之妇人问题》,《李大钊全集》(第二卷),人民出版社2013年版,第294页。

之生活，以人力车夫为最可怜。终日穷手足之力，以供社会之牺牲，始赢得数十枚之铜圆，一家老弱之生命尽在是矣。"①他认为这样的"牺牲"既"背乎人道主义"也"见讥于经济原理"。

1919年3月9日，李大钊在《每周评论》（第12号）上发表《唐山煤厂的工人生活——工人不如骡马》一文，得知工人"终日在炭坑里做工，面目都成漆黑的色……这个炭坑，仿佛是一座地狱。这些工人，仿佛是一群饿鬼。有时炭坑颓塌，他们不幸就活活压死，也是常有的事情"。②他接着写道："一个工人的工银，一日仅有二角，尚不用供给伙食，若是死了，资主所出的抚恤费，不过三四十元。这样看来，工人的生活，尚不如骡马的生活；工人的生命，尚不如骡马的生命了。"③此时，李大钊对俄国十月革命经过了几个月的深入研究，按计划，他将承担《新青年》第6卷第5号的主编之责，④而这期《新青年》为"马克思主义研究

---

① 李大钊：《可怜之人力车夫》，《李大钊全集》（第一卷），人民出版社2013年版，第454页。
② 李大钊：《唐山煤厂的工人生活——工人不如骡马》，《李大钊全集》（第二卷），人民出版社2013年版，第315页。
③ 李大钊：《唐山煤厂的工人生活——工人不如骡马》，《李大钊全集》（第二卷），人民出版社2013年版，第316页。
④ 1919年1月，《新青年》第6卷第1号明确公告："本杂志第6卷分期编辑表：第一期陈独秀；第二期高一涵；第三期钱玄同；第四期胡适；第五期李守常；第六期沈尹默。"

专号",李大钊也正在搜集资料,为长篇论文《我的马克思主义观》做准备。李大钊意识到工人应该团结起来,应该有自己的组织。所以当他得知唐山工人的惨景后,写道:"这样多数工人聚合的地方,竟没有一个工人组织的团体。"①

在研究中国工人的同时,李大钊也关注到农民这个群体。他认为农民是民主主义的"根底"。他说:"我们中国是一个农国,大多数的劳工阶级就是那些农民。他们若是不解放,就是我们全体国民不解放;他们的苦痛,就是我们国民全体的苦痛;他们的愚暗,就是我们国民全体的愚暗;他们生活的利病,就是我们政治全体的利病。"②所以我们应该去"开发农村",把民主推广到农村,"把那专制的农村变成立宪的农村"③。"这样的民主主义,才算有了根底,有了泉源。这样的农村,才算是培养民主主义的沃土"。④民主主义应以农村、农民为基础,这一认识是李大钊民主主义思想的基石,是这一时期李大钊关于民主主义思想的一个重要特点。

---

① 李大钊:《唐山煤厂的工人生活——工人不如骡马》,《李大钊全集》(第二卷),人民出版社2013年版,第315页。
② 李大钊:《青年与农村》,《李大钊全集》(第二卷),人民出版社2013年版,第304—305页。
③ 李大钊:《青年与农村》,《李大钊全集》(第二卷),人民出版社2013年版,第306页。
④ 李大钊:《青年与农村》,《李大钊全集》(第二卷),人民出版社2013年版,第306—307页。

这一时期，李大钊在论及民主主义时，总是较多地歌颂俄国十月革命。1918年11月，为庆祝第一次世界大战协约国胜利，李大钊在群众集会上发表演说《庶民的胜利》，继而发表了《Bolshevism的胜利》一文。李大钊在文章和演讲中17次提及劳工，4次提及劳工主义，4次提及社会主义。在《庶民的胜利》中，他说："欧洲的战争，是'大……主义'与民主主义的战争。我们国内的战争，也是'大……主义'与民主主义的战争。结果是民主主义战胜，'大……主义'失败。民主主义战胜，就是庶民的胜利。"①在《Bolshevism的胜利》中，他进一步说："（十月革命）是人道主义的胜利，是平和思想的胜利，是公理的胜利，是自由的胜利，是民主主义的胜利，是社会主义的胜利，是Bolshevism的胜利，是赤旗的胜利，是世界劳工阶级的胜利，是二十世纪新潮流的胜利。"②他认为这将是"劳工""庶民"战胜资本主义的开始。他断定："须知今后的世界，变成劳工的世界。"③这充分表明，李大钊已经准备把"革命的社会主义"引入中国，并将战胜"资本主义"建立"劳工

---

① 李大钊：《庶民的胜利》，《李大钊全集》（第二卷），人民出版社2013年版，第255页。
② 李大钊：《Bolshevism的胜利》，《李大钊全集》（第二卷），人民出版社2013年版，第259页。
③ 李大钊：《庶民的胜利》，《李大钊全集》（第二卷），人民出版社2013年版，第256页。

的世界"作为奋斗目标。

他把民主主义的胜利与社会主义的胜利、劳工阶级的胜利、庶民的胜利相提并论,意味深长,这便为其后的"平民主义"做了准备。

4.第四阶段:主张"平民主义"

李大钊接受了马克思主义唯物史观后,批判吸收了儒家民本思想中对民意、民力、民德的重视,同时批判了其中缺乏民治、民主等观念,把民本传统具体化、唯物化了。李大钊将民本传统从抽象的道义层面论证民的重要性,落实到具体的社会生产实践中,用阶级的观点来说明人民才是政治主题。中国共产党成立后,李大钊用"平民主义"这一概念,而不再使用"民主主义"。他连续发表《由平民政治到工人政治——在北京中国大学的演讲》《平民政治与工人政治》《平民主义》等文章进行论述。

什么是"平民主义"?李大钊认为:"'平民主义'是一种气质,是一种精神的风习,是一种生活的大观;不仅是一个具体的政治制度,实在是一个抽象的人生哲学;不仅是一个纯粹的理解的实物,实在是濡染了很深的感情、冲动、欲求的光泽。"[①]但主要还是一种政治思想。他说:"'平

---

① 李大钊:《平民政治与工人政治》,《李大钊全集》(第四卷),人民出版社2013年版,第102页。

民主义'是Democracy的译语"①，有许多译法，如"民本主义""民主主义""民治主义""惟民主义"，还有音译为"德谟克拉西"的。为什么采用"平民主义"这一新提法，李大钊深入分析这几种译法的区别，认为"平民主义"不仅更符合中国的传统和中国人的通俗理解，而且"平民主义"还有新的内涵。

李大钊的"平民主义"是在马克思主义民主思想指导下形成的新型民主主义，是"无产阶级的平民政治"。李大钊指出："普通所说的平民政治，不是真正的平民政治，乃是中产阶级的平民政治。"②他明确指出，他的这一观点来自列宁的论述。他说："列宁氏于一九一九年四月十五日，在莫斯科'第三国际'大会里演说，亦曾极力辨明中产阶级的'平民主义'与无产阶级的'平民主义'的区别。后来又在他的《国家与革命》并别的著作里，屡屡赞美这无产阶级的'平民主义'。"③李大钊进一步指出："只有无产阶级的平民政治才是纯化的平民政治，真实的平民政治，纯正

---

① 李大钊：《平民主义》，《李大钊全集》（第四卷），人民出版社2013年版，第141页。
② 李大钊：《平民政治与工人政治》，《李大钊全集》（第四卷），人民出版社2013年版，第104页。
③ 李大钊：《平民主义》，《李大钊全集》（第四卷），人民出版社2013年版，第159页。

的平民政治"①，而现在正是平民主义与平民政治崛起的时代。李大钊确认"现在的平民政治正在由中产阶级的平民政治向无产阶级的平民政治发展的途中"②。他又认为，"平民主义"精神的重要体现就是实行"工人政治"，而"这'工人政治'才是纯化的'平民主义'、纯正的'平民主义'、真实的'平民主义'"③。

李大钊并不认同"多数政治"即是"平民政治"的观点，而是认为"平民主义"并不排斥个人自由，相反应有"自由认可"的"自由政治"。他说："'多数政治'不一定是圆满的'平民主义'的政治。而'自由政治'乃是真能与'平民主义'的精神一致的。"④那么什么是"自由政治"？李大钊认为："'自由政治'的神髓，不在以多数强制少数，而在使一问题发生时，人人得以自由公平的态度，为充分的讨论，详确的商榷，求一个公同的认可。商量讨论到了详尽的程度，乃依多数表决的方法，以验其结果。在商议讨论中，多数宜有容纳少数方面意见的精神；在依法表决后，

---

① 李大钊：《平民政治与工人政治》，《李大钊全集》（第四卷），人民出版社2013年版，第104页。
② 李大钊：《平民政治与工人政治》，《李大钊全集》（第四卷），人民出版社2013年版，第104页。
③ 李大钊：《平民主义》，《李大钊全集》（第四卷），人民出版社2013年版，第159页。
④ 李大钊：《平民主义》，《李大钊全集》（第四卷），人民出版社2013年版，第146页。

少数宜有服从全体决议的道义。"①尽管"在革命时期……工人政治,实有'统治'的意味,并且很严……",但是"随着无产者专政状态的经过,随着阶级制度的消灭……工人政治就是为工人,属于工人,由于工人的事务管理……这才是真正的工人政治"②。李大钊认为,只有"在这样的平民的社会里,才有自由平等的个人"③。

那么,民主主义与社会主义是什么关系呢?李大钊认为:"德谟克拉西,无论在政治上、经济上、社会上,都要尊重人的个性,社会主义的精神,亦是如此。"④他又说:"真正的德谟克拉西,其目的在废除统治与屈服的关系,在打破擅用他人一如器物的制度。而社会主义的目的,亦是这样。"⑤所以,德谟克拉西与社会主义,"在精神上有同一的渊源,在应用上有分析的必要"⑥。所不同的是,"德谟克

---

① 李大钊:《平民主义》,《李大钊全集》(第四卷),人民出版社2013年版,第146页。
② 李大钊:《平民政治与工人政治》,《李大钊全集》(第四卷),人民出版社2013年版,第105页。
③ 李大钊:《平民主义》,《李大钊全集》(第四卷),人民出版社2013年版,第160页。
④ 李大钊:《由平民政治到工人政治——在北京中国大学的演讲》,《李大钊全集》(第四卷),人民出版社2013年版,第4页。
⑤ 李大钊:《平民政治与工人政治》,《李大钊全集》(第四卷),人民出版社2013年版,第107页。
⑥ 李大钊:《平民政治与工人政治》,《李大钊全集》(第四卷),人民出版社2013年版,第107页。

拉西演进的程级甚多"①罢了。

　　这种"演进的程级",在李大钊看来,即是"惟民主义"—"民主主义"—"平民主义"的发展序列。②由此可见,儒家的民本思想与马克思主义民主观,在李大钊那里得到有机结合,形成了李大钊新型的民主思想,也为他走向社会主义、共产主义提供了宝贵材料甚至奠定了重要基础。

　　在李大钊等共产主义先驱的基础上,中国共产党形成了群众路线。这是中国共产党的生命线,也是永葆青春活力和战斗力的重要传家宝。毛泽东在《〈农村调查〉的序言和跋》中指出:"群众是真正的英雄,而我们自己则往往是幼稚可笑的,不了解这一点,就不能得到起码的知识。"③并向全党同志发出号召:"一起向群众学习,继续当一个小学生,这就是我的志愿。"④在中共"七大"的开幕词中,毛泽东总结了抗日战争的历史经验和抗日解放区的建设经验,提出:"人民,只有人民,才是创造世界历史的动力。"⑤

---

① 李大钊:《平民政治与工人政治》,《李大钊全集》(第四卷),人民出版社2013年版,第107页。
② 吕明灼、王钧林、张佩国、权锡鉴:《儒学与近代以来中国政治》,齐鲁书社2004年版,第361页。
③ 毛泽东:《〈农村调查〉的序言和跋(序言二)》,《毛泽东农村调查文集》,人民出版社1982年版,第17页。
④ 毛泽东:《〈农村调查〉的序言和跋(序言二)》,《毛泽东农村调查文集》,人民出版社1982年版,第18页。
⑤ 毛泽东:《论联合政府》(1945年4月24日),《毛泽东选集》(第三卷),人民出版社1991年版,第1031页。

习近平总书记在庆祝中国共产党成立100周年大会上的讲话中指出："人民是历史的创造者，是真正的英雄。""江山就是人民，人民就是江山。中国共产党领导人民打江山、守江山，守的是人民的心。"[①]这一论述植根于中华优秀传统文化"民本思想"的历史厚度，从马克思主义唯物史观的思想高度，深刻阐明了人民群众是历史创造者的伟大命题。

总之，马克思主义人民观与儒家民本思想，虽然产生于不同的时代背景、不同的社会形态，但是从它们关于人的重要地位的论述中，我们不难发现，它们有不少观点是一致的，两者有相通之处。

[①] 习近平：《习近平著作选读》（第二卷），人民出版社2023年版，第481、482页。

第八章　关于对人类理想社会的构想：共产主义思想与大同社会理想

对理想社会的构想和追求是人类一直以来的梦想，宗教往往将其寄托于来世，佛教称之为极乐世界，基督教称之为天国，道教称之为仙境。而儒家提出的大同社会理想和马克思主义提出的共产主义社会，二者不仅在内容上有一致的主张，而且在实现路径上，也有不少相通的地方。在马克思、恩格斯对人类未来理想社会——共产主义社会的构想中，是以人的全面而自由的发展为前提条件的。儒家思想中也有大量关于"民"的主体地位的论述，对人类未来社会也有"大同""太平"理想的思想。中国传统文化中的"大同"思想对李大钊等中国共产主义运动先驱们产生了深远的影响。正是在中国传统文化的基础上，在十月革命胜利的鼓舞下，李大钊把大同主义与共产主义思想联系起来，积极接受并系统传播马克思主义，催生了中国共产党。

第八章 关于对人类理想社会的构想：共产主义思想与大同社会理想

一、马克思、恩格斯的共产主义思想

与产生于近代的社会主义相比，共产主义是一个相当古老的概念，可以追溯到古希腊时期。公元前375年，柏拉图在其著作《理想国》中抨击私有观念的同时，提出了财产共同所有的思想："第一，除了绝对的必需品以外，他们任何人不得有任何私产。第二，任何人不应该有不是大家所公有的房屋或仓库。至于他们的食粮则有其他公民供应，作为能够打仗既智且勇的护卫者职务的报酬，按照需要，每年定量分给，既不让多余，亦不使短缺。他们必须同住同吃，像士兵在战场上一样。至于金银我们一定要告诉他们，他们已经从神明处得到了金银，藏于心灵深处，他们更不需要人世间的金银了。他们不应该让它同世俗的金银混杂在一起而受到玷污；因为世俗的金银是罪恶之源，心灵深处的金银是纯洁无瑕的至宝。"① 柏拉图认为，"你的""我的"，这种私有观念是导致一切不平等的基础。

在马克思所处的欧洲，当时并存着多种"共产主义学

---

① 柏拉图（著），郭斌和、张竹明（译）：《理想国》，商务印书馆1986年版，第130—131页。

323

说"，马克思在对它们深入研究后进行了深刻的批判。[①]在此基础上，随着马克思、恩格斯唯物史观的形成，他们对共产主义的认识渐趋成熟。早在《〈黑格尔法哲学批判〉导言》中，马克思就提出要靠无产阶级来实现共产主义的主张。在《论犹太人问题》中，马克思提出了人类解放与政治解放的不同，探索了人类解放的道路。这一思想初次全面阐述于《1844年经济学哲学手稿》，明显确立于《德意志意识形态》，系统概述于《共产党宣言》，形成了一套完整的知识谱系，在《资本论》中，马克思从政治和经济的角度进一步完善发展了共产主义思想。

马克思最初对共产主义的认识，体现在《1844年经济学哲学手稿》中。该文"共产主义"部分对共产主义做了阐述："共产主义是对私有财产即人的自我异化的积极的扬弃，

---

① 马克思、恩格斯在《哲学的贫困》《共产党宣言》等著作中深刻地揭露和批判了蒲鲁东主义。蒲鲁东对资本主义社会的矛盾的认识始终停留在表层，认为消除资本主义社会矛盾的方式是取消资本家，只要取消资本家，人人通过劳动而不是资本再生获取报酬，那么就能实现对异化的扬弃。蒲鲁东简单地认为资本就是私有财产的本身，而没有看到异化背后的资本主义生产关系；马克思、恩格斯在《共产党宣言》《社会主义从科学到空想的发展》中对以圣西门、傅立叶、欧文为代表的空想社会主义的历史贡献以及局限性做出了全面的阐述和评价。以傅立叶、圣西门和欧文为代表的空想社会主义者的观点具有明显的空想性，他们仅仅从被私有财产客体化的方面，即异化为资本的劳动中讨论私有财产的扬弃，把劳动的特殊方式理解为私有财产有害性的根源，并非从现实的经济发展的客观规律中得出的答案，因而，并没有真正找到一条否定私有财产的道路；在《1844年经济学哲学手稿》《共产党宣言》中，马克思对巴贝夫等平均的共产主义进行了批判，认为这是粗陋的共产主义。

第八章 关于对人类理想社会的构想：共产主义思想与大同社会理想

因而是通过人并且为了人而对人的本质的真正占有；因此，它是人向自身，也就是向社会的即合乎人性的人的复归，这种复归是完全的复归，是自觉实现并在以往发展的全部财富的范围内实现的复归。这种共产主义，作为完成了的自然主义，等于人道主义，而作为完成了的人道主义，等于自然主义，它是人和自然之间、人和人之间的矛盾的真正解决，是存在和本质、对象化和自我确证、自由和必然、个体和类之间的斗争的真正解决。它是历史之谜的解答，而且知道自己就是这种解答。"[1] 马克思的这段论述，从两个方面阐述了他的共产主义理论：共产主义的终极目标是从"人的类本质"的复归解放到"现实的人"的自由发展；共产主义的实现路径是从自由自主的活动转变为物质生产实践。

结合前文，这里所讲的私有财产是"劳动和资本的对立"的私有财产，正是在这样的意义上，下面讲了"共产主义是扬弃私有财产的积极表现"[2]。马克思以此为标准对当时的各种社会主义和共产主义派别做了区别分析，然后讲"共产主义是被扬弃了的私有财产的积极表现"的三种共产主义的不同情况。马克思肯定了第三种形式的共产主

---

[1] 马克思：《1844年经济学哲学手稿》，《马克思恩格斯全集》（第四十二卷），人民出版社1979年版，第120页。
[2] 马克思：《1844年经济学哲学手稿》，《马克思恩格斯全集》（第四十二卷），人民出版社1979年版，第117页。

义[1]，即"对私有财产即人的异化的积极的扬弃"的共产主义。着重讲了共产主义对私有财产的扬弃，就是人的异化的扬弃，说"这种共产主义，作为完成了的自然主义，等于人道主义"[2]。就是说，这种共产主义不仅是一种扬弃了私有制的经济制度，这里面用的是"扬弃"私有财产，并不是完全否定私有财产，并且对私有财产有严格的界定，即"劳动和资本的对立"的私有财产，反过来说，如果不体现这种对立就不具备私有财产的实质，即使是表现为私有财产的形式，也不是马克思所指的私有财产。而且马克思共产主义理论是从人出发，人的解放是其出发点和归宿点，是一种新的人与人之间的社会关系。

在《德意志意识形态》中，马克思和恩格斯通过批判和揭露"类""自我意识""唯一者"所具有的抽象性，实现了向"现实的个人"的历史性转变，并将其作为共产主义思想的逻辑起点，进而从分工、私有制、虚幻的共同体和世界市场维度，全面揭示了在资本主义私有制条件下"现实的个人"所处的异化现存状况，认为"我们所称为共产

---

[1] 马克思认为，第一种形式的共产主义，是粗陋的平均主义的共产主义，这种共产主义不是要废除私有制，而只想均分私有财产。第二种形式的共产主义是"还没有弄清楚私有财产的积极本质，也还不理解需要的人的本性"的共产主义。参见马克思：《1844年经济学哲学手稿》，《马克思恩格斯全集》（第四十二卷），人民出版社1979年版，第117、120页。
[2] 马克思：《1844年经济学哲学手稿》，《马克思恩格斯全集》（第四十二卷），人民出版社1979年版，第120页。

主义的是那种消灭现存状况的现实的运动"①。也就是说，消灭"现实的个人"所处的异化现存状况，构成了《德意志意识形态》中的共产主义思想的逻辑主线。马克思和恩格斯描绘了未来的共产主义的某些基本轮廓：在共产主义制度下，人们将自觉地利用客观经济规律，从而有能力支配生产，支配交换，支配自己的社会关系。只有在共产主义制度下，人的才能和天资才会得到充分的和全面的发展。

值得注意的是，马克思认为无产阶级和共产主义运动一样，都具有世界性。他指出："无产阶级只有在世界历史意义上才能存在，就像它的事业——共产主义一般只有作为'世界历史性的'存在才有可能实现一样。"②与此同时，马克思也强调了各国应该注意共产主义运动的民族特性，"某一观点是否在整个民族中占优势，该民族的共产主义思想方式是否涂上了政治的、形而上学的或者其他的色彩，这自然是由该民族发展的整个进程来决定的"③。总之，在《德意志意识形态》中，马克思在唯物史观的基础上，论述了共产主义是客观历史的产物，是人类社会发展的必然结

---

① 马克思、恩格斯:《德意志意识形态》,《马克思恩格斯全集》(第三卷),人民出版社1960年版，第40页。
② 马克思、恩格斯:《德意志意识形态》,《马克思恩格斯全集》(第三卷),人民出版社1960年版，第40页。
③ 马克思、恩格斯:《德意志意识形态》,《马克思恩格斯全集》(第三卷),人民出版社1960年版，第552页。

果，也强调了共产主义运动的世界性和民族性等问题。

《共产党宣言》是马克思、恩格斯为"共产主义者同盟"共同起草的政治纲领，是第一次全面阐述科学社会主义原理的伟大著作。在这里，马克思和恩格斯给工人阶级指出了一个伟大的目标：建设共产主义社会。他们预见到，共产主义革命将消灭剥削和阶级，消灭任何社会的、政治的和民族的压迫，这一革命将导致建立一个"以各个人自由发展为一切自由发展的条件"[1]的社会。马克思和恩格斯从现实革命斗争的需要来阐释共产主义，强调无产阶级推翻资产阶级来建立共产主义社会。

如果说《共产党宣言》宣告了科学共产主义的诞生，那么《资本论》则标志着科学共产主义的成熟。《资本论》中揭示了资本主义产生、发展和灭亡的历史规律，论证了资本主义被共产主义取代的历史必然性，为科学社会主义奠定了理论基础。马克思从研究商品开始，阐明商品作为资本主义的经济细胞，包含着资本主义生产关系的各种矛盾的萌芽。[2]《资本论》对货币的分析表明，人们抽象劳动

---

[1] 马克思、恩格斯：《共产党宣言》，《马克思恩格斯全集》（第四卷），人民出版社1958年版，第491页。
[2] 马克思指出，商品具有使用价值和价值两个因素，商品的二因素根源于生产商品的劳动的二重性，即具体劳动和抽象劳动。具体劳动生产使用价值，抽象劳动生产价值。商品生产的矛盾反映资本主义社会中的私人劳动和社会劳动的矛盾。

的交换和基于抽象劳动交换的全部社会关系，在资本主义社会中完全被物与物的交换关系所取代了。马克思对货币拜物教的指认极为重要，因为它真正捕捉到了人的解放的现实障碍，也为现实的共产主义运动赋予了实质性的内涵，这就是作为消灭现存世界的共产主义运动，具体来说就是破解货币拜物教的过程，就是消灭人在货币这一非神圣形象中的自我异化的运动过程。《资本论》以无懈可击、无可辩驳的经济事实和剩余价值理论论证了共产主义原理的科学性。正如恩格斯所说，马克思的唯物史观和剩余价值学说两大发现使社会主义由空想变为科学，而《资本论》正是唯物史观和剩余价值学说的完美结合与运用，"科学的社会主义就是从此开始，以此为中心发展起来的"[①]。

二、中国古代具有共产主义色彩的思想

与共产主义思想在欧洲有悠久的历史一样，中国古代社会也产生了丰富的具有共产主义色彩的思想。在不同的学派和群体中有不同的称谓和不同的具体内容，但都反映了人们反对剥削、人人平等、追求自由、天下为公的愿望。

---

① 恩格斯:《反杜林论》,《马克思恩格斯全集》(第二十卷)，人民出版社1971年版，第222页。

1. 儒家大同社会理想

"同"是儒家一直追求的理想状态,也是儒家评价圣君的一个标志。据《尚书》《史记》等经典记载,在舜的支持下,禹得以放手大干,实现了"九州攸同""四海会同"[①]的良好局面。当时,舜帝在位,任用禹为司空,并且配备了益和后稷两个得力助手。于是禹与益、后稷奉帝命,带领诸侯百姓"以敷土,行山表木,定高山大川"[②]。禹率先垂范,三过家门而不入,经过13年的努力,治水取得成功。但这距离"九州攸同""四海会同"的目标还有距离,于是禹命令益和后稷带领百姓发展农业。在发展生产的基础上,禹注重财富的分配,从而减少社会两极分化。

在《史记》中,司马迁反复强调"食少,调有余相给,以均诸侯","食少,调有余补不足"[③]。可见,禹在发展生产的同时,十分注重解决发展不平衡的问题。当时的不平衡主要体现在诸侯之间的不平衡,实际上是地域之间的不平衡,还体现在人与人之间的贫富差距上。为了解决地域之间的不平衡,禹采取了"行相地宜所有以贡"[④]的措施,也就是考察各地的收成怎么样,适宜种什么,然后确定各地

[①] 《尚书·禹贡》。
[②] 《史记》(卷二),《夏本纪第二》。
[③] 《史记》(卷二),《夏本纪第二》。
[④] 《史记》(卷二),《夏本纪第二》。

第八章 关于对人类理想社会的构想：共产主义思想与大同社会理想

的贡赋。为解决百姓之间的贫富差距问题，禹采取了兜底扶贫、移民搬迁等措施，从而"众民乃定，万国为治"①。舜帝认为这还不够，还要让民众有凝聚力，有精神追求，于是舜帝让禹协助他，发展文化事业，即"予欲左右有民，女辅之。余欲观古人之象，日月星辰，作文绣服色，女明之。予欲闻六律五声八音，来始滑，以出入五言，女听。予即辟，女匡拂予。女无面谀，退而谤予。敬四辅臣。诸众谗嬖臣，君德诚施皆清矣"②。

《尚书》《史记》都将"九州攸同""四海会同"的景象记在了禹的名下，分别放在"《禹贡》篇"和"《夏本纪》"中，笔者对此有不同看法。当时，舜为帝，禹是臣，禹的作为离不开舜的支持，禹是在执行舜的意图和命令。不可否认，禹的贡献很大，但是没有舜帝的支持，他不可能有如此作为。实际上，这是舜有意把禹作为接班人来培养，舜的胸襟和贡献似乎更应得到承认。无论如何，这充分体现了儒家在社会治理方面推崇"同"的理念，这是"大同社会"的基础，为了实现"同"，儒家很注重"均"。当然这个"均"是建立在大力发展社会生产的基础上，而不是平均主义。

大同社会是儒家重要的理想社会观，最早见于儒家经

---

① 《史记》(卷二)，《夏本纪第二》。
② 《史记》(卷二)，《夏本纪第二》。

典《礼记·礼运》。① 该篇不仅明确提出"天下为公"的大同理想，而且对这个社会做了具体的阐述："选贤与能，讲信修睦，故人不独亲其亲，不独子其子，使老有所终，壮有所用，幼有所长，鳏寡孤独废疾者，皆有所养，男有分，女有归。货恶其弃于地也，不必藏于己；力恶其不出于身也，不必为己。是故谋闭而不兴，盗窃乱贼而不作，故外户而不闭，是谓大同。"②

这段话一般认为是后世儒家弟子借孔子之口所发的议论，但是体现了孔子的思想。在《论语》中，孔子曾说过类似的话。有一次，孔子和学生颜回、子路在一起谈论志向，孔子说起自己的志向："老者安之，朋友信之，少者怀之。"③ 这里除了朋友信之是伦理道德观念外，"老者安之""少者怀之"体现了孔子的社会理想，与《礼记·礼运》描述的大同社会理想如出一辙。

孔子的学生子夏有言，"四海之内，皆兄弟也"④，是对这个美好社会的精练概括，也体现了人格独立自主的豪迈

---

① 关于"大同"这个概念，《庄子·天下》载名家惠施的话："大同而与小同异，此之谓'小同异'。"这里所谓"大同"系诡辩论层面的抽象术语，缺乏社会历史的具体内涵。"大同"一词复见于《庄子·在宥》："颂论形躯，合乎大同，大同而无己。"这里的"大同"是指天地万物为统一整体，这是道家对理想人格的追求，还不是对理想社会的构想。
② 《礼记·礼运》。
③ 《论语·公冶长》。
④ 《论语·颜渊》。

第八章 关于对人类理想社会的构想：共产主义思想与大同社会理想

表达。在这个美好的社会中，没有剥削，没有压迫，人人平等；有才能的人都有用武之地，老弱病残等弱势群体能享受到良好的社会福利；公民文明程度很高，每个人各安其分，夜不闭户，道不拾遗；对外"讲信修睦"，邻国友好往来，没有战争。这样一个美好的理想境界，是儒家"仁"的理念在社会理想上的反映，并且有一套"礼"的规范来保障，既有直接的现实需求，也反映了儒家宏阔的思想境界和伟大的思想抱负，成为后世儒家志士追求平均的思想渊源。

孟子继承了孔子"仁"的思想，针对当时社会乱世，提出了自己的社会理想。孟子对当时"争地以战，杀人盈野，争城以战，杀人盈城"的社会现实，十分不满，气愤地说："庖有肥肉，厩有肥马，民有饥色，野有饿莩，此率兽而食人也。兽相食，且人恶之；为民父母行政，不免于率兽而食人，恶在其为民父母也！"[1] 针对这种情况，孟子提出了"行王道，施仁政"的主张。孟子还提出"民事不可缓"[2] 的主张，认为君主行王道，最主要的就是要尊重"民"的意愿，保障他们的利益。当时的"民"主要是从事农业生产的农民，所以孟子提出："不违农时，谷不可胜食也；数罟不入洿池，鱼鳖不可胜食也；斧斤以时入山林，材木

---

[1] 《孟子·梁惠王上》。
[2] 《孟子·滕文公上》。

不可胜用也。谷与鱼鳖不可胜食，材木不可胜用，是使民养生丧死无憾也。"[1]孟子认为做到这几点，是不够的，这仅仅是"王道之始也"[2]。

孟子的理想社会，也就是"王道"的核心是要保障老百姓有"恒产"。孟子提出了著名的"恒产论"，即"民之为道也，有恒产者有恒心，无恒产者无恒心。苟无恒心，放辟邪侈，无不为已。及陷乎罪，然后从而刑之，是罔民也"。[3]孟子还说："无恒产而有恒心者，惟士为能。若民，则无恒产，因无恒心。苟无恒心，放辟邪侈，无不为已。及陷于罪，然后从而刑之，是罔民也。焉有仁人在位，罔民而可为也！是故明君制民之产，必使仰足以事父母，俯足以畜妻子，乐岁终身饱，凶年免于死亡；然后驱而之善，故民之从之也轻。"[4]孟子还具体描述了"恒产"的理想状态："五亩之宅，树之以桑，五十者可以衣帛矣；鸡豚狗彘之畜，无失其时，七十者可以食肉矣；百亩之田，勿夺其时，八口之家，可以无饥矣；谨庠序之教，申之以孝悌之义，颁白者不负戴于道路矣。老者衣帛食肉，黎民不饥不寒，然而不王者，未之有也。"[5]孟子"施仁政"的基础就是

---

[1] 《孟子·梁惠王上》。
[2] 《孟子·梁惠王上》。
[3] 《孟子·滕文公上》。
[4] 《孟子·梁惠王上》。
[5] 《孟子·梁惠王上》。

保障百姓的土地使用权,提出恢复"井田制",首先要"正经界"。孟子说:"夫仁政,必自经界始。经界不正,井地不钧,谷禄不平。是故暴君污吏必慢其经界。经界既正,分田制禄可坐而定也。"①孟子这一操作层面的主张,对后世儒家知识分子产生了深远影响。

东汉经学家何休对"井田制"做了进一步发挥。何休在董仲舒的基础上,发展出了儒家公羊学派关于历史发展规律的"三世说"②。在何休的理论框架中,"三世说"是历史发展的普遍规律,这个规律由衰乱世,到升平世,到太平世。一旦到了太平世,那个社会就达到了"天下远近小大若一"③的境界。何休在论太平世时,坚持物质第一性的原则,认为只有在一定物质基础上,才谈得上道德教育和良好的社会风尚。在论述井田制时,他开宗明义:"夫饥寒并至,虽尧舜躬化,不能使野无寇盗;贫富兼并,虽皋陶制法,不能使强不凌弱"④,是故古之圣人制井田之法而又

---

① 《孟子·滕文公上》。
② "公羊三世说"是儒家公羊学派的历史发展阶段论。董仲舒最初提出这一观点,把《春秋》所记载鲁国十二公的历史分为"有见、有闻、有传闻"三个层次。传闻时期是距孔子生活最远的时期,包括隐、桓、庄、闵、僖五公在位时期;所闻时期距孔子生活较近,包括文、宣、成、襄四公在位时期;所见时期,即孔子生活同时期,包括昭、定、哀三公在位时期。何休进一步发展了这一理论,称"传闻之世"为"衰乱"世,"所闻之世"为"升平"世,"所见之世"为"太平"世。
③ 《春秋公羊经传解诂》。
④ 《春秋公羊经传解诂》。

规定计口分田。在何休的构想中，不仅有明确的分田办法，还规定了收税比例，农田管理，甚至在政治组织、教育制度、劳动纪律、官吏选拔等方面都有规定。何休还设计了一个理想的社会基层单位"里"："在田曰庐，在邑曰里。一里八十户，八家共一巷。中里为校室，选其耆老有高德者，名曰父老；其有辩护伉健者，为里正。皆受倍田，得乘马。父老比三老孝弟官属，里正比庶人在官之吏。民春夏出田，秋冬入保城郭。田作之时，春，父老及里正旦开门，坐塾上，晏出后时者不得出，莫不持樵者不得入。五谷毕入，民皆居宅，里正趋缉绩，男女同巷，相从夜绩，至于夜中，故女功一月得四十五日作，从十月尽正月止。"[①]根据何休的设想，在这个基层单位里，人们都致力于生产，使"三年耕，余一年之畜，九年耕余三年之积，三十年耕，有十年之储。虽遇唐尧之水，殷汤之旱，民无近忧，四海之内莫不乐其业，故曰颂声作矣"[②]。

北宋大儒张载十分赞成孟子的主张，面对北宋王朝存在的社会问题，把恢复经界作为推行"仁政"的首要任务，指出，"仁政必自经界始"[③]。在张载看来，井田制的本质是"均"，"使人受一方，则自是均"，"治天下不由井地，终无

---

① 《春秋公羊经传解诂》。
② 《春秋公羊经传解诂》。
③ 《张载集·吕大临横渠先生行状》。

由得平。周道止是均平"①。张载并不是照搬西周的井田制，而是做了一些变通，在井田方案中取消了公田，以税收取代国家公田的收入，就是用比较先进的实物地租代替劳役地租。张载并非纯粹在书斋中的学者，而是热衷躬行实践的践行者。张载在提出系统改革方案的同时，还身体力行，晚年的他与弟子在自己的家乡陕西横渠镇大胆进行了井田制的试验。虽至逝世时也未取得成果，但充分体现了他躬行礼制的践履精神。通过实践，张载总结出了儒学的为政原则，如"为政者在乎足民"，"利于民则可谓利，利于身、利于国皆非利也"②，"为政不以德，人不附且劳"，"为政必身倡之"③，等等。

2. 农民起义推崇的"太平"理想

在中国古代，"太平"理想广泛流行于农民起义军中，其代表作是汉代道家经典《太平经》。《太平经》，又名《太平清领书》，内容博大，涉及天地、阴阳、五行、干支、灾异、神仙等。在社会理想上，《太平经》主张天地间一切财物应归社会公有，归大家共享；人人平等又公平；人人劳动，自食其力，互助友爱。它解释什么叫"太平"："太者，

---

① 《经学理窟·周礼》。
② 《性理拾遗》。
③ 《张子正蒙·有司》。

大也；大者，天也；天能覆育万物，其功最大。平者，地也；地平，然后养育万物。"①这种主张最大平均平等的思想，很得一般贫苦农民的信奉与拥护，成为农民起义的重要思想武器。

"太平"思想成为之后农民起义口号、主张的依据。东汉张角创"太平道"，提出"黄天太平"思想。唐末王仙芝自称"天补平均大将军"，黄巢称"冲天太保均平大将军"，建"大齐"国。南宋钟相、杨幺等明确提出"等贵贱，均贫富"的口号。明末刘福通提出"杀尽不平方太平"的思想等。明清时期，由于社会经济形态的变化，起义农民不仅主张均赋，而且还主张均田。李自成明确提出对土地的要求，以"均田免赋"为斗争纲领，把农民的"太平"思想发展到一个新阶段。

太平天国运动首领洪秀全，则成了历代"太平"思想的集大成者，他吸收了儒家大同思想和西方基督教的原始平等思想，提出了有较完备理论形态的太平主义。他在《天朝田亩制度》中要求消灭一切私有制度，"人人不受田，物物归上主"，主张"有田同耕，有饭同食，有衣同穿，有钱同使，无处不均匀，无人不饱暖"②，要建立一个没有私有制、没有压迫、没有剥削的绝对平均的社会。李大钊认为

---

① 《太平经》(甲部卷一)。
② 《天朝田亩制度》。

这是"一种含有均平性质的土地令"。① 太平天国的消灭私有制，建立均贫富的社会措施引起了马克思、恩格斯的注意。他们认为这是"中国的社会主义"，与"欧洲的社会主义""具有共同之点"②。

3.其他具有共产主义色彩的思想主张

除了儒家"大同"思想和流行于农民起义中的"太平"思想，中国古代其他学派、学者也提出了一些反映追求平等、反对压迫等内容的主张，具有共产主义的某些特征。

（1）道家"小国寡民"思想

道家老子的理想社会，是在"圣人之治"的基础上建立"小国寡民"的社会。③ 老子对"小国寡民"的社会做了这样的描述："小国寡民。使有什伯之器而不用；使民重死而不远徙。""甘其食，美其服，安其居，乐其俗。邻国相

---

① 李大钊：《孙中山先生在中国民族革命史上之位置（一九二六年三月十二日）》，《李大钊全集》（第五卷），人民出版社2013年版，第128页。
② 马克思、恩格斯：《国际述评（一）》，《马克思恩格斯全集》（第七卷），人民出版社1959年版，第264—265页。
③ 有学者考证，原为"小邦寡民"，因避汉高祖刘邦讳，"邦"被改为"国"。但这样就改变了老子的本意，因为"邦"的甲骨文从田，表示建立土界，也即"封疆"之义，其本义为"封界"，指国界、边界。"国"的古义为国都。"小邦"未必就是面积小的国家，而指国界小、边境线短的国家。从某种意义上说，以自然界的山脉、河流、海洋等作为国界，起到了很大的隔离作用，可视为"小邦"。

望，鸡犬之声相闻，民至老死，不相往来。"[1]老子提出建立"小国寡民"的理想社会，与他的"无为"的思想是一致的。春秋战国时期，由于原有的统治体系失效，各诸侯国都在富国强兵，妄图称霸天下。要达到这一目的，就要发动战争，攻城略地，天下因此而不太平，百姓因此而深受其苦。老子对战争的残酷有精辟的论述："大国不过欲兼畜人，小国不过欲入事人。"[2]"兼畜"是指征服后当奴隶使用，"入事"是指被征服奴役。老子痛斥统治阶级："将欲取天下而为之，吾见其不得已！天下神器，不可为也。"[3]

老子的"小国寡民"思想就是针对当时的社会现实提出的社会理想。在这样的国度里，人与人是和睦的，国与国是和平的。怎么才能确保这样的状态呢，老子不鼓励发展物质生产，指出："虽有舟舆，无所乘之；虽有甲兵，无所陈之。使人复结绳而用之。"[4]老子还认为道德、法令、制度等这些"人为"的东西，是统治阶级统治人民的工具，是祸乱之源。他指出："夫礼者，忠信之薄而乱之首。"[5]"法令滋彰，盗贼多有。"[6]"以智治国，国之贼；不以智治国，国之

---

[1]《老子》(第八十章)。
[2]《老子》(第六十一章)。
[3]《老子》(第二十九章)。
[4]《老子》(第八十章)。
[5]《老子》(第三十八章)。
[6]《老子》(第五十七章)。

福。"[①]在老子"小国寡民"的社会里，这些东西统统不需要，甚至主张"绝圣弃智，民利百倍；绝仁弃义，民复孝慈"[②]。

老子提出"小国寡民"思想，目的是希望统治者能"无为而治"，使人民安居乐业。这些主张是道家的社会理想，反映了一部分人的美好愿望，但在实际社会中是不可能实现的。

（2）墨家"兼爱""尚同"思想

墨家思想的代表人物墨翟，与孔子生活在同一个时代。"墨子学儒者之业，受孔子之术，以为其礼烦扰而不说，厚葬靡财而贫民，久服伤生而害事，故背周道而用夏政"[③]。他曾向孔子学习儒家思想，但是并不完全认同孔子的思想。在他看来，当时社会动荡，人民流离失所，天下一切祸乱之源就在于人们"不相爱"，因而提出"兼相爱、交相利"的主张。墨子要求人们"视人之国若视其国，视人之家若视其家，视人之身若视其身"。[④] 不同于孔子爱人是依照宗法制的"亲亲"原则的有差别的爱，墨子提出了"爱无等差"[⑤]"爱无厚薄"[⑥]。这当然是一种不切实际的幻想，春秋时

---

① 《老子》（第六十五章）。
② 《老子》（第十九章）。
③ 《淮南子·要略》。
④ 《墨子·兼爱中》。
⑤ 《孟子·滕文公》。
⑥ 《墨子·大取》。

期战争不断，战争造成"百姓死者，不可胜数也。与其居处之不安，食饭之不时，饥饱之不节，百姓之道疾病而死者，不可胜数"①。

在墨子的理想社会中，统治者要了解民情，尊重并集中下层百姓的意志。只有这样，国家才能得到很好的治理。墨子说："上之为政，得下之情则治，不得下之情则乱。何以知其然也？上之为政，得下之情，则是明于民之善非也。若苟明于民之善非也，则得善人而赏之，得暴人而罚之也。善人赏而暴人罚，则国必治。""唯能以尚同一义为政，然后可矣！"②

墨子对这个理想社会提出了自己的一些原则性规定。陈正炎、林其锬在《中国古代大同思想研究》中，归纳出重要的5个方面：

一是全体社会成员根据分工，"使各从事其所能"。这个原则是在他论述节用时说的。他说："古者圣王制为节用之法，曰：'凡天下群百工，轮车鞼匏、陶冶梓匠，使各从事其所能。'"③"百工"说明当时有明确的社会分工，明确要求"使各从事其所能"。二是全体社会成员"赖其力者生"，也就是说人人都要参加劳动。墨子认为，人类社会与动物

---

① 《墨子·非攻中》。
② 《墨子·尚同下》。
③ 《墨子·节用中》。

界完全不同。动物中"雄不耕稼树艺,雌亦不纺绩织纴,衣食之财,固已具矣"。但是人不同于动物,必须"赖其力者生,不赖其力者不生"①。这里说的"力"不仅是指劳动,也包括管理国家机器的工作;不仅指体力劳动,也包括脑力劳动。三是反对不劳而获。墨子说:"今有人于此,入人之场园,取人之桃李瓜姜者,上得且罚之,众闻则非之,是何也?曰:'不与其劳获其实,已非其所有取之故。'"②四是提倡有能力者助人为乐。他说:"有力者疾以助人,有财者免以分人,有道者劝以教人。若此,则饥者得食,寒者得衣,乱者得治……此安生生。"③这一美好图景,与《礼记·礼运》所描述的一样。在这一点上,墨家与儒家是一致的,可以说是殊途同归。五是全体劳动者都要有高度的劳动自觉性。墨子把这种高度的自觉性概括为"强"。他说:"强必治,不强必乱……强必贵,不强必贱;强必荣,不强必辱……强必饱,不强必饥。"④

墨子的主张代表下层劳动人民的美好愿望,让人人都兼爱互利,但是统治者、有财力者怎么会无缘无故地无差别地把财产分给所有人呢?他提供不出更具有操作性的办

---

① 《墨子·非乐上》。
② 《墨子·天志下》。
③ 《墨子·尚贤下》。
④ 《墨子·非命下》。

法，并不能解决实际问题。

（3）古代文学作品中的"理想国"

在中国古代的文学作品中，作者们用极其浪漫的笔触，用极其丰富的想象力，为后人描绘了多姿多彩的具有空想色彩的理想社会。这里仅举几例。

《诗经》里的"乐土"。在《诗经》中，有不少诗篇，反映了劳动人民反对剥削压迫，追求人人平等的呼喊。《伐檀》发出了对统治者"不稼不穑，胡取禾三百廛兮"，"不狩不猎，胡瞻尔庭有县貆兮"[1]的控诉。《硕鼠》不仅怒斥了硕鼠一样不劳而获的统治者，还生发了"逝（誓）将去女（汝）"的反抗意识，发出了对"乐土""乐国""乐郊"[2]的向往之情。

《桃花源记》里的"世外桃源"。魏晋时期，社会动荡，政治黑暗，民不聊生，一些人自然就萌发了逃避现实，隐居起来的想法。陶渊明的《桃花源记》就是这一时期的作品，反映了一部分知识分子的思想。陶渊明出身于魏晋时期的世家大族[3]，自幼接受了很好的教育，曾出任江州祭酒、建威参军、镇军参军、彭泽县令等职，每次出来当官的时

---

[1] 《诗经·魏风·伐檀》。
[2] 《诗经·魏风·硕鼠》。
[3] 陶渊明的曾祖父陶侃曾为西晋大司马，封长沙郡公；祖父和父亲，官至太守。

间都不长。最后一次出仕彭泽县令，为时不过80余日。刘裕篡晋称宋后，陶渊明感时伤世，写下了体现自己理想的《桃花源记》。

《桃花源记》描述了一个为人们所向往的"世外桃源"："土地平旷，屋舍俨然，有良田、美池、桑竹之属。阡陌交通，鸡犬相闻。其中往来种作，男女衣着，悉如外人。黄发垂髫，并怡然自乐。"大家都很热情好客，见到渔人，"便要还家，设酒杀鸡作食。村中闻有此人，咸来问讯。"① 从这些描述可见，"世外桃源"里的人们，在物质上，由于土地公有，过着丰衣足食的生活；在精神上，由于没有剥削压迫，大家怡然自乐。陶渊明笔下的"世外桃源"与《老子》所描绘的"小国寡民"十分相似。陶渊明塑造的"世外桃源"对后世文人产生了一定影响。

《录海人书》里的"海人国"、《昨梦录》里的"西京隐乡"。北宋时期，著名诗人王禹偁②模拟《桃花源记》，创作了《录海人书》一文，塑造了一个海上世外桃源，被称为"海人国"。海人国里没有国家、阶级，没有压迫和剥削，人人参加劳动，完全平等互助，是王禹偁心目中的大

---

① 《桃花源记》。
② 王禹偁是北宋初期的著名人物，在政治上、文学上都颇有建树。政治上，主张推行改革，开范仲淹推行的庆历新政之先声；文学上，他以变革文风为己任，是北宋诗文革新运动之先驱，促进了宋初诗风、文风的变革。

同社会。①南宋学者康与之在《昨梦录》中创造了"西京隐乡",从构思到人物、景象的描绘,都显然受到《桃花源记》的影响。虽然从文学角度看,该文的水平和影响都远远比不上《桃花源记》,但是从社会理想方面看,思想更为深刻。《昨梦录》明确涉及生活资料和生产资料的所有权及其分配,提出了"计口授地,以耕以蚕","不可取衣食于他人","凡衣服、饮食、牛畜、丝纩、麻枲之属,皆不私藏,与众共之"等主张②。

很显然,这些文学作品表达了文学家们对丰衣足食、没有剥削、人人平等的社会理想的向往,但是这些理想是逃避现实的空想,只能说在某些方面具有共产主义的色彩,与马克思、恩格斯所创立的科学共产主义有本质的区别。

三、大同社会思想与马克思共产主义的内在相通性

尽管中国古代有形形色色具有共产主义色彩的思想和主张,但是绝大多数思想,由于带有很大的空想性,缺少

---

① 关于"海人国",陈正炎和林其锬在《中国古代大同思想研究》中有深入考证和论述。见陈正炎、林其锬:《中国古代大同思想研究》,上海人民出版社1986年版,第236—243页。
② 关于"西京隐乡",陈正炎和林其锬在《中国古代大同思想研究》中有深入考证和论述。见陈正炎、林其锬:《中国古代大同思想研究》,上海人民出版社1986年版,第260—264页。

科学性，恰恰是马克思所批判的粗陋的共产主义思想。只有儒家的大同思想，经过不断的丰富发展，形成了一套思想体系。从哲学、经济和社会等多个维度去考察，儒家的大同思想与马克思、恩格斯的共产主义思想具有内在的相通性。

1.从哲学维度看，大同思想和科学共产主义都是关于人的价值和人的理想的学说

哲学维度是马克思共产主义的根本维度，为马克思共产主义理论的其他维度提供了本体论和价值论基础。[①]马克思共产主义理论是从人出发的，人的解放是马克思共产主义理论的主线。大同思想是儒家民本思想的集中体现，都是为了建立起一个人人平等的理想社会，最终也是为了实现人的价值。

对马克思共产主义理论的哲学解读，其依据主要是马克思的早期著作、《1844年经济学哲学手稿》、《德意志意识形态》等，也包括《1857—1858年经济学手稿》《资本论》等著作中的有关论述。在《论犹太人问题》中，马克思提出人类解放的思想。在《〈黑格尔法哲学批判〉导言》中，

---

① 关于马克思共产主义理论的哲学维度，李景源等学者在《21世纪的马克思主义哲学创新》中有系统论述。见李景源（主编），孙伟平、李西祥（副主编）：《21世纪的马克思主义哲学创新》，江苏人民出版社2011年版，第242—247页。

马克思把人类解放诉诸无产阶级。

在《1844年经济学哲学手稿》中，马克思专门用一节讨论共产主义，这是他对早期共产主义理论思考的精华和总结。马克思指出："共产主义是对私有财产即人的自我异化的积极的扬弃，因而是通过人并且为了人而对人的本质的真正占有；因此，它是人向自身，也就是向社会的即合乎人性的人的复归，这种复归是完全的复归，是自觉实现并在以往发展的全部财富的范围内实现的复归。这种共产主义，作为完成了的自然主义，等于人道主义，而作为完成了的人道主义，等于自然主义，它是人和自然界之间、人和人之间的矛盾的真正解决，是存在和本质、对象化和自我确证、自由和必然、个体和类之间的斗争的真正解决。"[1]马克思认为共产主义"决不是人所创造的对象世界即人的采取对象形式的本质力量的消逝、抽象和丧失，决不是返回到违反自然的、不发达的简单状态去的贫困"。恰恰相反，共产主义"是人的本质的现实的生成，是人的本质对人说来的真正的实现，是人的本质作为某种现实的东西的实现"[2]。在《德意志意识形态》中，马克思、恩格斯对共

---

[1] 马克思：《1844年经济学哲学手稿》，《马克思恩格斯全集》（第四十二卷），人民出版社1979年版，第120页。
[2] 马克思：《1844年经济学哲学手稿》，《马克思恩格斯全集》（第四十二卷），人民出版社1979年版，第175页。

第八章 关于对人类理想社会的构想：共产主义思想与大同社会理想

产主义论证的逻辑前提与终极目标都是"现实中的个人"[①]，并对此做了具体性阐释："不是处在某种虚幻的离群索居和固定不变状态中的人，而是处在现实的、可以通过经验观察到的、在一定条件下进行的发展过程中的人。"[②] 在《共产党宣言》中，马克思、恩格斯指出，无产阶级进行人类解放的终极目标是实现人的自由而全面的发展，这只有在共产主义社会才能实现。在《共产党宣言》的末尾，马克思、恩格斯豪迈地宣告："代替那存在着各种阶级以及阶级对立的资产阶级旧社会的，将是一个以各个人自由发展为一切人自由发展的条件的联合体。"[③] 在《资本论》中，马克思则提出："自由王国只是在由必需和外在目的规定要做的劳动终止的地方才开始；因而按照事物的本性来说，它存在于真正物质生产领域的彼岸。"[④] 由此可见，尽管马克思的思想在不断地变化发展，但是马克思始终将人类的解放作为共产主义追求的目标，这一点是一以贯之的。

孔子创立的儒学是关于人的学问，其核心是"仁"。《论

[①] 马克思、恩格斯：《德意志意识形态》，《马克思恩格斯全集》（第三卷），人民出版社1960年版，第29页。
[②] 马克思、恩格斯：《德意志意识形态》，《马克思恩格斯全集》（第三卷），人民出版社1960年版，第30页。
[③] 马克思、恩格斯：《共产党宣言》，《马克思恩格斯全集》（第四卷），人民出版社1958年版，第491页。
[④] 马克思：《资本论》，《马克思恩格斯全集》（第二十五卷），人民出版社1974年版，第926页。

语》多次论"仁",孔子将"仁"解释为"爱人"。在孔子那里,"仁"不是以祖先神为崇拜的出发点,而是以人的理性为基点;也不是以氏族群体为出发点,而是以个人修养为基点。儒家十分重视人的理想的确立,强调君子人格。孔子认为一个有道德的君子,必须要有理想,要有志向。如前所述,孔子曾向弟子谈及自己"老者安之,朋友信之,少者怀之"的志向,这是大同社会的理想状态。大同理想归根到底是为了确保人的价值得到实现。

按照《礼记·礼运》的描述,不同的人有不同的需求,在大同社会里,他们个性化的需求都应该得到保障,每个人的理想都有机会得到实现。也就是"人不独亲其亲,不独子其子,使老有所终,壮有所用,幼有所长,鳏寡孤独废疾者,皆有所养,男有分,女有归"。青壮年可以在合适的岗位上为社会创造价值,而老年人得到很好的赡养,少年儿童得到很好的成长,鳏寡孤独废疾者也能得到很好的供养。全体社会成员,无论男女老少,都团结友爱,诚实无欺,各得其所,过着美满幸福的生活。儒家的民本思想,在很大程度上,着眼于大同社会而不断丰富发展。这是中国人民矢志追求的理想,是中华民族传承下来的文化基因。2012年11月15日,习近平总书记在十八届中央政治局常委同中外记者见面时指出:"我们的人民热爱生活,期盼有更好的教育、更稳定的工作、更满意的收入、更可靠的社会保障、更高水平的医疗卫生服务、更舒适的居住条件、更优美的环境，期盼孩子们能成长得更好、工作得更好、生活得更好。人民对美好生活的向往，就是我们的奋斗目标。"①

2.从经济维度看，大同思想和科学共产主义都主张公有制

马克思在揭露私有制的最发达形式——资本主义制度的基本矛盾基础上，提出了建立新型的公有制社会的设想。马克思设想的公有制在现实中只能是社会所有制，在有国家存在的前提下只能是国有制。《共产党宣言》指出："无产阶级运用自己的政治统治，一步一步地夺取资产阶级所有的全部资本，把一切生产工具集中在国家手里，即集中在已组织成为统治阶级的无产阶级手里。"②恩格斯坚持这一观点，说："无产阶级将取得国家政权，并且首先把生产资料变为国家财产。"③1894年11月，恩格斯在《法德农民问题》中十分明确地指出："必须以无产阶级所有的一切手段来为生产资料转归公共占有而斗争。""生产资料的公共占有便

---

① 《习近平著作选读》，人民出版社2023年版，第60页。
② 马克思、恩格斯:《共产党宣言》，《马克思恩格斯全集》(第四卷)，人民出版社1958年版，第489页。
③ 恩格斯:《反杜林论》，《马克思恩格斯全集》(第二十卷)，人民出版社1971年版，第305页。

在纲领中被提出来作为应当争取的唯一的主要目标。"①"社会主义的任务，不如说仅仅在于把生产资料转交给生产者公共占有。"②1895年3月，恩格斯在《卡·马克思〈1848年至1850年的法兰西阶级斗争〉一书导言》中，对马克思的论述给予了高度赞赏和归纳，指出："使这部著作具有特别重大意义的是，在这里第一次提出了世界各国工人政党都一致用以概述自己的经济改造要求的公式，即生产资料归社会占有。"③这次指出"生产资料归社会占有"，是恩格斯给共产主义运动的最后的留言。

大同社会以"天下为公"为目标，是以公有制为基础的。《礼记·礼运》明确指出："货恶其弃于地也，不必藏于己。""货"即财产，"恶其弃于地"而"不必藏于己"。生产出来的财富既为社会成员所公有，其他如土地和另外一些主要生产资料，也必然是公有的。这一点同"大道既隐""天下为家"的私有制社会有着根本区别。大同思想产生于农业社会，所以土地是最重要的生产资料。周初土地所有权都属于周天子，即所谓"普天之下，莫非王土"，由

---

① 恩格斯：《法德农民问题》，《马克思恩格斯全集》（第二十二卷），人民出版社1965年版，第572页。
② 恩格斯：《法德农民问题》，《马克思恩格斯全集》（第二十二卷），人民出版社1965年版，第573页。
③ 恩格斯：《卡·马克思〈1848年至1850年的法兰西阶级斗争〉一书导言》，《马克思恩格斯全集》（第二十二卷），人民出版社1965年版，第593页。

周天子分封给诸侯国。到了孟子的时代，这种情况已经不复存在了，不少土地已经为一些人私人拥有。孟子曾提出了他要追求的理想社会的状态："死徙无出乡，乡田同井，出入相友，守望相助，疾病相扶持，则百姓亲睦。"[1]这种景象与《礼记》对大同社会的描述几无二致。孟子在这里提出了"乡田同井"，就是要实行"井田制"。显然，孟子要推行的"井田制"已不同于西周的井田制，是根据儒家大同思想改造过的"井田制"。

孟子的这一思想对后世儒家产生了深远影响，以北宋的张载最具代表性。张载所处的北宋，被学者称为"唐宋之际的剧变"。[2]这一时期社会经济得到空前的发展，尤其是随着唐中叶以来，均田制的瓦解和土地私有制的发展，土地兼并导致的社会矛盾进一步激化。面对这样的局面，士大夫阶层看到了土地私有制带来的弊端，于是出现了"天下之士，争言井田"[3]的局面，底层农民则有强烈的"均平"要求[4]。在这种情况下，以张载为代表的儒家知识分子

---

[1] 《孟子·滕文公上》。
[2] 刘复生：《北宋中期儒学复兴运动（增订本）》，生活·读书·新知三联书店2023年版，第1—7页。
[3] 苏洵：《嘉祐集》（卷五），《田制》。
[4] 据《宋史》记载，宋初青城县民王小波"聚徒为乱"事件。王小波"谓其众曰：'吾疾贫富不均，今为汝均之。'附者益众"。见《宋史》（卷二七六），《樊知古传》。

主张:"治天下不由井地,终无由得平,周道止是均平。"①张载把人们称颂的"周道"的实质,归结为"均平",实现"均平",就必须实行"井田制"。按照张载的设计,"井田亦无他术,但先以天下之地,棋布画定,使人受一方,则自是均"。具体方法是"其术自城起,首立四隅;一方正矣,又增一表,又治一方,如是,百里之地不日可定"②。张载主张将"天下之地"进行分配,这里的土地显然是国有土地。与孟子的"井田"不同,张载主张取消公田而征税:"一夫藉则有十亩之收尽入于公,一夫税则计十亩中岁之收取其一亩,借如十亩藉中岁十石,则税当一石而无公田矣。十一而税,此必近之。"③张载不仅提出改革方案,而且还身体力行,在家乡与学生买了一块地,进行井田试验。张载将"井田制"躬行实践的做法,是将儒家一致倡导的"大同理想"付诸实践的一次探索,其意义是不言而喻的。

科学共产主义和大同思想虽然都主张公有制,但是并不是对一般意义上的私有制进行简单否定。马克思、恩格斯在关于共产主义的论述中,很多时候对私有制采取的是"扬弃"的态度。在《1844年经济学哲学手稿》中,马克思指出:"共产主义是扬弃私有财产的积极表现;开始

---

① 《经学理窟·周礼》。
② 《经学理窟·周礼》。
③ 《经学理窟·周礼》。

第八章 关于对人类理想社会的构想：共产主义思想与大同社会理想

时它作为普遍的私有财产出现。"[①]"共产主义是对私有财产即人的自我异化的积极扬弃，因而是通过人并且为了人而对人的本质的真正占有。"[②]马克思认为要消灭私有财产的思想："有共产主义思想就完全够了。""而要消灭现实的私有财产，则必须有现实的共产主义行动。"这种自我扬弃的运动，"实际上将经历一个极其艰难而漫长的过程"[③]。可见，马克思认为，完全消灭私有财产在现实中是难以实现的，对私有财产应该采取"扬弃"的行动，而这也需要一个漫长的历史阶段。马克思甚至说："整个革命运动必然在私有财产的运动中，即在经济中，为自己既找到经验的基础，也找到理论的基础。"[④]这里的革命运动，显然也包括共产主义运动。《共产党宣言》指出："从这个意义上说，共产党人可以把自己的理论用一句话表示出来：消灭私有制。"[⑤]有人指出，这里"消灭私有制"的德语原为"Aufhebung

---

[①] 马克思：《1844年经济学哲学手稿》，《马克思恩格斯全集》（第四十二卷），人民出版社1979年版，第117页。
[②] 马克思：《1844年经济学哲学手稿》，《马克思恩格斯全集》（第四十二卷），人民出版社1979年版，第120页。
[③] 马克思：《1844年经济学哲学手稿》，《马克思恩格斯全集》（第四十二卷），人民出版社1979年版，第140页。
[④] 马克思：《1844年经济学哲学手稿》，《马克思恩格斯全集》（第四十二卷），人民出版社1979年版，第120—121页。
[⑤] 马克思、恩格斯：《共产党宣言》，《马克思恩格斯全集》（第四卷），人民出版社1958年版，第480页。

des Privateigentums",应该翻译为"扬弃私有制"[①],在这里,我们不去纠结词语的翻译,即使是翻译为消灭,马克思、恩格斯对要消灭的私有制也有明确的限定:"共产主义的特征,并不是要废除一般的所有制,而是要废除资产阶级的所有制。"[②]马克思、恩格斯进一步解释了为什么要废除资产阶级所有制,是因为"现代的资产阶级的私人所有制是那种建筑在阶级对抗上面,即建筑在一部分人对另一部分人的剥削上面的生产和产品占有方式的最后而又最完备的表现"[③]。可见,马克思、恩格斯主张要消灭的私有制是有限定的,不是一般意义上的私有制,是建立在剥削制度上的私有制,如果不是靠剥削得来的私有财产,显然不在消灭之列。"所以雇佣工人靠自己劳动结果所占有的东西,只能勉强维持他的生命的再生产。这种直接供生命再生产用的劳动产品的个人占有,我们决不打算消灭它,因为这种占有并不会留下任何剩余东西能为什么人造成支配别人劳动的权力"[④]。马克思、恩格斯主张的共产主义社会是自由人的联

---

① 殷叙彝:《"扬弃"私有制还是"消灭"私有制——关于〈共产党宣言〉中一个重要译语的争论》,《探索与争鸣》2011年第4期。
② 马克思、恩格斯:《共产党宣言》,《马克思恩格斯全集》(第四卷),人民出版社1958年版,第480页。
③ 马克思、恩格斯:《共产党宣言》,《马克思恩格斯全集》(第四卷),人民出版社1958年版,第480页。
④ 马克思、恩格斯:《共产党宣言》,《马克思恩格斯全集》(第四卷),人民出版社1958年版,第481页。

第八章 关于对人类理想社会的构想：共产主义思想与大同社会理想

合体，而作为"自由人"，最为重要的一点，就是能自由地使用自己劳动得来的财产，所以《共产党宣言》指出："共产主义并不剥夺任何人占有社会产品的机会，它只剥夺利用这种占有去奴役他人劳动的机会。"[1]

针对战国时期出现的土地私有的情况，孟子并没有否定，而是提出："方里而井，井九百亩，其中为公田。八家皆私百亩，同养公田。"[2]如何处理"公"与"私"的关系，孟子提出了"先公后私"的原则，即"公事毕，然后敢治私事，所以别野人也"[3]。可见，在孟子的思想中，要达到大同社会的理想境界，要以公有制为主，要先公后私，但是并没有否认私有制。并且提出，他关于井田制的主张只是一个大的原则，"此其大略也。若夫润泽之，则在君与子矣"[4]。关于"润泽"一词，朱熹注为："润泽，谓因时制宜，使合于人情，宜于土俗，而不失乎先王之意也。"[5]所谓"因时制宜"，即要根据时代的需要，进行相应的改造。

可见，针对战国时期出现的土地私有情况，孟子在坚持儒家关于大同社会的基本原则的同时，并没有否定

---

[1] 马克思、恩格斯：《共产党宣言》，《马克思恩格斯全集》（第四卷），人民出版社1958年版，第485页。
[2] 《孟子·滕文公上》。
[3] 《孟子·滕文公上》。
[4] 《孟子·滕文公上》。
[5] 朱熹：《孟子集注》，上海古籍出版社2013年版，第67页。

"私",而是认为要与时俱进,提出了"先公后私"的原则。当然,孟子的"私"也不是建立在剥削基础上的,否则的话,怎么能够"出入相友,守望相助"呢?从这一点来看,孟子的主张与马克思的观点,在内在精神气质上是一致的。

3.从社会维度看,大同思想和科学共产主义都主张分阶段实现理想社会愿景

马克思、恩格斯设想的共产主义是"自由人的联合体"。这个自由是全方位的自由,既有经济维度的自由,没有剥削没有压迫,在得到充分的社会保障的前提下,自由地占有并支配自己创造的财富;也有哲学维度的自由,在不干涉别人自由的前提下,人的个性得到解放,人的权利得到充分保障,人的理想都有机会去实现。这种自由不是没有前提的,必须是不能妨碍别人的自由。尤其是对公务人员来讲,马克思指出:"一切自由的首要条件:一切公务人员在自己的一切职务活动方面都应当在普通法庭上按照一般法律向每一个公民负责。"[①]同时,这种自由不是抽象的,而是存在于人的具体实践活动中。对于生活在资本主义生产关系中的具体的现实的无产阶级而言,要实现自身全面

---

① 恩格斯:《给奥·倍倍尔的信》,《马克思恩格斯全集》(第十九卷),人民出版社1963年版,第7页。

第八章 关于对人类理想社会的构想：共产主义思想与大同社会理想

而自由的发展，必须通过自己的革命。正如《共产党宣言》指出的那样："第一步就是无产阶级变为统治阶级，争得民主。"[①]但最终"无产阶级在反对资产阶级的斗争中一定要团结成为阶级，如果说它通过革命使自己成为统治阶级，并以统治阶级的资格运用暴力消灭旧的生产关系，那么它在消灭这种关系的同时，就消灭阶级对立存在的条件，就根本消灭一切阶级，从而也就一并消灭它自己这个阶级的统治"[②]。马克思、恩格斯认为，在共产主义社会中，最终阶级会不存在，没有阶级对立，从而实现自由而平等的理想社会。

在儒家设想的大同社会，也是人人自由、平等的社会。如何才能实现这样的理想，《礼记·礼运》提出了"选贤与能，讲信修睦"的方法。也就是说在这样的社会里，实行社会民主。在实现方法上，大同社会和科学共产主义是不同的，大同社会是通过选贤任能，而共产主义社会是通过革命，甚至通过暴力，所以共产主义社会要实现的自由平等更为彻底，更为充分。而儒家大同思想没有从阶级的角度去分析如何实现自由平等，但是看到了对不同群体，实行不同的社会分工。

---

① 马克思、恩格斯：《共产党宣言》，《马克思恩格斯全集》（第四卷），人民出版社1958年版，第489页。
② 马克思、恩格斯：《共产党宣言》，《马克思恩格斯全集》（第四卷），人民出版社1958年版，第491页。

马克思、恩格斯和儒家都认识到共产主义社会和大同社会都不是一蹴而就的，而要分为不同的阶段。马克思关于共产主义社会形态的发展阶段的预见，是经过长期酝酿而形成的。早在《1844年经济学哲学手稿》中，马克思就指出："共产主义是作为否定的否定的肯定，因此它是人的解放和复原的一个现实的、对下一段历史发展说来是必然的环节。"[①]这里说的共产主义，是指我们现在说的社会主义阶段，而"下一段历史发展"则指的是共产主义阶段。从这段论述，我们看到，马克思当时从历史发展的角度大致指出了共产主义社会的发展是分阶段的。在《资本论》第三卷，在论及资本主义生产方式的历史作用时，马克思认为资本主义生产方式"有利于更高级的新形态的各种要素的创造"。在这个"高级的新形态"阶段，"社会上的一部分人靠牺牲另一部分人来强制和垄断社会发展（包括这种发展的物质方面和精神方面的利益）的现象将会消灭"；同时，"这个阶段又会为这样一些关系创造出物质手段和萌芽，这些关系在一个更高级的社会形态内，使这种剩余劳动能够同一般物质劳动所占用的时间的较显著的缩短结合在一起"[②]。

---

① 马克思：《1844年经济学哲学手稿》，《马克思恩格斯全集》（第四十二卷），人民出版社1979年版，第131页。
② 马克思：《资本论》，《马克思恩格斯全集》（第二十五卷），人民出版社1974年版，第926页。

第八章 关于对人类理想社会的构想：共产主义思想与大同社会理想

马克思所谓的"高级的新形态"阶段和"更高级的社会形态"，实际上指出了共产主义社会在其发展过程中，将经历不同的发展阶段。

马克思关于共产主义社会发展阶段的思想，集中反映在《哥达纲领批判》中。在该著作中，马克思把共产主义社会分为第一阶段和高级阶段。儒家关于大同社会的论述，虽然没有明确提出社会发展阶段的问题，但是在论述大同社会的形态时，是与小康社会相比较而论述的。通过对比发现，马克思关于共产主义社会第一阶段、高级阶段的论述和儒家关于小康社会、大同社会的论述，在很多方面都有相通之处。

根据《哥达纲领批判》的论述，马克思认为共产主义社会的两个阶段属于同一个社会形态，从本质上讲是一致的，但在发展程度上有着明显的区别。共产主义社会第一阶段是经过长久阵痛刚刚从资本主义社会中产生出来的阶段。在这个阶段，由于社会生产力的发展水平制约，经济和社会发展方面还存在着许多不成熟、不完善的地方。这与《礼记·礼运》中对"小康社会"的描述有相似的地方，在以"天下为家"的"小康"社会中，"各亲其亲，各子其子，货力为己"[①]，由于生产力不发达，私有制还占主

---
① 《礼记·礼运》。

导地位。而且等级森严，社会成员的地位是不平等的，在这样的社会中，"城郭沟池以为固，礼义以为纪。以正君臣，以笃父子，以睦兄弟，以和夫妇，以设制度，以立田里，以贤勇知，以功为己。故谋用是作，而兵由此起"①。"君臣""父子""兄弟""夫妇"，地位都是不平等的。"设制度""立田里""贤勇知"，社会的多数成员，都依阶级区分而被强制禁锢在一定的等级地位上，被迫从事一定的工作，存在阶级压迫与奴役。由此激起社会矛盾，甚至是战争，导致"众以为殃"的结局。

在共产主义社会高级阶段，根据《哥达纲领批判》的描述，在这个社会里，"在迫使人们奴隶般地服从分工的情形已经消失，从而脑力劳动和体力劳动的对立也随之消失之后；在劳动已经不仅仅是谋生的手段，而且本身成了生活的第一需要之后；在随着个人的全面发展生产力也增长起来，而集体财富的一切源泉都充分涌流之后，——只有在那个时候，才能完全超出资产阶级法权的狭隘眼界，社会才能在自己的旗帜上写上：各尽所能，按需分配"②！在这样的社会中，物质极大丰富，没有剥削，没有压迫，没有劳动异化，人得到自由而全面的发展。这与"天下为公"

---

① 《礼记·礼运》。
② 马克思：《哥达纲领批判》，《马克思恩格斯全集》（第十九卷），人民出版社1963年版，第22—23页。

的"大同社会"有显而易见的相通性,在大同社会中,在没有剥削,没有压迫,以经济为基础的公有制下,必然要实行社会民主制。"选贤与(举)能",就是通过社会的全体成员选举社会的"公仆",为大家办事。被推选出来的"贤者""能者","不以一己之利为利,而使天下受其利,不以一己之害为害,而使天下释其害;此其人之勤劳必千万于天下之人"①。在以公有制为基础的大同社会里,每个社会成员都为了社会的共同利益,自觉地发挥自己的力量为社会劳动。在这样的社会环境下,劳动也成为大家生活的一种需要,也就是社会需要做到"男有分,女有归"。由于天下为公,没有阶级对立,也没社会矛盾,没有战争,所以"盗窃乱贼而不作,故外户而不闭"。

四、科学共产主义与大同理想有机结合的理论创新和实践探索

中国共产党自成立之日起,就把实现共产主义作为最高理想。同时,中国共产党自觉担负起中国民族几千年来对大同社会不懈追求的历史使命。一代又一代的中国共产党人前赴后继、薪火相传,进行不懈地理论创新和探索实

---

① 黄宗羲:《明夷待访录·原君》。

践，使天下大同、天下为公的社会理想在全面建设社会主义现代化国家的过程中深入融合、发扬光大。

1. 李大钊、毛泽东的"大同"观

马克思主义传入中国之初，以李大钊为代表的早期马克思主义者，自然地把传统的"大同""均平"思想与社会主义思想，尤其是共产主义思想联系在一起。早在1919年2月，李大钊在《新潮》上发表了《联治主义与世界组织》一文，比较完整地阐明了未来理想社会应该是一个"大同团结"与"个性解放"相结合的新组织。这个新组织"一方面是个性解放，一方面是大同团结。这个性解放的运动，同时伴着一个大同团结的运动。"[①]1923年1月，李大钊在《平民主义》一文中，认为人类社会将遵循进化论的轨道，最终发展到世界大同。他说："现在世界进化的轨道，都是沿着一条线走，这条线就是达到世界大同的通衢，就是人类共同精神连贯的脉络。……这条线的渊源，就是个性解放。……这个性解放的运动，同时伴着一个大同团结的运动。"[②]李大钊主张，"大同团结"就是要建立一种新组织，

---

① 李大钊：《联治主义与世界组织》，《李大钊全集》（第二卷），人民出版社2013年9月版，第283页。
② 李大钊：《平民主义》，《李大钊全集》（第四卷），人民出版社2013年版，第149页。

组织一个"新联合"。而这种"新联合"应不断扩大,从中国扩大到世界,"令全世界热泪组织一个人类的联合,把种界国界完全打破。这就是人们人类全体所馨香祷祝的世界大同!"①

从李大钊的论述来看,这里"大同"一词虽然出自中国传统文化典籍,但其内涵与马克思论述的共产主义高度一致。他认为个性解放、人的自由和大同世界不仅不矛盾,而且是相互促进,相得益彰,甚至认为"各个性都得自由,都是平等,都相爱助,就是大同的景运"②。这恰恰是马克思共产主义思想的精髓,也就是《共产党宣言》所宣称的,共产主义社会将是一个以各个人自由发展为一切人自由发展为条件的联合体。

从李大钊的论述可见,中国传统的大同思想是李大钊理解、研究、论述共产主义理论的钥匙。结合其语境,李大钊常常用"世界大同"来指代共产主义。但是,李大钊给"大同"赋予了新的内涵,就是个人自由、个性解放。这是中国共产党人最早将共产主义和大同理想相结合的理论探讨。

---

① 李大钊:《联治主义与世界组织》,《李大钊全集》(第二卷),人民出版社2013年版,第286页。
② 李大钊:《由纵的组织向横的组织》,《李大钊全集》(第三卷),人民出版社2013年版,第214页。

青年毛泽东在五四运动前后两次来京，曾在北京大学图书馆工作。在李大钊的影响下，他确立了马克思主义信仰。在确立马克思主义信仰之前，毛泽东曾有过"六年孔夫子"的经历，系统地接受了传统文化教育，深受儒家大同思想的影响。1917年8月，他在给黎锦熙的信中说，"大同者，吾人之鹄也"[1]。在读《伦理学原理》[2]时，毛泽东作了大量批注。当读到"是故吾人于古今历史中，删除一切罪恶，则同时一切善行与罪恶抵抗之迹，亦为之湮灭。而人类中最高最大之现象，所谓道德界伟人者，亦无由之而见之矣。"他批注道："然则不太平、不自由、大战争亦当与天地终古，永不能绝，世岂有纯粹之平等博爱者乎？有之，其惟仙境。然则唱大同之说者，岂非谬误之理想乎？人现处于不大同时代，而想望大同，亦犹人处于困难之时，而想望平安。"[3]可见，在毛泽东看来，泡尔生所说的没有罪恶只有善行的理想社会，和中国古代儒家理想的大同社会是一样的。但是在当时，处在大战争、大动荡中的乱世，

---

[1] 毛泽东：《致黎锦熙信（一九一七年八月二十三日）》，《毛泽东早期文稿（1912—1920）》，湖南人民出版社2013年11月版，第76页。
[2] 《伦理学原理》是德国哲学家、伦理学家泡尔生（1846—1908年）的代表作《伦理学体系》的一部分。1910年，蔡元培将其翻译为中文。杨昌济在湖南省立第一师范讲授修身课时，将此书作为教材。毛泽东在听课和阅读此书时，作了大量批注。
[3] 毛泽东：《〈伦理学原理〉批注》，《毛泽东早期文稿（1912—1920）》，湖南人民出版社2013年11月版，第162—163页。

第八章 关于对人类理想社会的构想：共产主义思想与大同社会理想

这样的理想是不现实的。

在确立了马克思主义信仰后不久，1921年1月21日，毛泽东在《给蔡和森的信》中明确指出："唯物史观是吾党哲学的根据"①。他曾形象地说："全民族迫切需要这样的共产主义，正如饥饿的人需要大米一样。"②1949年6月30日，新中国成立前夕，毛泽东在《论人民民主专政》中，借用大同社会论述了他对新民主主义社会的主张："对于工人阶级、劳动人民和共产党，则不是什么被推翻的问题，而是努力工作，创设条件，使阶级、国家权力和政党很自然地归于消灭，使人类进到大同境域"。③他进一步指出："康有为写了《大同书》，他没有也不可能找到一条到达大同的路"，"唯一的路是经过工人阶级领导的人民共和国"，"经过人民共和国到达社会主义和共产主义，到达阶级的消灭和世界的大同"。④毛泽东这里的"大同"已不再是传统意义上的"大同"，而是将中国古代大同思想与马克思共产主义进行了深度融合，用马克思主义理论改造发展后的"大同"，是马克思主义和中华优秀传统文化融合的思想结晶。

---

① 毛泽东：《毛泽东文集》（第一卷），人民出版社1993年12月版，第4页。
② 毛泽东：《毛泽东文集》（第一卷），人民出版社1993年12月版，第397页。
③ 毛泽东：《论人民民主专政——纪念中国共产党二十八周年（一九四九年六月三十日）》，《毛泽东选集》（第四卷），人民出版社1991年6月版，第1469页。
④ 毛泽东：《论人民民主专政——纪念中国共产党二十八周年（一九四九年六月三十日）》，《毛泽东选集》（第四卷），人民出版社1991年6月版，第1471页。

2.社会主义初级阶段理论与全面建成小康社会

中国共产党成为执政党后，什么是社会主义，怎样建设社会主义，是一个全新的课题。毛泽东带领全党和全国各族人民进行了艰苦卓绝地探索。1959年底至1960年初，毛泽东在读苏联《政治经济学教科书》时，首次提出社会主义发展阶段论，认为社会主义可以分为不发达的社会主义和不发达的社会主义两个阶段，并指出："社会主义社会的历史，至今还不过四十年，社会主义社会发展还不成熟，离共产主义的高级阶段还很远。"[1]这是很难得的真知灼见，由于各种原因，这一宝贵的理论没有得到贯彻落实。但是"不发达的社会主义"这一概念，为社会主义发展阶段的讨论提供了有益的启示，成为中国共产党确立社会主义初级阶段理论的重要思想来源。

改革开放以后，以邓小平为代表的中国共产党人，在总结正方两方面经验教训的基础上，对社会主义发展阶段有了实事求是的认识，形成社会主义初级阶段的理论。1981年6月，党的十一届六中全会通过了《关于建国以来党的若干历史问题的决议》，明确提出我国的社会主义制度还是处于初级的阶段。党的十二大报告明确指出，我国的社会主义社会还处在初级发展阶段。党的十三大报告在

---

[1] 《毛泽东年谱（一九四九——一九七六）》（第三卷），中央文献出版社2013年版，第324页。

第八章 关于对人类理想社会的构想：共产主义思想与大同社会理想

深入阐述了"社会主义初级阶段理论"深刻内涵的基础上，开创性地制定了社会主义初级阶段"一个中心、两个基本点"的基本路线，形成了社会主义初级阶段的科学理论体系。正是在这个理论指导下，我们党带领全国各族人民，从中国具体国情出发，成功探索出了一条中国特色的社会主义发展道路。

如何用大家能听懂的语言来阐明这个理论，邓小平用了"小康"这个概念。1979年12月6日，他在会见日本首相大平正芳时，根据我国经济发展的实际情况，第一次提出了"小康"概念以及在20世纪末我国达到"小康社会"的构想。[1]"小康"一词出自中国古代儒家经典，有两千多年的历史，在中国各阶层都深入人心、耳熟能详，有广泛的群众基础。邓小平赋予"小康"一词新的时代内涵，用来概括中国未来一个阶段发展的蓝图和目标，既是对"什么是社会主义、怎样建设社会主义"深入思考的结果，也

---

[1] 在这次会谈中，大平正芳询问邓小平："中国将来会是什么样的情况，整个现代化的蓝图是如何构思的？"(《邓小平年谱（一九七五——一九九七）》(上)，中央文献出版社2004年版，第582页。) 邓小平稍加思索，回答："我们要实现的四个现代化，是中国式的四个现代化。我们的四个现代化的概念，不是像你们那样的现代化的概念，而是'小康之家'。到本世纪末，中国的四个现代化即使达到了某种目标，我们的国民生产总值人均水平也还是很低的。要达到第三世界中比较富裕一点的国家的水平，比如国民生产总值人均一千美元，也还得付出很大的努力。就算达到那样的水平，同西方来比，也还是落后的。所以，我只能说，中国到那时也还是一个小康的状态。"(《邓小平文选》(第二卷)，人民出版社1994年版，第237页。)

是自觉从中华优秀传统文化中汲取智慧的结果，体现了他高超的政治智慧。

此时，邓小平在深入思考"什么是社会主义、怎样建设社会主义"的问题。为此，他进行了广泛的调研。1978年9月中旬，他先后在本溪、大庆、哈尔滨、长春、沈阳、鞍山、唐山、天津等地调研，发表了著名的"北方谈话"①。在这次谈话中，他反复强调，人民生活困难，不能体现出社会主义的优越性，指出："国家这么大，这么穷，不努力发展生产，日子怎么过？我们人民的生活如此困难，怎么体现出社会主义的优越性？"②历史证明，邓小平用"小康"来概括人民群众对富裕生活的向往，顺应了中国人民的期

---

① 相较1992年春天发表的"南方谈话"，邓小平1978年秋发表的"北方谈话"相对不那么知名，但是"北方谈话"在改革开放史上具有十分重要的意义。在"北方谈话"中，邓小平不仅明确提出了党的工作重点转移问题，比较系统地阐述了改革开放，也涉及到了社会主义本质、社会主义初级阶段等理论问题。为了进一步推动真理标准问题的讨论，形成广泛的思想解放运动，推动中国政局向前发展，1978年邓小平在结束对朝鲜的访问后，于9月13日至20日，视察了东北三省以及唐山和天津等地，并发表了一系列重要谈话。这些谈话，后来被学界称为邓小平"北方谈话为了进一步推动真理标准问题的讨论，形成广泛的思想解放运动，推动中国政局向前发展，1978年邓小平在结束对朝鲜的访问后，于9月13日至20日，视察了东北三省以及唐山和天津等地，并发表了一系列重要谈话。这些谈话，后来被学界称为邓小平"北方谈话"。为了进一步推动真理标准问题的讨论，形成广泛的思想解放运动，推动中国政局向前发展，1978年邓小平在结束对朝鲜的访问后，于9月13日至20日，视察了东北三省以及唐山和天津等地，并发表了一系列重要谈话。这些谈话，后来被学界称为邓小平"北方谈话"。

② 《邓小平文选》（第三卷），人民出版社1993年版，第10页。

第八章 关于对人类理想社会的构想：共产主义思想与大同社会理想

盼，最大程度地凝聚了共识，为改革开放激发了内生动力，也创造了良好的外部环境。

邓小平在多个场合阐释了小康理论，逐渐形成了清晰的理论框架。与此同时，全国人大和党的全国代表大会的有关报告对"小康水平"进行了归纳和概括。[①]党的十三大系统阐述了社会主义初级阶段的理论，确定了我国社会主义现代化建设"三步走"发展战略。报告提出到20世纪末，使国民生产总值再增长一倍，人民生活达到小康水平。[②]此后，经过邓小平的多次论述和阐释、党和国家重大报告中的归纳和概括，形成了邓小平小康社会理论的基本内涵、

[①] 1981年11月，五届人大四次会议通过的《政府工作报告》首次使用了"力争用二十年的时间使工农业总产值翻两番，使人民的消费达到小康水平"的提法。党的十二大报告进一步阐述了"小康水平"，指出："我国国民收入总额和主要工农业产品的产量将居于世界前列。整个国民经济的现代化过程将取得重大进展，城乡人民的收入将成倍增长，人民的物质文化生活可以达到小康水平"，"到那个时候，我国按人口平均的国民收入还比较低，但同现在相比，经济实力和国防实力将大为增强。"

[②] 党的十三大报告把"三步走"发展战略中实现小康水平的第二步描绘成"人民普遍丰衣足食，安居乐业"的"比较殷实的小康生活"的状态："实现了第二步任务，我国现代化建设将取得新的巨大进展；社会经济效益、劳动生产率和产品质量明显提高，国民生产总值和主要工农业产品产量大幅度增长，人均国民生产总值在世界上所占位次明显上升。工业主要领域在技术方面大体接近经济发达国家七十年代或八十年代初的水平，农业和其他产业部门的技术水平也将有较大提高。城镇和绝大部分农村普及初中教育，大城市基本普及高中和相当于高中的职业技术教育。人民群众将能过上比较殷实的小康生活。"(《改革开放三十年重要文献选编》(上)，人民出版社2008年版，第478页。)

主要原则和逻辑框架。[①]邓小平小康社会理论构成了邓小平理论的重要组成部分，为中国特色社会主义小康社会理论体系的进一步发展和完善奠定了坚实的基础。

党的十五大报告首次使用"小康社会"概念，并指出："我们党在改革开放初期提出的本世纪末达到小康的目标，能够如期实现。"[②]党带领全国各族人民，如期实现了小康目标，但这时的小康还是低水平的、不全面的、发展很不平衡的小康。因此，党的十六大报告提出"全面建设小康社会"的战略决策。党的十七大报告进一步描绘了到2020年全面建成小康社会的蓝图，首次在"经济建设、政治建设、文化建设"之外，提出了"社会建设"，从经济、政治、文化、社会四个方面规划了全面建设小康社会的重大任务。

党的十八大是在我国进入全面建成小康社会决定性阶段召开的一次十分重要的大会，标志着中国特色社会主义进入新时代。党的十八大报告《坚定不移沿着中国特色社会主义道路前进，为全面建成小康社会而奋斗》在前两次党代会"全面建设小康社会"目标的基础上，提出到2020

---

① 蒋永清:《邓小平小康社会理论：产生过程、主要内容及深远影响》，《邓小平研究》2020年第4期。
② 《改革开放三十年重要文献选编》(上)，人民出版社2008年版，第918页。

年要如期"全面建成小康社会",在"经济建设、政治建设、文化建设、社会建设"之外,首次提出"生态文明建设",形成"五位一体"总体布局。

2021年7月1日,习近平总书记《在庆祝中国共产党成立一百周年大会上的讲话》中庄严宣告:"经过全党全国各族人民持续奋斗,我们实现了第一个百年奋斗目标,在中华大地上全面建成了小康社会,历史性地解决了绝对贫困问题,正在意气风发向着全面建成社会主义现代化强国的第二个百年奋斗目标迈进。"[①]全面建成小康社会是中国共产党领导全国各族人民接续奋斗的结果,既是中国特色社会主义的伟大成就,也标志着中华民族几千年的夙愿得以实现。

3.中国式现代化与构建人类命运共同体

党的二十大报告系统阐述了"中国式现代化",清晰描绘了全面建成社会主义现代化强国的宏伟蓝图和美好前景,即从2020年到2035年,基本实现社会主义现代化;从2035年到本世纪中叶,把我国建成富强民主文明和谐美丽的社会主义现代化强国。中国式现代化,是中国共产党领导的社会主义现代化,既有各国现代化的共同特征,更有基于

[①]《习近平著作选》(第二卷),人民出版社2023年版,第476页。

自己国情的中国特色。中国式现代化是人口规模巨大的现代化，是全体人民共同富裕的现代化，是物质文明和精神文明相协调的现代化，是人与自然和谐共生的现代化，是走和平发展道路的现代化。

2023年3月15日，中国共产党与世界政党高层对话会在北京召开。对话会围绕"现代化道路：政党的责任"这一重要命题展开。习近平总书发表了题为《携手同行现代化之路》的主旨讲话。在主旨讲话中，习近平总书记强调："现代化的最终目标是实现人自由而全面的发展。"[1]同时，习近平总书记指出，中国式现代化"既基于自身国情、又借鉴各国经验，既传承历史文化、又融合现代文明，既造福中国人民、又促进世界共同发展，是我们强国建设、民族复兴的康庄大道，也是中国谋求人类进步、世界大同的必由之路。"[2]

实现人的自由而全面的发展，是马克思主义追求的根本价值目标，也是共产主义社会的根本特征。马克思主义唯物史观指出，历史活动是群众的活动，随着历史活动的深入，必将是群众队伍的扩大。自由而全面发展，回答了

---

[1] 习近平：《携手同行现代化之路——在中国共产党与世界政党高层对话会上的主旨讲话》，新华社北京3月15日电。
[2] 习近平：《携手同行现代化之路——在中国共产党与世界政党高层对话会上的主旨讲话》，新华社北京2023年3月15日电。

第八章 关于对人类理想社会的构想：共产主义思想与大同社会理想

在现代化的进程中"发展人的什么，在什么样的状态下实现人的发展"这个根本问题。按照马克思关于共产主义理论，人的自由而全面发展只有到共产主义才能真正完全实现，社会主义作为共产主义的初级阶段为实现人的全面发展奠定了坚实基础。随着中国特色社会主义事业的繁荣发展，已越来越为人的全面发展提供更加优越和现实的条件。自由和全面发展越来越成为人们追求的共同目标，实现人自由而全面的发展是中国式现代化的题中之义。

在《携手同行现代化之路——在中国共产党与世界政党高层对话会上的主旨讲话》中，习近平总书记再次提到"大同"。进入新时达以来，习近平总书记在多个场合和重要讲话中强调"大同"。2017年12月1日，在中国共产党与世界政党高层对话会上，习近平在主旨讲话中指出："中华民族历来讲求'天下一家'，主张民胞物与、协和万邦、天下大同，憧憬'大道之行，天下为公'的美好世界。"[1]2018年4月，在会见联合国秘书长古特雷斯时，他指出："我们所做的一切都是为人民谋幸福，为民族谋复兴，为世界谋大同。"[2]此后，习近平总书记多次强调要重视研究中国古代

---

[1] 习近平：《携手建设更加美好的世界（2017年12月1日）》，《论坚持推动构建人类命运共同体》，中央文献出版社2018年版，第509—510页。
[2] 《习近平会见联合国秘书长古特雷斯》，新华社北京2018年4月8日电。

的"大同"思想。①在党的二十大报告中，习近平总书记指出："中国共产党是为中国人民谋幸福、为中华民族谋复兴的党，也是为人类谋进步、为世界谋大同的党。"②习近平总书记强调的"大同"来自中国传统文化，但是又不是古代大同思想的复古，而是赋予了马克思主义的科学内核，形成了新时代的"大同"观。新时代"大同"观体现在中国式现代化的各个方面。限于篇幅，笔者以"中国式现代化是全体人民共同富裕的现代化"为例，加以论述。

共同富裕是中华民族几千年的梦想，是中国古代大同理想的重要内容，更是社会主义的本质要求。习近平总书记在关于《中共中央关于制定国民经济和社会发展第十四个五年规划和二〇三五年远景目标的建议》的说明中明确指出："共同富裕是社会主义的本质要求，是人民群众的共同期盼。我们推动经济社会发展，归根结底是要实现全体

---

① 2019年10月31日，习近平总书记在中共第十九届四中全会第二次全体会议上的讲话中指出："在几千年的历史演进中，中华民族创造了灿烂的古代文明，形成了关于国家制度和国家治理的丰富思想"。在他接下来列举的十余条重要内容中，排在第一位的就是"大道之行、天下为公的大同理想"。2022年5月27日，习近平总书记在主持中共中央政治局集体学习时强调："要把中华文明起源研究同中华文明特质和形态等重大问题研究紧密结合起来，深入研究阐释中华文明起源所昭示的中华民族共同体发展路向和中华民族多元一体演进格局，研究阐释中华文明讲仁爱、重民本、守诚信、崇正义、尚和合、求大同的精神特质和发展形态，阐明中国道路的深厚文化底蕴。"
② 习近平：《高举中国特色社会主义伟大旗帜 为全面建设社会主义现代化国家而团结奋斗——在中国共产党第二十次全国代表大会上的报告》，新华社北京2022年10月25日电。

第八章　关于对人类理想社会的构想：共产主义思想与大同社会理想

人民共同富裕。""促进全体人民共同富裕是一项长期任务，但随着我国全面建成小康社会、开启全面建设社会主义现代化国家新征程，我们必须把促进全体人民共同富裕摆在更加重要的位置，脚踏实地，久久为功，向着这个目标更加积极有为地进行努力。"[①]我们追求的发展是造福人民的发展，我们追求的富裕是全体人民共同富裕。

中国式现代化强调的全体人民的共同富裕，并不是要搞平均主义。平均主义在中国也有悠久的历史，很容易将其与大同理想相混淆，也正是马克思坚决批判的，将其称为"粗陋的共产主义"。习近平总书记明确指出："中国要实现共同富裕，但不是搞平均主义，而是要先把'蛋糕'做大，然后通过合理的制度安排把'蛋糕'分好，水涨船高、各得其所，让发展成果更多更公平惠及全体人民。"[②]进入新时代，党的十八大召开后不久，以习近平总书记为核心的党中央就突出强调，"小康不小康，关键看老乡，关键在贫困的老乡能不能脱贫"，承诺"决不能落下一个贫困地区、一个贫困群众"，拉开了新时代脱贫攻坚的序幕。经过艰苦不懈的奋战，在中国共产党成立一百周年之际，我国

---

① 习近平：《关于〈中共中央关于制定国民经济和社会发展第十四个五年规划和二〇三五年远景目标的建议〉的说明》，新华社北京2020年11月3日电。
② 习近平：《坚定信心 勇毅前行 共创后疫情时代美好世界》，央视网2022年1月17日。

脱贫攻坚战取得了全面胜利,现行标准下9899万农村贫困人口全部脱贫,832个贫困县全部摘帽,12.8万个贫困村全部出列,区域性整体贫困得到解决,完成了消除绝对贫困的艰巨任务,创造了又一个彪炳史册的人间奇迹!①

推动全体人民的共同富裕没有完成时,只有进行时。2021年7月,在庆祝中国共产党成立100周年大会上的讲话中,习近平总书记庄严宣告:"在新的征程上,我们必须紧紧依靠人民创造历史,坚持全心全意为人民服务的根本宗旨,站稳人民立场,贯彻党的群众路线,尊重人民首创精神,践行以人民为中心的发展思想,发展全过程人民民主,维护社会公平正义,着力解决发展不平衡不充分问题和人民群众急难愁盼问题,推动人的全面发展、全体人民共同富裕取得更为明显的实质性进展!"②

习近平总书记站在人类前途命运的高度,面对"世界怎么了,我们怎么办"的世纪之问,提出并推动构建人类命运共同体。2013年3月23日,习近平总书记在莫斯科国际关系学院发表演讲,首次提出"命运共同体"理念。他指出:"这个世界,各国相互联系、相互依存的程度空前加深,人类生活在同一个地球村里,生活在历史和现实交汇

---

① 习近平:《在全国脱贫攻坚总结表彰大会上的讲话(2021年2月25日)》,《习近平谈治国理政》(第四卷),外文出版社2022年版,第125页。
② 《习近平著作选》(第二卷),人民出版社2023年版,第483页。

第八章 关于对人类理想社会的构想：共产主义思想与大同社会理想

的同一个时空里，越来越成为你中有我、我中有你的命运共同体。"① 此后，习近平总书记在多个场合发表讲话，论述人类命运共同体。这些论述收集在《习近平论坚持推动构建人类命运共同体》②和《习近平谈治国理政》（第二卷、第三卷、第四卷）③中，形成了系统的理论体系。

在马克思主义经典文献中，马克思和恩格斯认为共同体是具体的而非观念上的，共同体是现实的人的共同体，是人存在的基本形态和人获得发展的基本条件。马克思指出，"只有在集体中，个人才能获得全面发展其才能的手段，也就是说，只有在集体中才可能有个人自由。"④ 他们还认为，国家共同体或者市民共同体，是"虚幻的共同体"。共产主义社会共同体则是"真正的共同体"，因为共产主义社会，一切人都获得了自由全面发展的基本权利，"是自由人的联合体"。在中华优秀传统文化中，虽然没有"共

---

① 习近平：《顺应时代前进潮流，促进世界和平发展（2013年3月23日）》，《论坚持推动构建人类命运共同体》，中央文献出版社2018年版，第5页。
② 该书收集习近平同志关于坚持推动人类命运共同体的文稿共85篇，其时间跨度为党的十八大以来至2018年6月。该书于2018年6月由中央文献出版社出版。
③ 《习近平谈治国理政》第二卷收集了4篇相关文章，时间跨度为2015年9月至2017年1月；《习近平谈治国理政》第三卷收集了9篇相关文章，时间跨度为2017年12月至2019年6月；《习近平谈治国理政》第四卷收集了10篇相关文章，时间跨度为2020年5月至2022年4月。
④ 马克思、恩格斯：《德意志意识形态》，《马克思恩格斯全集》（第三卷），人民出版社1960年12月版，第84页。

同体"这个概念，但是蕴含了丰富的共同体意识和对人美理想社会追求的探究。比如习近平总书记在多个场合强调的"大道之行，天下为公""协和万邦，和衷共济，四海一家""天人合一""民胞物与""各美其美、美人之美、美美与共、天下大同"等，具有共同体意识的至理名言。

习近平总书记指出，当今世界正经历百年未有之大变局，人类处在何去何从的十字路口，"人类生活的关联前所未有，同时人类面临的全球性问题数量之多、规模之大、程度之深也前所未有。"[1]全球性问题纷繁复杂，诸如生态环境恶化、地缘政治持续紧张、国际格局加速演进，还有极端主义、恐怖主义、传染性疾病威胁等，层出不穷。越是在这样的时候，越需要大家消除隔阂，共克时艰。习近平总书记先后在多个重要场合阐述人类命运共同体理念，系统回答了"世界向何处去、人类怎么办"的世界之问。

习近平关于构建人类命运共同体的思想，是一个开放的、并不断发展的理论体系，需要不断地深入学习研究贯彻落实。构建人类命运共同体是遵循科学共产主义发展规律的题中应有之义，也与中华民族对理想社会境界的追求相契合，是中国式现代化的本质要求。习近平总书记关于推动构建人类命运共同体的系列论述，体现了作为大国大

---

[1] 习近平：《携手建设更加美好的世界（2017年12月1日）》，《论坚持推动构建人类命运共同体》，中央文献出版社2018年版，第509页。

党领袖的天下情怀和大国担当，体现了他植根深厚历史底蕴的人文精神、思考人类未来命运的忧患意识和使命担当，在中国共产党的历史上、中华民族的历史上、人类文明的发展史上，必将闪耀着不朽的真理光辉。

后　记

我的新作《马克思遇见孔夫子：从哲学视角探源马克思主义与中华优秀传统文化相通性》就要出版了，编辑老师单明明说还差一篇后记。本来我想还是不要后记了吧，如果是一些不咸不淡的话，既浪费大家时间，也浪费纸张，是一种罪过。但是这次不一样，我想有必要向读者朋友们汇报一下，这本书的写作缘由、过程，还有哪些没有解决的问题，以及未来努力的方向等。

关于这部书的缘起，说来话长。

大约在2010年冬季，我在中国人民大学哲学院在职攻读美学专业硕士研究生期间，在中国古代哲学期末考试中，有一道关于"效验"的名词解释题难住了我。交完试卷，我赶紧查阅资料，了解到东汉思想家王充关于"效验"的论述，发现和马克思关于实践的一些论述很相似。当时，我的脑子就产生了一个疑问，这二者仅仅是巧合吗？并且有了一个大胆的想法，马克思主义会不会受到中国古代哲学思想的影响。我莫名地感到很兴奋，脑子里浮现出了两个科学家的名字：魏格纳和凯库勒。上中学时，地理老师讲德国科学家魏格纳有一次看地图，发现南美洲的东海岸与非洲的西海岸完全吻合，就大胆设想，地球大陆在几亿年前可能是一个整体，后来漂移形成了几个大洲。化学老师讲了凯库勒有一次梦见蛇咬住了自己的尾巴。受此启发，凯库勒发现了苯分子闭合链状的结构，也就是大家熟知的苯环。虽然我完全忘记了当时的讲课内容，但是这两个故事深深地印在我的脑海。那天下午，我脑海中闪现出来的那个发现，就一直埋藏在我的心底。

2011年秋，我从通州区文化委调到通州区中仓街道办事处任副主任，分管社会保障、劳动监察、环境卫生等工作。作为新晋副处级领导干部，我参加了通州区委党校的新任处级干部培训班。我那时也是初生牛犊，在培训班学员交流发言上，脱稿讲了马克思主义有可能受到中国古代哲学思想影响的这个观点。这次发言的内容我也不记得了，一定很幼稚。但是不久，通州区文物管理所原所长、通州文化专家，也是我的老师周良先生跟我说，你最近是不是在区委党校有个发言。我吃了一惊，是不是有什么问题？原来是杨东风先生告诉他的，还对他说我的观点独到，也有说服力。杨东风是北京市通州区的一个基层干部，热心文化事业，在当地文化界颇有一定影响。这无形中增加了我的信心。

在中仓街道工作期间，我后来还分管安全生产和全国文明城区创建工作，工作很繁忙，周末也需要经常加班。而且那时我又有了新的计划，要写一部介绍中仓历史文化的书（后来这本书《中仓》正式出版了），但是我仍利用一切机会收集相关资料。我在网上搜索到张允熠先生的《试论马克思主义哲学的中国学脉渊承》这篇文章，论述了马克思主义哲学受到了中国哲学的影响。并且在专著《中国文化与马克思主义》中对这个问题进行论述。我和张允熠先生取得了联系，他说这本书是1999年出版的，已经不再销售，里面的内容在他另一部专著《中国主流文化的近现代化转型》中有吸收，并且鼓励我做这方面的研究。我还是希望看到《中国文化与马克思主义》这本书。通过查询，我得知上海图书馆馆藏了一本。我联系到上海图书馆，接电话的是一位姓黄的女老师，很热情地帮我查到了这本书，还复印了一本邮寄给了我。我和黄老师素未谋面，她这样热情地帮助了我，我很感动。后来我打这个电话，才知道她已经退休了，帮我查书的时候，正在办理退休手续。

通过查阅相关资料，我了解到学界对这个问题的基本看法。我在本书第一章对百年来学界对这个问题的关注做了梳理。虽然学界一直有学者关注这个问题，但是在很长一段时间，主张二者相通的观点在学界属于凤毛麟角。一些学者提出了二者相通性的问题，但是并没有进行全面系统的论述。例如郭沫若曾写过一篇《马克思进文庙》的文章，对两大思想体系进行了形象的比较，但是这篇是小说，没有从学理上探讨这个问题。窦宗仪先生曾在专著《儒学与马克思主义》中，对两大思想体系进行了比较研究，但主要是从认识论的角度进行比较分析。这本书是用英文写成，书名为 *CONFUCIANISM VS MARXISM: An Analytical Comparison of the Confucian and Marxism Theories of knowledge—Dialectical Materialism*，翻译成汉语应为《儒学与马克思主义：两家认识论的分析比较》。中央民族大学刘成有教授翻译为汉语，即《儒学与马克思主义》，于1992年在中国大陆出版。还有一些学者甚至提出了辩证唯物主义是中国古代思想中固有的，并且指出马克思主义受到中国古代哲学的影响，但是并没有做深入论证。例如朱谦之先生在《中国哲学对欧洲的影响》一书中，含蓄地提出了这个观点。英国汉学家李约瑟在一次演讲中提出中国人之所以接受马克思主义，是因为中国文化中包含有辩证唯物主义的因子。通过对学界的系统了解，我认为从哲学视角对二者的相通性进行对比研究很有意义，但是其难度也是可想而知的。

离开中仓街道后，我先后在通州区文联、通州区委办公室、北京市文物局工作。在这期间，也就是自2015年到2019年，我师从著名历史学家张岂之先生，在职攻读中国思想史博士研究生。在准备博士论文时，我预备了三个选题，分别是《马克思主义与中华优秀传统文化比较研究》《明清时期通州学术文化研究》《晚清民国时期通州思想文化研究》。2016年夏天，先生听取了我的汇报后，知道我对通州历史有比较深入的研究，已掌握了一些晚清民国时期通州思想文化的史料，建议我写《晚清民国时期通州思想文化研究》这个题目。后来，我在博士论文的基础上，修改完善后正式出版，出版时更名为《通州大变局（1860—1949）》。但是张岂之先生对《马克思主义与中华优秀传统文化比较研究》很感兴趣，对我的观点也很认可。尽管当时我的想法不太成熟，但张岂之先生还是鼓励我以后作为长期的课题进行研究。学高为师，身正为范！先生的德行、学问如高山，令人敬仰，景行行止；先生的言传、身教如春风化雨，润物无声，潜移默化。

2021年6月25日，在中国共产党成立100周年之际，习近平总书记到北大红楼参观"光辉伟业 红色序章——北大红楼与中国共产党早期北京革命活动主题展"。参观结束后，习近平总书记发表了《用好红色资源，赓续红色血脉，努力创造无愧于历史和人民的新业绩》的重要讲话。习近平总书记高度评价了北大红楼在中国革命史上的重要地位和作用，对如何用好红色资源，赓续红色血脉提出了明确要求。我有幸参与到习近平总书记到北大红楼参观主题展的

后 记

接待工作，在现场聆听了习近平总书记的重要指示。活动结束后，我第一时间组织全馆同志反复学习习近平总书记重要指示和重要讲话精神，将习近平总书记重要指示和重要讲话作为纪念馆发展的根本遵循和行动指南。

2021年7月1日，习近平总书记在庆祝中国共产党成立100周年大会上正式提出"两个结合"的重大论断。2023年6月2日，习近平总书记在文化传承发展座谈会上，系统阐释了"两个结合"，尤其是"第二个结合"的深刻内涵。"两个结合"是当代中国马克思主义理论的重大创新，"第二个结合"是又一次的思想解放，也是习近平文化思想的核心要义。学习习近平总书记的讲话精神后，我更坚定了研究马克思主义与中华优秀传统文化相通性的信心。

习近平总书记明确提出"要开展系统研究""深入挖掘红色资源背后的思想内涵"等要求。作为一个新成立的纪念馆，各项工作亟待开展。我和纪念馆同事们经过反复调查研究，并征求有关领导和专家学者的意见，确定了"学术立馆、社教兴馆"的工作思路，将学术研究放在纪念馆优先发展的位置。作为纪念馆的负责人，我必须以身作则，和同事们一起加强学术研究。我和同事们共同策划了"北大红楼大讲堂""北大红楼读书会""北大红楼与伟大建党精神学术研讨活动""北大红楼学术季""觉醒年代研学行"等学术活动，并且成立了"守常研究院"，发布了研究课题。

众所周知，北大红楼不仅是新文化运动的中心、五四运动的策源地，也是马克思主义在中国早期传播的主阵地、中国共产党的主要孕育地。在这里研究马克思主义在中国的早期传播，不仅是题中应有之义，也责无旁贷。

我下定决心将"马克思主义与中华优秀传统文化相通性研究"作为守常研究院的一个研究课题发布出去，明确了完成时限。虽然已经有了10余年的积累，但一直没有正式开展这项工作。开弓没有回头箭，这样可以倒逼自己完成这项研究课题。当时，我对传统文化的经典还有一定了解，然而对马克思、恩格斯原著的研读远远不够。我到单位的资料室，把《马克思恩格斯全集》《李大钊全集》《毛泽东文集》《习近平著作选读》等经典著作找出来，看看马克思、恩格斯到底是怎么说的，李大钊和毛泽东等早期马克思主义者和党的创建者是怎样接受马克思主义的，习近平总书记是怎样论述的。

通过深入研读经典文献和中国古代思想史的著作，我更加深刻地理解了习近平总书记提出的"两个结合"的重大意义。尤其是"马克思主义与中华优秀传统文化相结合"的命题，不仅在中国共产党历史上，具有重大理论创新，而且放在中华民族几千年的历史上，都具有里程碑意义。众所周知，自西周以来，中国思想史有几个里程碑。西周初年，周公制礼，奠定了中华礼乐文明的基调。但是到春

后 记

秋战国时期，礼崩乐坏，思想界出现了百家争鸣的局面，孔子主张复兴周礼，直到西汉时期，才确定了儒家的正统地位。但是这时的儒家思想已不同于以孔孟为代表的原始儒家思想，而是经过董仲舒等人的改造，以孔孟儒家思想为主，杂糅黄老道家、法家、兵刑家、阴阳家等思想的儒家思想。尽管确立了儒家思想的主导地位，但是道家思想和道教在民间影响很大，尤其是自东汉开始，随着佛教的传入，儒家思想的主导地位受到挑战。儒、释、道三种思想经过几百年的交流，形成以儒家思想为主，会通佛、道，形成了宋明理学。到了晚明时期，随着以基督教为代表的西学的传入，如何处理中学和西学的关系，尤其是新文化运动时期，包括马克思主义在内的各种思想蜂拥而至，如何处理马克思主义、中学、西学的关系，成为思想界论争的重大问题，形成了很多学术主张。习近平总书记高瞻远瞩，高屋建瓴，提出了"马克思主义与中华优秀传统文化相结合"的论断，这里面包含了吸收借鉴人类一切优秀文明成果的主张，为自晚明西学传入以来几百年的争论，尤其是对百余年来，如何处理马克思主义、中学、西学的关系，提供了一个完美的方案，成为了中国思想史上的新的里程碑。

经过近几年的研究，这个课题终于告一段落，即将面世。这本书以哲学的视角，从"唯物论""辩证法""认识论""革命观""人性论""历史创造论""人类的未来"7个方面,对马克思主义与中华优秀传统文化的相通性进行比较。关于两大思想体系相通性的必然关系应该是今后要研究的方向。正如李忠杰先生在本书序言中指出的:"马克思阅读了不少关于中国的图书,而且留下了笔记。因此,马克思本人的思想是受到过中国哲学思想一定影响的。进一步深化,在梳理了'相通性'的基础上,我们还可以思考,马克思主义是如何受到中华优秀传统文化的影响的?这个影响中哪些是间接的影响?哪些是直接的影响?影响程度是怎样的?"

关于这个问题,我也有一些思考。

众所周知,在马克思主义产生之前,民族性是哲学的主要特征。例如儒家思想、老庄哲学是中国哲学、黑格尔哲学是德国哲学。然而马克思主义却是世界性的学说。尽管德国是马克思的故乡,但是马克思主义不专属于德国,而是世界历史的产物,是全人类文明智慧的结晶。一般说来,大家认为马克思主义有三大来源,德国古典哲学是马克思主义哲学的理论来源,英国古典政治经济学是马克思主义政治经济学的理论来源,法国空想社会主义是科学社会主义的理论来源。[1]

---

[1] 参见汝信(主编):《马克思主义的三个来源》,人民出版社1978年版。

后　记

　　更进一步考察，马克思主义三大来源的代表人物都或直接或间接地受到过中国古代哲学思想的影响。元明时期，也就是13世纪到17世纪，中华文明沿着海、陆丝绸之路传入到欧洲，这里面不仅包括以"四大发明"（造纸、印刷术、火药、指南针）为代表的物质文明，还包括以中国的"四书五经"为代表的精神文明。在一定程度上，为欧洲的文艺复兴和资本主义发展创造了条件。正如马克思所言："火药、指南针、印刷术——这是预告资产阶级社会到来的三大发明。火药把骑士阶层炸得粉碎，指南针打开了世界市场并建立了殖民地，而印刷术则变成了新教的工具，总的来说变成科学复兴的手段，变成对精神发展创造必要前提的最强大的杠杆。"[①]到明末清初，以利玛窦为代表的西方传教士到中国传教，同时将中国文化进一步传到了欧洲，引起了欧洲18世纪"中国热"，从而深刻地影响欧洲的启蒙运动。

　　德国哲学家莱布尼茨、康德、费尔巴哈等都直接受到中国古代哲学思想的影响，而他们的思想是马克思主义哲学的主要理论来源。英国古典政治经济学深受重农主义学派的影响，而重农主义学派代表人物魁奈，对中国的文化

---

① 马克思：《经济学手稿》，《马克思恩格斯全集》（第四十七卷），人民出版社1979年版，第427页。

十分崇拜，被称为"欧洲的孔子"①。法国启蒙运动的代表人物孟德斯鸠、伏尔泰、卢梭等受到过中国哲学思想的直接影响。他们的思想又影响了法国空想社会主义思想家。如空想社会主义代表人物圣西门，受到启蒙运动思想家卢梭等人的直接影响。法国大革命的失败，促使圣西门把启蒙运动主张的理性主义向前推进，诞生了空想社会主义思想。

不仅马克思主义的三大来源受到了中华古代哲学思想或直接或间接的影响，马克思和恩格斯本人也毫无疑问受到中国哲学思想的影响。李忠杰先生在其著作《马克思恩格斯怎样看中国》一书中，对此有全面论述。

这本书能够顺利出版，离不开各位领导、专家、学者、朋友们的关心支持。中央党史和文献研究院、国家文物局、北京市政协、北京市委宣传部、北京市委党史研究室、北京市文物局、北京出版集团、中国李大钊研究会、北京红色文化研究会等单位、组织有关领导十分关心我，给予了我莫大的支持和鼓励。还有觉醒年代研学行团队有关师生们、本书的编辑们和我的同事们帮助我审校书稿，提出了宝贵的意见和建议。

大家对我的帮助，我都记在心里。在此，我真诚地对

---

① 朱谦之：《中国哲学对欧洲的影响》，世纪出版集团2006年版，第307页。

大家表示感谢!

  我唯有以更加积极的工作状态、更进一步的研究成果来回报大家对我的厚爱,不负时代!不负韶华!

杨家毅
2024 年 4 月 21 日